Knape

Allgemeine Rhetorik

W0308213

Joachim Knape

Allgemeine Rhetorik

Stationen der Theoriegeschichte

Mit 18 Abbildungen

Philipp Reclam jun.
Stuttgart

Bio-bibliographischer Anhang und Register
von Dietmar Till

Universal-Bibliothek Nr. 18045
Alle Rechte vorbehalten
© 2000 Philipp Reclam jun. GmbH & Co., Stuttgart
Gesamtherstellung: Reclam, Ditzingen. Printed in Germany 2000
RECLAM und UNIVERSAL-BIBLIOTHEK sind eingetragene Marken
der Philipp Reclam jun. GmbH & Co., Stuttgart
ISBN 3-15-018045-7

Inhalt

Einleitung 7

1 Aristoteles
Rhetorik (4. Jh. v. Chr.)
Grundlegung der älteren Rhetoriktheorie 27

2 **Rhetorik an Herennius** (um 84 v. Chr.)
Die Entfaltung des Produktionsstadien-Systems im Lehrbuch 61

3 Marcus Tullius Cicero
Über den Orator (55 v. Chr.)
Das Meisterwerk der römischen Rhetoriktheorie 91

4 Marcus Fabius Quintilianus
Ausbildung des Orators (um 96 n. Chr.)
Die Summe der antiken Rhetorik 133

5 Notker Teutonicus
Erneuerte Rhetorik (vor 1022)
Der erste deutsche Rhetoriker 175

6 Friedrich Riederer
Spiegel der wahren Rhetorik (1493)
Mittelalter und Renaissance in der ersten deutschsprachigen Gesamtrhetorik 207

7 PETRUS RAMUS

Anti-Quintilian (1549)

Der frühneuzeitliche epistemologische und rhetoriksystematische Bruch 237

8 JOHANN CHRISTOPH GOTTSCHED

Ausführliche Redekunst (1736)

Vernunft und humanistisch inspirierte Systemerneuerung 261

9 CHAÏM PERELMAN

Das Reich der argumentativen Rhetorik (1977)

Argumentationsrhetorischer Neubeginn . . 295

Bio-bibliographische Hinweise 315

Abbildungsnachweis 329

Register 331

Zum Autor 341

Einleitung

Die meisten Menschen kennen den Begriff Rhetorik, doch die wenigsten wissen, was Rhetorik ist. Das bei uns gebräuchliche Wort »Rhetorik« ist vieldeutig. Es kann eine bestimmte kommunikative Praxis bezeichnen, aber auch die darauf bezogene Theorie sowie die wissenschaftliche Disziplin, die sich mit dem Fachgebiet Rhetorik beschäftigt. Die allgemein verbreiteten Unklarheiten beginnen damit, dass die einen rhetorische Praxis für erstrebenswertes Schönreden oder wünschenswerte kommunikative Cleverness halten, die anderen aber für eine hinterlistige Kunst, die nur auf egoistische, trickreiche Manipulation der Menschen aus ist. Auf der einen Seite steht die Rhetorik als eine positive Möglichkeit, sich sozial zu entfalten, auf der anderen aber nur als eine sozial gefährliche Technik. Jenseits all dieser unterschiedlichen Einschätzungen besteht aber Konsens darüber, dass das Thema Rhetorik in der modernen Kommunikationsgesellschaft neue, erstrangige Bedeutung gewinnt.

Der Widerstreit der Meinungen über Charakter und Wert der Rhetorik ist uralt und war in der Antike Auslöser für erste systematische Untersuchungen zur Rhetorikfrage. Das vorliegende Buch gibt einen Überblick über einige seitdem entwickelte Antworten auf die Frage nach der Rhetorik, über theoretische Konzepte und Systeme der allgemeinen Rhetorik, wie sie Theoretiker in den rund 2500 Jahren Rhetorikgeschichte formuliert haben. Man kann diese Werke unterschiedlichen Lektüren unterziehen; hier geht es ausschließlich um eine rhetoriktheoretische. Über die Auswahl der Autoren und Werke wird noch zu reden sein. Ein inhaltliches Kriterium sei aber schon an dieser Stelle hervorgehoben: immer geht es um *allgemeine Rhetorik*. Spezialrhetorische Schriften, insbesondere zur literarischen Rhetorik und zur Rhetorik religiöser Verkündigung, die seit der Spätantike ebenfalls kontinuierlich entstanden, werden hier nicht berücksichtigt.

Im vorliegenden Band stelle ich Stationen einer geschichtlichen Entwicklung vor. Das sollte nicht zu dem Missverständnis führen, dass es sich um rein antiquarische Bemühungen ohne aktuellen Wert handelt. Natürlich ist Historizität ein wesentlicher Gesichtspunkt bei der Untersuchung rhetorischer Theoriebildung. Aber welche Humanwissenschaft unterliegt nicht dem historischen Wandel? Es ist richtig, was Renate Lachmann 1977 in ihrem Beitrag »Rhetorik und kultureller Kontext« festgestellt hat: Der moderne Rhetorikforscher muss sich darüber klar sein, dass die traditionellen rhetorischen Termini und die überkommenen Kategorien der Modellbildung dem jeweiligen »kulturellen System angehören«, in dem sie entstanden sind. In unserem Fall ist das die Antike. Vor allem muss man heute immer wieder die historisch entstandene rhetoriktheoretische Metasprache auf ihre aktuelle Tauglichkeit hin überprüfen.[1] Für den über Jahrtausende akkumulierten sachlichen Kernbestand der Rhetoriktheorie gilt jedoch, dass er im Wesentlichen immer noch gültig ist, auch wenn die Erklärungsmuster, Reichweiten und Akzentuierungen zu relativieren sind. Diese Beständigkeit hängt unter anderem damit zusammen, dass sich schon das alte Wissen über menschliche Kommunikation auf Beobachtung menschlicher Verhaltensweisen gründet, die nach wie vor eine Rolle spielen.

Es gibt neben der Rhetorik nur noch eine Disziplin, die in ähnlicher Weise ihre seit der Antike gewachsenen theoretischen Grundlagen auch heute noch weitgehend anerkennt: die Philosophie. Und wie bei der Philosophie sind wissenschaftliches Studium und Erforschung der historischen

1 Renate Lachmann, »Rhetorik und kultureller Kontext«, in: *Rhetorik. Kritische Positionen zum Stand der Forschung*, hrsg. von Heinrich F. Plett, München 1977, S. 167–186.

Zeugnisse eines Faches, d. h. vor allem seiner im Lauf der Geschichte entstandenen Theoriewerke, grundlegend für das Verständnis dieses Faches und seiner Theorie. Platon und Aristoteles haben eben auch schon für die Rhetorik als wissenschaftliche Disziplin die Weichen für die Folgezeit gestellt. Und jede Epoche hat im Anschluss daran oder in Auseinandersetzung mit diesen Theorievätern ihre Rhetorikauffassung zu formulieren; auch die unsere.

Zur Theoriefrage

Da es hier um Rhetoriktheorie geht, sind Überlegungen zum rhetorischen Theoriebegriff unvermeidlich – ohne dass zugleich eine eigene Theorie der Theorie entstünde; dafür ist hier nicht der Ort. Die Rhetorik ist keine Naturwissenschaft, die sich mit Gesetzmäßigkeiten der materiellen Beschaffenheit unserer Welt befasst. Sie ist eine Verhaltens- oder Handlungswissenschaft, genauer: eine mit einzelmenschlicher Kommunikation befasste Handlungswissenschaft. Was ist da unter dem Begriff »Theorie« zu verstehen? Eine sehr kurze allgemeine Antwort könnte lauten, eine Theorie sei eine systematisch geordnete Menge von Aussagen über einen »Realitätsbereich«, oder anders, eine Theorie sei die systematisch formulierte Erklärung eines »Realitätsbereichs«, hier des Bereichs der Rhetorik. In den Naturwissenschaften gelten inzwischen strenge formale Kriterien der Theoriehaftigkeit, deren Ansatz man wie folgt knapp umreißen kann: Am Anfang stehen immer sachbereichsbezogene Explikation, d. h. Begriffserklärung, und Definition, die miteinander die wissenschaftliche Fachsprache (Episprache) der betreffenden Wissenschaft begründen. »Bevor nun das Stadium der Theorienbildung erreicht ist, hat man meist eine Vielzahl von Einzelhypothesen vorliegen. Diese Hypothesen werden dann [...] erweitert bzw.

hierarchisch geordnet. Schließlich kommt es dadurch zum Ausbau eines dualen Theorienschemas, nach dem eine Theorie in einen Basisteil, in dem unmittelbar das empirisch Gegebene deskriptiv erfaßt wird, und in einen theoretischen Teil, in dem eine gesetzesartige, zusammenhängende, einheitliche Ordnung der Basis aufgestellt wird, zerfällt.«[2]

Die Theoriekonzepte der Humanwissenschaften stehen dazu in einer gewissen Distanz. Bei ihnen sind oft nur die allgemeinsten Theoriekriterien im Spiel, von denen aus jede Disziplin ihren eigenen Weg sucht. In der Rhetorikforschung des 20. Jahrhunderts gibt es aber auch Ansätze (etwa bei der amerikanischen Hovland-Gruppe), rhetorikhistorisch gewachsene Hypothesen – vor allem Wirkungshypothesen – mit modernen, am Naturwissenschaftsparadigma orientierten empirischen Methoden zu falsifizieren und die Ergebnisse in eine strenger gefasste Theorie zu integrieren. Grundsätzlich aber gehört die Rhetorik zu jenen Humaniora, Verhaltens- und Sozialwissenschaften, über deren Theoriebildung Thomas Luckmann sagt, dass die Besonderheit ihrer »Erklärungsprobleme« in der »Struktur des Bereichs begründet ist«, mit dem sie es zu tun hat. »Dieser Bereich ist der des menschlichen *Handelns* und seiner objektivierten Ergebnisse. Die Konstitution dieses Bereiches und die damit verbundenen Erklärungsziele sind es, die den Unterschied zwischen den Sozial- und den Naturwissenschaften ausmachen – und nicht die ›logische Form‹, mit deren Hilfe dieser Bereich ›erklärt‹ wird.« Das »theoretische Interesse« all dieser Wissenschaften muss sich selbstverständlich in der »›logischen Form‹ der Wissenschaft« ausdrücken, doch es gibt spezielle Abweichungen vom naturwissenschaftlichen Methodenparadigma, etwa dem Postulat der Messung bzw. Quantifizierung. Natürlich geht es auch hier

2 Werner Leinfellner, *Struktur und Aufbau wissenschaftlicher Theorien. Eine wissenschaftstheoretisch-philosophische Untersuchung*, Wien/Würzburg 1965, S. 5.

um die methodische »Aufdeckung und Erhellung invarianter Strukturen jener bewußten Aktivitäten, aus denen sich menschliches Handeln konstituiert«.[3] In diesem Sinne kann man selbst bei den antiken und vormodernen Rhetoriken von »Rhetoriktheorie« sprechen. Denn schon in den ältesten Zeugnissen rhetoriktheoretischer Bemühungen wurde eine Reihe von Aspekten beachtet, die auch nach heutigem Standard Rahmenbedingungen für jegliche Theoriebildung abgeben.[4] Sie sollen im Folgenden kurz unter sieben Punkten vorgestellt werden und zeigen, dass der Begriff »Theorie« in einem weit gefassten Verständnis auch in rhetorikhistorischem Zusammenhang seine Berechtigung hat.

1. Eine Theorie tritt im Allgemeinen als hochkomplexes sprachliches Gebilde, d. h. als in sich geschlossener Text auf (Darstellungsleistung): Seit dem 4. Jahrhundert v. Chr. werden »Rhetoriken« verfasst, in denen die Theorie der Rhetorik kodifiziert ist. Rhetoriken gehören also zu den ältesten, in Form selbständiger und geschlossener Darstellungen überlieferten Fachtheorien. Das ist in dieser historisch gewachsenen Weise keineswegs für alle Disziplinen selbstverständlich. Wir begegnen den Rhetoriken als spezieller expositorischer Literaturgattung im Lauf der Entwicklung in zwei Grundtypen:

Den ersten Grundtyp bildet das technisch-taxonomische »Rhetoriklehrbuch«, welches das rhetorische Wissensge-

3 Thomas Luckmann, »Philosophie, Sozialwissenschaft und Alltagsleben«, in: Th. L., *Lebenswelt und Gesellschaft. Grundstrukturen und geschichtliche Wandlungen*, Paderborn [u. a.] 1980, S. 9–55, hier S. 42 ff.

4 Zusammenfassende Überblicke bei Veit Pittioni, »Theorie«, in: *Metzler Philosophie Lexikon. Begriffe und Definitionen*, hrsg. von Peter Prechtl und Franz-Peter Burkard, Stuttgart/Weimar 1996, S. 518; Christian Thiel, »Theorie«, in: *Enzyklopädie Philosophie und Wissenschaftstheorie*, hrsg. von Jürgen Mittelstraß, Bd. 4, Stuttgart/Weimar 1996, S. 260–270, hier bes. S. 260; Jochen Rehbein, »Theorien, sprachwissenschaftlich betrachtet«, in: *Texte und Diskurse. Methoden und Forschungsergebnisse der Funktionalen Pragmatik*, hrsg. von Gisela Brünner und Gabriele Graefen, Opladen 1994, S. 25–67.

bäude nur in Form kondensierter Ergebnisaussagen abbildet und als Organon zur Schulung und praktischen Handlungsanleitung dient. Ältestes erhaltenes Beispiel ist die *Rhetorik an Alexander*, vermutlich von Anaximenes im 4. Jahrhundert v. Chr. verfasst. Unter einem theorievermittelnden Lehrbuch wird hier also nur ein Werk verstanden, das das rhetorische »System« in fertigen Lehrsätzen (*praecepta*) ohne weitere Erörterung darbietet. Für die rhetorische Schulung gab und gibt es natürlich noch eine ganze Reihe weiterer Lehrmittel zur rhetorischen Wissensvermittlung mit theoretischen Implikaturen, etwa Musterreden-Sammlungen, die aber hier nicht zur Diskussion stehen.

Der zweite Grundtyp ist die erörternde »Abhandlung«, die wir den »Traktattypus« nennen können, auch wenn solche Abhandlungen bisweilen in Dialogform abgefasst sind; der Rhetoriktraktat leitet die Ergebnisaussagen her und entwickelt sie rational, er diskutiert, und er reflektiert die Grundlagen, die Prinzipien sowie die Systematik des rhetorischen Wissens und dessen Verhältnis zur rhetorischen Praxis. Ältestes erhaltenes Beispiel ist die aristotelische *Rhetorik*, ebenfalls aus dem 4. Jahrhundert v. Chr.; unter diese Rubrik gehören aber auch Ciceros *De oratore* und Quintilians *Institutio*, in denen die Fachbestandteile ausführlich diskutiert werden. Mit den beiden ciceronianischen Begriffen des Lehrers und Fachmanns (»magister« und »artifex«) aus *De oratore* (1,111) könnte man vielleicht die für den Rhetoriktraktat in Betracht kommende Zielgruppe bezeichnen.

2. Eine Theorie bezieht sich auf einen bestimmten Sachbereich, grenzt ihn damit zugleich ein und legt seine epistemologische Position fest (Definitionsleistung): Die seit der Antike entstandenen Rhetoriken sind eine Antwort auf die von Platon aufgeworfene Frage, ob die Rhetorik überhaupt eine selbständige Disziplin, eine *téchnē*, sei. In den beiden Typen ihrer literarischen Ausprägung spiegeln die Rhetoriken gleichzeitig den spezifischen Charakter des Faches,

der zwischen abstrakter wissenschaftlicher Reflexion und bloßer Kommunikationstechnik in praktischer Hinsicht schwankt. In der Antike sah man die Rhetorik also als die für eine bestimmte Klasse von Urteilen zuständige Disziplin. Es ging dabei um die Frage, ob sich die spezifisch rhetorische Kommunikation auf Tatsachenaussagen oder Wahrscheinlichkeitssätze bezieht. Für Seinssätze sah man die Rhetorik suspendiert, weil es bei dem einzig möglichen Urteil »wahr oder nicht wahr« keine persönlichen Meinungen geben sollte. Die Kommunikationen über nur per Konsens entscheidbare Sätze mit Wahrscheinlichkeitscharakter oder über Sollenssätze hingegen galten als genuin rhetorisches Betätigungsfeld und damit als Gegenstand der Rhetorik. Cicero fasst das in *De oratore* (2,30) im Gegensatzpaar *scientia* (Wissen) und *opinio* (Meinung). Inzwischen gehen wir mit Chaïm Perelman davon aus, dass sich die Rhetorik in der kommunikativen Welt nirgendwo ganz suspendieren lässt. Seinssätze lassen sich wohl rhetorikfrei finden, aber gewiss nicht rhetorikfrei durchsetzen.

Die Rhetorik ist als Disziplin eine Handlungswissenschaft, insbesondere eine Sprachhandlungswissenschaft. Sie untersucht erfolgreiche Kommunikationsverfahren des Menschen. Diese knappe Definition hat eine Reihe von Implikaturen, die im Folgenden noch zur Sprache kommen. »Untersuchen« heißt in diesem Zusammenhang nicht nur, über einzelmenschliche kommunikative Praxis zu reflektieren, sondern in vielen Fällen auch, oft ausschließlich, ein anwendungsbezogenes und systematisiertes Regelwerk für die Praxis, also die Möglichkeiten technischer Umsetzung, anzubieten. Cicero will sich daher in *De oratore* nicht festlegen und spricht von der Rhetorik als »Technik oder Wissenschaft« (*sive artificium sive studium*; 2,29).

Hinsichtlich der Abgrenzung zu den anderen mit Sprachphänomenen befassten Disziplinen, früher Grammatik und Dialektik, heute alle philologischen Fächer, hatte die Rhetorik immer wieder Probleme. Ihr epistemologischer Ort war oft umstritten, und das gilt bis zum heutigen Tag. Die Geschichte der Rhetorik ist darum eine Geschichte permanenter Reformulierung, Erneuerung und Wiederentdeckung. Platon hatte, wie gesagt, bezweifelt, dass die Rhetorik überhaupt einen eigenen Gegenstand hat, weshalb er sie auch nicht als eigenständige *téchnē* (Disziplin), geschweige denn als *epistḗmē* (Wissenschaft) betrachten konnte, wie etwa die Medizin. Das änderte sich bald, und bis in die Barockzeit war die Rhetorik als eigenständiges Fach, welches das jeweilige Wissen der Epochen über Kommunikations- und Texttheorie zum Gegenstand hat, unbestritten. Den großen neuzeitlichen Bruch bereitete wissenschaftstheoretisch der Renaissance-Humanist Petrus Ramus im 16. Jahrhundert vor. Seine Neuordnung der Disziplinen reduzierte die Rhetorik auf jene Rumpftheorie, die am Ende nur noch die Figurenlehre übrig ließ. Natürlich wurden die Rhetorikklassiker bis ins 20. Jahrhundert immer wieder nachgedruckt, auch gab es groß angelegte Versuche, das alte integrale Rhetorikkonzept zu erneuern (z. B. von Gottsched im 18. Jahrhundert), doch ging die Rhetorik schließlich in den vielen anderen, sich neu etablierenden philologischen Fächern auf. In der 500-jährigen Geschichte der Tübinger Rhetorik spiegelt sich diese ganze Entwicklung exemplarisch wider.[5]

3. Eine Theorie sammelt Aussagen über einen bestimmten Gegenstandsbereich und entfaltet dabei eine spezifische Terminologie (Integrationsleistung): Wissenschaftliche Disziplinen lassen sich nach mindestens drei Kriterien voneinander unterscheiden: 1. nach Gegenstand, 2. nach Methodologie und Fragestellungen sowie 3. nach ihrer Terminologie. In Hinblick auf die Rhetorik lässt sich die Frage nach dem dritten Kriterium, der Terminologie, gewiss am leichtesten beantworten. Wer einmal in Heinrich Lausbergs *Handbuch*

5 *500 Jahre Tübinger Rhetorik. 30 Jahre Rhetorisches Seminar*, hrsg. von Joachim Knape, Tübingen 1997.

der literarischen Rhetorik von 1960 geschaut hat, der weiß, dass die zweieinhalbtausendjährige Geschichte eine unglaubliche Terminologiearbeit geleistet hat. Aber worauf bezieht sich der gigantische episprachliche Apparat, woran hat das Fach bei dessen Akkumulation gearbeitet? Wie verhält es sich – anders ausgedrückt – mit den beiden erstgenannten Fachkriterien? Worüber will die Rhetoriktheorie Aussagen machen?

Die Fragestellung der Rhetorik geht vom Sprecher aus, der ein kommunikatives Ziel verfolgt. Was damit alles zusammenhängt, wird in meiner Grundlegung *Was ist Rhetorik?* ausführlich erörtert.[6] Die rhetorische Zielverwirklichung hieß in der lateinischen Antike *persuasio*, also das ›Überzeugen‹; freilich muss das Ziel für jeden Kommunikationsakt spezifisch definiert werden. Als klassische Problemstellung der Rhetorik ergibt sich hieraus die Frage: Wie kann ein Kommunikator, den wir mit dem antiken Terminus technicus den *Orator* nennen, nach Maßgabe seines kommunikativen Ziels erfolgreich – und das heißt immer auch »angemessen« – kommunizieren? Alle weiteren theoretischen Bemühungen lassen sich aus dieser fachlichen Problematik ableiten.

Das betrifft auch die Methoden der Disziplin. Als praxisorientierte Kommunikationswissenschaft musste die Rhetorik von Anfang an empirisch arbeiten, d. h. aus der Beobachtung konkreter Kommunikationen Einsichten für den Erfolg künftigen Sprachverhaltens gewinnen. Und schon die antiken Theoretiker mussten sich die Frage stellen, auf welchen Untersuchungsgegenstand sie sich stützen, welches Material sie analysieren sollten, um eine tragfähige Theorie abzuleiten. Es lag nahe, sich zunächst auf die vorgefundenen rhetorischen Texte zu stützen. Sie fanden als sprachliche Instrumente besonderes Interesse, weil sie besonders gut nach Regeln handhabbar schienen. Die alte Theorie ist mit-

6 Joachim Knape, *Was ist Rhetorik?*, Stuttgart 2000.

hin auf monologische Rede konzentriert. Diese galt als effektivstes Instrument, das Erfolge im Sinne eines unmittelbaren Ursache-Wirkung-Schemas zeitigt. Der Dialog war (trotz der aristotelischen *Sophistischen Widerlegungen* als rhetorischem Diskussionsfachbuch) gewissermaßen platonisch besetzt und galt vor allem als philosophische, auf Wahrheitssuche spezialisierte Erörterungsform. In den kommunikativen Verhältnissen der antiken Welt, vor allem im juristischen, staatlichen und politischen Leben – wo die Rhetorik als Methode erfolgreicher Kommunikation ja allergrößtes Interesse fand – standen also die mündlich ausgetauschten Texte, die man *lógoi* oder *orationes* (monologische Prosatexte bzw. Reden) nannte, im Mittelpunkt der rhetorischen Theoriebildung. Auch später konzentrierte man sich theoretisch auf die Beschaffenheit dieses rhetorischen Handlungsinstruments (struktureller Gesichtspunkt) im Rahmen einer Rhetorik, die sich auch als Sprachhandlungswissenschaft verstand. Man brauchte Vertextungsanleitungen, die Rücksicht nahmen auf die Bedingungen und Möglichkeiten des Handelns bzw. Umgangs mit diesem Instrument. Und man brauchte Performanzanleitungen, um den Sprecher mit dem Textinstrument erfolgreich handeln zu lassen.

Cicero, der unvergleichliche Prototyp des abendländischen Rhetorikers, des praktischen Orators und des theoretischen Rhetors, hat eine noch heutigen Ansprüchen entgegenkommende, wenn auch sehr reduzierte Methodologie rhetorischer Theoriebildung entworfen. Er formuliert in *De oratore* (1,108 f.) den Aufstieg von der notwendigen empirischen Beobachtung zur Theoriebildung in einem methodischen Fünfschritt: 1. Die in Texten, d. h. im Gebrauch der Sprache auftretenden Phänomene realisieren. 2. Die sprachlichen Phänomene erfassen bzw. notieren. 3. Sie begrifflich definieren. 4. Sie durch Einteilungen in Gattungen klären. 5. Sie sachlich und logisch in Teilbereiche untergliedern.

Die uns vorliegenden Rhetoriken geben in unterschiedlicher Ausprägung Antworten auf folgende Hauptfragen:

Was gehört zum Wissensbereich des Faches Rhetorik und wie lässt sich der Realitätsbereich der Disziplin präzisieren und genauer eingrenzen? Wie lassen sich die zum Wissensbereich gehörigen Phänomene systematisieren, herleiten und begründen? Wie kann das rhetorische Wissen technisch umgesetzt werden?

In den sophistischen Anfängen der Rhetoriktheorie ging es den Lehrern zunächst darum, das einschlägige Wissen erst einmal zusammenzuführen (Wissensakkumulation). Das auch in der Folgezeit in den Rhetoriken weiterhin zusammengetragene Wissen wird im Lauf der Geschichte in unterschiedlichen Weisen analytisch aufbereitet und systematisiert. Immer aber sind es zwei Perspektiven, unter denen Aussagen gesammelt werden: eine pragmatisch-kommunikationstheoretische und eine zeichentheoretische. In dem einen Fall war der rhetorisch Handelnde, der Redner, der theoretische Kristallisationspunkt, im andern Fall seine kommunikativen Instrumente, insbesondere die Rede. Wir können also zwei große systematische Rhetorikbereiche unterscheiden: a) Die Oratortheorie, mit allen situations- und kommunikationstheoretischen Implikaturen, und b) die oratorische Organontheorie, mit allen Bereichen des rhetorischen Instrumentariums, einschließlich Medial- und Textrhetorik.

4. Eine Theorie ordnet die Phänomene eines Sachbereichs und stellt sie in ihrer Beziehung untereinander dar (Systematisierungsleistung): Das Ergebnis der von Cicero skizzierten Vorgehensweise bei der rhetorischen Theoriebildung ist eine *ars*; man kann *ars* in diesem Zusammenhang mit ›Kunstlehre‹ bzw. ›Theorie‹ übersetzen. Die Griechen hatten für dieses Wort den Ausdruck *téchnē*; der *De oratore*-Übersetzer Harald Merklin benutzt für *ars* auch das im Deutschen gebräuchliche Wort ›System‹. Und tatsächlich suchte man seit Beginn der fachrhetorischen Theoriegeschichte die Aussagen über die Rhetorik in einen Systemzu-

sammenhang zu bringen. Bei den Sophisten des 5./4. Jahrhunderts v. Chr. ist das noch unterentwickelt; bei Aristoteles nimmt dann erstmals eine Systematik dauerhafte Gestalt an. Die neun historischen Kapitel dieses Buches stellen Allgemeinrhetoriken vor, in denen diese Systematik entfaltet, angereichert, variiert, interpretiert und (in der Neuzeit schließlich wieder) reduziert wird.

Vom Realitätsbereich, um den es sich bei der Rhetorik handelt, war schon die Rede. Was im Zusammenhang mit der Frage nach der Rhetoriktheorie unter einer Systematisierung zu verstehen ist, bedarf weiterer Worte. Die Auffassung, dass es die Rhetoriktheorie mit den Möglichkeiten, Bedingungen und Instrumenten einzelmenschlichen kommunikativen Handelns zu tun habe, führte von Anfang an dazu, die Allgemeinrhetoriken produktionstheoretisch zu orientieren. Die umgekehrte, also analytisch-hermeneutische Betrachtungsweise der Rhetorik spielte vor allem in der Textrhetorik bzw. in der literarischen Rhetorik eine große Rolle und wurde von Philipp Melanchthon im 16. Jahrhundert auch theoretisch akzentuiert.

Schon Aristoteles sah die Rhetorik wesentlich als Vertextungslehre, und er erkannte den systematischen Zusammenhang der wichtigsten Wissenselemente der *téchnē* in aufeinander aufbauenden Arbeitsstadien bei der Textproduktion und Textperformanz. Mit dem Autor ad Herennium (1. Jahrhundert v. Chr.) treten die systematischen Bestandteile als vollständig ausgearbeitete Fünf-Aufgaben-Lehre (5 *officia oratoris)* in die lateinische Tradition ein. Hier wird in der uns vorliegenden Überlieferung zum ersten Mal systematisch greifbar die Vertextungslehre zusammen mit dem kognitiven Sektor (Findung und Aufbau, *inventio* und *dispositio*) und dem sprachlichen Sektor (Formulierung, *elocutio*) endgültig um die Performanzlehre erweitert, die aus den Sektoren Einprägen (*memoria*) und Aufführen (*actio/pronuntiatio*) besteht. Diese Makro-Systembeziehung der rhetorischen Wissenselemente beruht auf Erfahrungswerten. Innerhalb der einzelnen Sektoren treten dann aber auch rein schematische Konstruktionen auf, etwa die Triaden-Systeme der Funktionalgattungslehre (*genera causarum*) oder der Dreistillehre (*genera dicendi*), die wegen ihrer Schlichtheit und Undifferenziertheit bald modifiziert werden, dennoch als sehr einprägsam gelten.

5. Eine Theorie stellt Hypothesen auf, konstatiert Gesetzmäßigkeiten, leitet Gesetze her oder entwickelt Strukturmodelle (Abstraktionsleistung): Die Rhetoriktheorie hat sich im Lauf ihrer Geschichte vor allem auf kommunikative Handlungsmodelle und Wirkungsprinzipien sowie funktionalisierbare Textstrukturen konzentriert. Konkret geht es dabei etwa um die Auffassung vom Orator, dem rhetorischen Kommunikator, sowie die unter seiner Perspektive zu betrachtenden Probleme der kommunikativen Angemessenheitsregeln, Sprachgebrauchsprinzipien, Wirkungsfragen, Vertextungs- oder Performanzregeln. Schon Platon und Aristoteles denken über rhetorische Ursache-Wirkungs-Beziehungen nach, und Aristoteles entwickelt bereits grundlegende Hypothesen zur Persuasion (z. B. die Ethos-Pathos-Lehre). Die Grundlagen der Reflexion auf Strukturen und Prinzipien sind in den Rhetoriken nicht einheitlich; sie sind teils empirisch (Beobachtung der Kommunikationswirklichkeit oder psychologischer Reiz-Reaktions-Schemata bzw. Schlussfolgerungen aus konkreten Textkorpora), teils spekulativ (etwa im Fall der Mnemonik), teilweise beruhen sie auf normativer Setzung (etwa das *vir-bonus*-Ideal).

Eine ganz besondere Leistung stellen die im Lauf der Rhetorikgeschichte entwickelten Figurentaxonomien dar. Seit der Frühzeit haben die Rhetoriker beobachtet, dass in den Texten der Redner bestimmte Figuralstrukturen auftauchen, die sich als offensichtlich wirkungsvoll erweisen. Die Rhetoriker nannten sie *schēmata* oder *figurae*, suchten sie zu sammeln, mittels gewisser Ordnungssysteme – den genannten Figurentaxonomien – zu systematisieren und terminologisch zu fixieren. Die oft mit großem Aufwand ausgearbeiteten Figurenlehren haben immer zum Kernbestand der Rhetorikausbildung gehört, weil man den Figuren rhetorisches Wirkungspotential zuschrieb. Die hier erkennbaren Bemühungen um das Aufdecken von ganz bestimmten sprachlichen Strukturen und um ihre Systematisierung machen die klassischen Rhetoriker zu den ältesten Strukturalisten der Welt.[7]

6. Eine Theorie liefert Erklärungen für die Phänomene bzw. Gesetzmäßigkeiten ihres Gegenstandsbereichs (Explikationsleistung): Die Rhetoriktheorie ist aus dem Bedürfnis entstanden, eine handwerkliche Anleitung für den Praktiker zu entwickeln, der die Methoden erfolgreicher Kommunikation anwenden will. Daher versteht es sich, dass in allen Rhetoriken das Erarbeiten von Regeln, die Präsentation methodischer Vorschriften, auch das Aufstellen von Urteilskriterien über gutes oder schlechtes Oratorverhalten bzw. gute oder schlechte Textverfassung einen Kernbereich ausmachen. Die rhetorischen *Lehrbücher* konzentrieren sich ganz darauf und stellen das ausführliche und gründliche Nachdenken über die Phänomene hintan. In ihnen sind Begründungszusammenhänge über weite Strecken nur implizit zu fassen. In der rhetorischen *Traktatliteratur* (beispielsweise bei Aristoteles) stellt sich das anders dar. Für die rhetorischen Grundlagentheoretiker muss die Theorie die instrumentellen Strukturen und die Verhaltensmodelle aufgrund von Wirkungshypothesen erklären. Und die Theorie muss eine Antwort auf die Frage liefern, wie sich die Kommunikatoren, die kommunikativen Situationsbedingungen und die kommunikativen Instrumente zueinander verhalten. Wichtig ist auch die Frage, wie die Instrumente beschaf-

7 Vgl. Joachim Knape, »Figurenlehre«, in: *Historisches Wörterbuch der Rhetorik*, hrsg. von Gert Ueding, Bd. 3, Tübingen 1996, Sp. 289–342.

fen sein müssen, die den Orator in der kommunikativen Interaktion zum Erfolg führen, und unter welchen Bedingungen sie einzusetzen sind.

Von Anfang an haben die Grundlagentheoretiker ein nach wie vor beachtliches Wissen über Kommunikationsbedingungen und Textstrukturen verarbeitet. Schon zu Ciceros Zeit sah man die Differenz zum theoretischen Leistungsvermögen anderer Disziplinen, vor allem der strengeren Naturwissenschaften. Aber wir müssen dabei immer bedenken, dass die ältere Rhetoriktheorie mit Problemen der Text-, Sprachhandlungs- und Verhaltenstheorie konfrontiert war, die auch in unserem Jahrhundert die Kommunikationswissenschaft, die Kognitions- bzw. Sprachpsychologie, die empirische Linguistik, die linguistische Pragmatik, die moderne Stilistik, Textlinguistik und Textwissenschaft erst näherungsweise aufzuarbeiten beginnen.

Die rhetorische Kunstlehre, die Rhetoriktheorie (*ars*), könne bestimmte Ansprüche anderer Disziplinen nicht ganz erreichen, heißt es schon hellsichtig in Ciceros *De oratore*. Das betreffe die Gründlichkeit der Einsichten, die Vollständigkeit der Erkenntnis des Gegenstandes, das Objektivitätsideal bzw. die Distanz zum Urteil bloßer Meinungen und die wissenschaftliche Strenge. Cicero sieht den Grund dafür in objektiven Verhältnissen: Die Untersuchung menschlichen Verhaltens, hier des Sprachhandelns, setzt der wissenschaftlichen Strenge Grenzen. Anders als bei Naturphänomenen hat man es in der Redepraxis immer nur mit diversen Einzelfällen zu tun, die eine Systematisierung und Abstraktion schwierig machen. Berücksichtige man die oben genannten methodischen Schritte, dann sei das Ergebnis fachlicher Bemühung der Rhetoriker aber durchaus eine *ars*, es komme strenger Theoriebildung wenigstens nahe, sagt Cicero, oder sei einer herkömmlichen Fachtheorie doch sehr ähnlich (1,109).

7. Eine Theorie stellt Prognosen für das Auftreten bestimmter Phänomene innerhalb ihres jeweiligen Sachbereichs auf (Prognoseleistung): Für die Rhetoriktheorie knüpft sich dieser Aspekt an das Aufstellen von Regeln und Modellen für die kommunikative Praxis (oft in Form technisch-präskriptiver Anweisungen). Rhetorikgeschichtlich betrachtet fand dies immer größtes Interesse. Freilich änderte sich im Lauf der Zeit die Auffassung darüber, auf welche Arten des Verhaltens oder der Textproduktion sich die technischen Vorschriften beziehen. In der Antike ging es zunächst um mündlich vorgetragene (Prosa-)Texte, vorrangig also das, was wir heute »Rede« nennen, später berücksichtigte man alle Kodierungs- und Medialisierungsformen, auch die bloß schriftliche Textproduktion.[8] Immer aber dachte man an den Wirkungsaspekt, das heißt, man prognostizierte (zumindest implizit) bestimmte Wirkungen für den Fall, dass der Autor bestimmte Kunstverfahren anwandte.

Zu diesem Buch

Im vorliegenden Buch geht es um die Darstellung von historischen Entwicklungsstationen der allgemeinen Rhetoriktheorie. Leitfrage ist dabei, welchen Beitrag einige der wichtigsten Rhetoriken im Lauf der Geschichte zur rhetorischen Theoriebildung geleistet haben. Die Schriften zur allgemeinen Rhetorik beschäftigen sich sehr weit gefasst mit einer kommunikativen Grundmöglichkeit des Menschen, und sie versuchen, ihre methodischen und theoretischen Inhalte möglichst stark zu generalisieren. Seit Aristoteles sind

8 Zum besonderen Status der Schriftlichkeit siehe Joachim Knape, »Die kodierte Welt. Bild, Schrift und Technobild bei Vilém Flusser«, in: *Perspektiven der Buch- und Kommunikationskultur*, hrsg. von J. K. und Hermann-Arndt Riethmüller, Tübingen 2000, S. 1–18.

diese Werke auf den rhetorisch handelnden Menschen und sein kommunikatives Instrumentarium ausgerichtet. Dabei ist als fachsystematischer Rahmen immer das Modell der fünf Aufgaben des Orators (Fünf-Officia-Systematik) im Spiel, selbst wenn dies modifiziert oder gar attackiert wird. Bei spezialrhetorischen Schriften ist das regelmäßig anders. Sie konzentrieren sich entweder auf begrenzte Kommunikationsbereiche (z. B. die Predigt) oder auf relativ eng gefasste technische, methodische und rhetoriktheoretische Problemstellungen. Das betrifft auch die Textrhetoriken, wie sie etwa Pseudo-Longin (1. Jahrhundert v. Chr.), Melanchthon (1519) oder die Gruppe μ (1970) geschaffen haben. Mit der literarischen Rhetorik soll sich ein in Vorbereitung befindliches eigenes Buch befassen, in dem ich untersuche, was in der Literatur überhaupt als Rhetorik gelten kann und wie sich Rhetorik auch in ästhetisierten Texten als Struktur und Bedeutungsdimension entfaltet. Die prinzipiellen Rhetorikfragen erörtere ich aus Sicht des beginnenden 21. Jahrhunderts in dem schon erwähnten Band, der unter dem Titel *Was ist Rhetorik?* gemeinsam mit der *Allgemeinen Rhetorik* erscheint.[9]

Zu den hier vorgestellten neun Hauptwerken der allgemeinen Rhetoriktheorie könnte man selbstverständlich noch weitere hinzufügen, etwa aus dem angelsächsischen Raum. Der vorgegebene begrenzte Umfang ließ jedoch nur wenig Spielraum; hinzu kommt, dass es mir ein besonderes Anliegen war, die deutsche Rhetoriktradition vorrangig zu berücksichtigen; in ihr spiegelt sich allerdings durchaus die gesamteuropäische Entwicklung. Zu den Auswahlkriterien für die letztlich in die Werkreihe aufgenommenen Rhetoriken gehören Qualität (theoretisches Niveau), Innovationsgrad (bestimmte Neuerungen), Wirkung (große Verbreitung) oder historische Bedeutung (z. B. Notker als erster deutscher und deutschsprachiger Rhetoriker, der zugleich in

9 Knape (s. Anm. 6).

Konzept und Reflexionsniveau herausragt). Auffällig ist, dass nach der ersten Hälfte des 18. Jahrhunderts die Zeit der eigenständigen Ausarbeitungen umfassender Theorien zur allgemeinen Rhetorik nicht nur in Deutschland vorbei ist. Seitdem beherrschen historistische Schulrhetoriken oder Spezialrhetoriken das Feld, die zu jener restringierten Rhetorik tendieren, die Gérard Genette erörtert und Chaïm Perelman scharf kritisiert.[10] Perelman ist ein Exponent des Neuanfangs der Rhetorik im 20. Jahrhundert und der Rückbesinnung auf das praktische und theoretische Potential dieser uralten Disziplin. Seine ganz aufs Argumentieren konzentrierte Rhetoriktheorie, die kaum noch Bezüge zur klassischen Officia-Systematik herstellt, bildet das Schlusskapitel. Perelman schlägt eine Brücke zu den allerersten Anfängen, zu den beiden ersten Büchern der *Rhetorik* des Aristoteles, und versucht, von hier aus neue Perspektiven für eine moderne Rhetorik zu gewinnen.

Die ausgewählten Rhetoriken werden in ihren theoretischen Konzepten, Bestandteilen und systematischen Verflechtungen gewürdigt und ihre teils unfertigen Texte dabei als Theorieangebote für die Nachwelt aufgefasst. Für philologische Erörterungen war kein Platz. Die jeweils herangezogenen und zitierten Editionen und Übersetzungen sind in einem bio-bibliographischen Anhang dokumentiert. In den zu Grunde liegenden Textausgaben finden sich zumeist auch ausführliche Inhaltsüberblicke, mit deren Hilfe man sich weitere Informationen zum Gesamtaufbau der Werke beschaffen kann. Da das im Falle Notkers und Riederers nicht gegeben ist, wurden in den ihnen gewidmeten Kapiteln am Schluss schematische Inhaltsübersichten hinzugefügt. Der bio-bibliographische Anhang enthält außerdem zu jedem Kapitel Basisdaten über Werk und Autor sowie eine Auswahl von Forschungstiteln.

10 Gérard Genette, »La rhétorique restreinte«, in: *Communications* 16 (1970) S. 158–171.

Die Präsenz des Orators ist ein wesentlicher rhetoriktheoretischer Aspekt. Tacitus erwähnt in seinem *Dialog über die Oratoren* (11,3), dass man die berühmteren Oratoren durch das Aufstellen ihrer Bildnisse in Form von »Erzstatuen und Porträts« im eigenen Haus ehrte. Weil das genannte Präsenzpostulat auch für den theoretisierenden Rhetoriker gelten sollte, sind jedem Kapitel dieses Buches nach Möglichkeit historische Porträts beigegeben, um ihnen so ikonographische Präsenz zu verleihen. In einigen Fällen blieben jedoch nur die Metonymie, d. h. das Bild eines Textüberlieferungszeugen, oder ein Bildnis aus großer zeitlicher Distanz, die mangels Alternative für den Autor selbst stehen müssen.

Zum Schluss möchte ich jenen danken, die das Zustandekommen des Buchs mit Rat und Hilfe unterstützt haben. Thomas Schirren, Tübingen, verdanke ich wertvolle Hinweise zu den Antike-Kapiteln. Auch Georg Wöhrle, Trier, hat das Aristoteles-Kapitel durchgesehen. Kurt Kloocke, Tübingen, war bei der Beschaffung von Bildmaterial behilflich. Ohne Dietmar Tills engagierte Unterstützung und seine vielen kritischen Diskussionsbeiträge hätte die Schrift noch längst nicht in der gegenwärtigen Form veröffentlicht werden können. Korrektur gelesen haben Katie Böhme, Stefanie Strigl, Anne Ulrich und Matthias Weichelt. Alle redaktionellen Arbeiten hat Florian Vogel ausgeführt. Den Genannten sei herzlich gedankt.

Kopf des Aristoteles

1

Aristoteles
Rhetorik

(4. Jh. v. Chr.)

Grundlegung der älteren Rhetoriktheorie

Die antike Rhetorikhistoriographie legt den Beginn der griechischen Rhetorik in das Jahr 427 v. Chr., als der Sizilianer Gorgias (um 480 – 380 v. Chr.) die Athener mit seinen Reden in Staunen versetzt. Sophistische Redelehrer erwecken in Griechenland in der Folgezeit ein so großes Interesse an der Rhetorik, dass Philosophen wie Platon (427–347 v. Chr.) und Aristoteles (384–322 v. Chr.) nicht umhinkommen, Stellung zu beziehen. Platon tut das in einigen seiner Dialoge, Aristoteles in einer Schrift, die wir heute als seine *Rhetorik* bezeichnen. Ihre drei Teile bilden eine Einheit, sind aber wohl zu unterschiedlichen Zeiten entstanden, wodurch sich wohl gewisse innere Brüche und Standpunktwechsel erklären. Dieses Werk ist eine Antwort auf die von Platon vor allem im *Phaidros* aufgeworfenen Fragen zur Rolle und Theorie der Rhetorik. Wir können Platons Überlegungen in diesem Zusammenhang auf drei Fragen konzentrieren: 1. Relevanzfrage: Kann die Rhetorik im Rahmen der Wissensgebiete überhaupt eine der Philosophie auch nur annäherungsweise vergleichbare Rolle spielen? 2. Disziplinaritätsfrage: Kann sie den Status einer *téchnē* beanspruchen? 3. Theoriefrage: Hat sie eine Theorie? Wenn man die herrschende sophistische Rhetorik zum Maßstab nehme, so Platons klare Aussage, dann sind alle drei Fragen zu verneinen. Damit ist die Rhetorik aber noch keineswegs als solche in Frage gestellt. Platon belässt es darum nicht bei der Kritik, sondern skizziert gegen Ende des *Phaidros* (270a – 272b) das Programm einer »Reformrhetorik«.[1] Dies wird für Aristoteles zum Ausgangspunkt seiner Überlegungen. Während Platon die zeitgenössische Rhetorik und weitgehend auch die Dichtung verwirft, nimmt Aristoteles beide Gebiete programmatisch in seine Untersuchungen der Künste auf.[2] Gleich zu Beginn des ersten Buches der *Rhetorik* (1,1)[3] geht er auf die von Platon aufgeworfenen Fragen ein. Sein Anliegen ist, die Rhetorikproblematik von den Grundlagen her aufzurollen. An verschiedenen Stellen wird deutlich, dass es ihm um die Untersuchung von Grundaussagen zum Fach, also um Ausgangsfeststellungen für weitere Überlegungen geht. Welche Stellung bezieht Aristoteles zu den drei genannten Fragen?

1. Aristoteles stellt in Hinblick auf die Relevanzfrage realistische Betrachtungen zum konkreten Sitz im Leben, d. h. zu den zeitgenössischen kommunikativen Verhältnissen an. Er sieht, dass die Rhetorik ihren berechtigten Platz in den Gerichten und politischen Versammlungen hat, die in Athen immer hunderte, bisweilen mehr als tausend Mitglieder zur Urteils- und Entscheidungsfindung zusammenführen. Dieses Phänomen motiviert Aristoteles letztlich, der gängigen Praxis eine Theorie zu verschaffen. Immer wird hier der Gegensatz von objektiven Sachverhalten und subjektiven Parteiinteressen zum Problem. Manche sophistischen Rhetoren sehen ihre Aufgabe primär darin, den genannten Par-

1 Wolfgang Wieland, »Aristoteles als Rhetoriker und die exoterischen Schriften«, in: *Hermes* 86 (1958) S. 323–346, hier S. 338.

2 Zur Einordnung der *Rhetorik* vgl. Wolfgang Kullmann, *Aristoteles und die moderne Wissenschaft*, Stuttgart 1998, S. 449–456.

3 Die im Folgenden in runden Klammern beigegebenen Stellenangaben zur *Rhetorik* beziehen sich nicht, wie in der Gräzistik üblich, auf die 1831 erschienene Ausgabe von Immanuel Bekker, sondern auf die seit dem Bipontina-Druck von 1793 ebenfalls üblichen Kapitelnummerierungen, die sich auch in allen Übersetzungen finden.

teiinteressen zum Sieg zu verhelfen. Sie haben sich, so Aristoteles' Vorwurf, auf die Gerichtsrhetorik spezialisiert, weil die Jury hier nicht über eigene, sondern fremde Angelegenheiten befinden muss und daher oft anfällig für sachfremde Beeinflussung ist. Aristoteles vertritt eine klare Gegenposition und weist der Rhetorik ihre Aufgabe bei der Sachverhaltsaufklärung zu. In den Versammlungen zur politischen Entscheidungsfindung tritt diese Aufgabe bereits deutlicher in ihr Recht als bei den Gerichtsversammlungen, weil die Urteilenden (d. h. die Volksversammlung) über ihre eigenen Angelegenheiten entscheiden müssen und daher bewusster auf den sachlichen Gehalt der Äußerungen rhetorischer Ratgeber achten. Aus der sozial-kommunikativen Funktion der praktischen Rhetorik ergibt sich ihre Zuordnung zur Politik, wie ja ihre Theorie gleichsam ein »Nebentrieb der *Dialektik* und der Verhaltenswissenschaft ist, die mit Recht als politische Wissenschaft (*politikḗ*) bezeichnet wird« (1,2,7).

2. Die Disziplinaritätsfrage beantwortet Aristoteles systematisch und gewinnt dabei gegenüber Platon einen neuen Standpunkt. Die zeitgenössische Rhetorik ist für Platon weder eine Wissenschaft (*epistḗmē*) noch eine der Fachdisziplinen anderer Art (*téchnai*), weil sie als Fach einerseits keine Einsicht dessen vermittelt, was sie anwendet, und andererseits nicht weiß, zu welchem Zweck sie ihre Mittel anwendet (*Gorgias* 465a). Vielmehr ist sie bloß praktische Übung, Technik, Geschicklichkeit oder Fertigkeit zur Erzeugung von Wohlgefallen (*Gorgias* 501f., 463b). Wäre die Rhetorik eine Fachdisziplin, hätte sie einen spezifischen Gegenstand wie etwa die Kunstlehre der Medizin. Das Reden kann Platon nicht als einen solchen Gegenstand für das Fach Rhetorik gelten lassen, weil viele *téchnai* mit dem Reden arbeiten und alle verbal von ihrem Gegenstand überzeugen (*Gorgias* 450b–e). Die nur dem Demos schmeichelnde sophistische Redekunst ist wie die Kochkunst, die nur den Gaumen verwöhnt; sie wird von Platon in einen Gegensatz zu der mit

Heilmitteln arbeitenden, nur auf das Wohl des Menschen gerichteten Medizin gebracht (*Gorgias* 462d–465e).

Aristoteles enthält sich solcher Polemik. Er sieht die Rhetorik als eigenständiges Fach, verwendet für sie durchaus den Begriff *téchnē*, womit er »ein auf Hervorbringen abzielendes Verhalten, das von richtigen Einsichten geleitet ist«, versteht.[4] Die Rhetorik bringt mündlich vorgetragene Texte (*lógoi*) hervor und entwickelt dafür eine Theorie, die sie zur Schwesterdisziplin der »dialektischen« *téchnē* werden lässt. Darum beginnt Aristoteles seinen Traktat mit dem programmatischen Satz: »Die Rhetorik ist das korrespondierende Gegenstück (*antístrophos*) zur Dialektik.« In der Entsprechung zur Dialektik liegt für ihn die Lösung der Disziplinaritätsfrage. Damit verbunden ist eine Klärung des Problems, worin der fachliche Gehalt der Rhetorik zu sehen ist. Die Rhetorik muss als ein Fach mit ähnlichen Eigenschaften, wie die Dialektik sie besitzt, aufgefasst werden. Aristoteles formuliert hier wieder eine eigene Position gegenüber Platon, der die Rhetorik im *Phaidros* der Dialektik mit ihren wahrheitsgarantierenden Methoden unterordnen wollte. Nach Aristoteles beziehen sich beide Fächer nicht auf einen fest definierten Gegenstand, sondern beschäftigen sich mit etwas, das auf eine gewisse Weise alle oder doch viele Menschen erkennen können und nicht auf eine spezielle Wissenschaft begrenzt ist (1,1,1). Alle Menschen prüfen Argumente bzw. stützen sie, verteidigen sich oder klagen an. Dialektik und Rhetorik sind die beiden Disziplinen, die auf je eigene Weise versuchen, dies zu methodisieren und in den Grundlagen zu untersuchen. Beide Fächer wenden sich der gleichen Problemlage zu: Sie sind mit strittigen Sachverhalten beschäftigt (1,1,12).

Ihr Leistungsanspruch ist jedoch unterschiedlich. Beide haben es »mit Sätzen zu tun, die für bestimmte Zuhörer

4 Manfred Fuhrmann, *Die Dichtungstheorie der Antike. Aristoteles – Horaz – ›Longin‹*, 2., überarb. und veränd. Aufl., Darmstadt 1992, S. 81.

plausibel oder einleuchtend« sind,[5] doch die Dialektik arbeitet dialogisch und bedient sich des Syllogismus als streng apodiktischem Schlussverfahren. Die Rhetorik beschäftigt sich mit solchen Dingen, die Gegenstand von Beratungen im sozialen Leben sind, für die keine systematischen Wissenschaften entwickelt wurden und die vor solchen Zuhörern stattfinden, die nicht in der Lage sind, vielerlei mit einem Blick zusammenzufassen und weitreichende logische Schlüsse zu ziehen (1,2,12). Sie bedient sich in der monologischen Rede des Enthymems als ebenfalls rationalen, aber weniger strengen Plausibilitätsschlussverfahrens. Die deduktiven rhetorischen Schlüsse können selten aus absolut notwendigen Voraussetzungen abgeleitet werden, denn wenn es um das in juristischen oder politischen Beratungen zur Entscheidung anstehende menschliche Handeln geht, bewegt man sich in einem Bereich, der sich apodiktischer Gewissheit entzieht (1,2,14). Der Redner tut gut daran, sich bei den anstehenden konsenspflichtigen Fragen auf Argumente zu stützen, die etwas zum Inhalt haben, das meistens gilt und allen, den meisten oder den Weisen (Experten) als wahr erscheint. »Dies findet am ehesten Konsens. Solcherlei drückt sich in reputablen Meinungen (ἔνδοξα [*éndoxa*]) aus. Sie ermangeln zwar der zwingenden Evidenzgründe, die ihre Wahrheit oder Geltung unabhängig von Konsens erklärbar machte; dennoch aber ermöglichen sie eine dem Gegenstandsbereich menschlichen Handelns entsprechende Gewißheit, die rechtes Handeln zu erklären und zu begründen vermag.«[6] Mit Blick darauf fasst Aristoteles den Kern des Faches wie folgt zusammen: »Die Rhetorik stelle also das Vermögen dar, bei jedem Gegenstand dasjenige zu entdecken (*theōreīn*), das als Überzeugendes (*pithanón*) in

5 Christof Rapp, »Aristoteles über die Rationalität rhetorischer Argumente«, in: *Zeitschrift für philosophische Forschung* 50 (1996) S. 197–222, hier S. 210.

6 Markus H. Wörner, »›Pathos‹ als Überzeugungsmittel in der Rhetorik des Aristoteles«, in: *Pathos, Affekt, Gefühl*, hrsg. von Ingrid Craemer-Ruegenberg, Freiburg i. Br. / München 1981, S. 53–78, hier S. 58.

Frage kommt. Denn dies ist die Funktion keiner anderen Kunst.« (1,2,1) Es geht bei der Rhetorik also nicht in erster Linie um das sophistische Überzeugen (die *peithṓ*) um jeden Preis. Aristoteles will den Rhetor zunächst anleiten zu untersuchen, was alles für eine Sache sprechen kann, die ihm als Thema zur Verhandlung in einer Rede aufgetragen ist. Die Rhetoriktheorie ist dabei eine methodische Quelle der Einsicht in die Möglichkeiten erfolgreicher Kommunikation. Der erste Schritt besteht im Argumentieren.

3. Für die Theorie des Faches ist hier zunächst ein relativ enger Rahmen abgesteckt. Im Hintergrund steht wieder die platonische Kritik an dem, was die Sophisten üblicherweise als Rhetoriktheorie anbieten. Im *Phaidros* hatte Platon ihre gängigsten Erfindungen im Rahmen der »frühesten Skizze einer Geschichte der Rhetorik« zusammengefasst. Der entsprechende Abschnitt (266d 5 – 267d 9) »enthält insgesamt zehn Namen von Autoren, knapp zwanzig Termini und ein paar programmatische Formulierungen« auf der Grundlage kursierender Rhetoriklehrbücher.[7] Offensichtlich ging es in ihnen vor allem um Vertextungskompetenz: Redeteile, Stilmittel, Steigerung/Minderung, Kurzrede und Bilderrede werden behandelt. Solche Lehren aber, die sich nur auf »die Geschicklichkeit zu reden« beziehen, haben für Platon bloß den Charakter von Hinweisen zu technischen Kunstgriffen. Sie rechtfertigen die Rhetorik-Definition, die er Gorgias in den Mund legt: »Erzeugerin von Überredung« (*Gorgias* 453a). Auch Aristoteles kritisiert diese nur auf Vorschriften beruhenden Anleitungen (1,1,9), indem er den Rang des Wahren und Gerechten betont. Er wendet sich gegen die fragwürdige Beschränkung auf mechanische Methoden affektiver Richterbeeinflussung (1,1,4; 7; 1,2,5; u. ö.) und das Jonglieren mit der Enthymemik bei Wahrscheinlichkeitsbeweisen. Derartige Rabulistik kritisiert Platon in technischer

7 Platon, *Werke*, Bd. 3,4: *Phaidros*, Übers. und Komm. von Ernst Heitsch, Göttingen 1997, S. 152.

Hinsicht mit dem bekannten Satz, dass man damit die schlechtere Begründung die Oberhand über die bessere gewinnen lasse (2,24,11).

Platon hatte demgegenüber eine Redekunst projektiert, die zu einer immer auf das Gute gerichteten »Seelenleitung« (*psychagōgía*)[8] durch Reden wird (*Phaidros* 261a, 271). Gegenüber dieser strikten Bindung der Rhetorik an ein philosophisches Wahrheitskriterium hält sich Aristoteles zurück und entwickelt eine eigene, eher »pragmatistische« Vorstellung. Anders gesagt: Aristoteles reklamiert für die Rhetorik nicht die prinzipiell »substanzialistische« Sicht Platons, sondern hält in Hinblick auf die von der Rhetorik spezifisch zu thematisierenden dialektischen Wahrheiten durchaus auch eine pragmatistische Position für gerechtfertigt. Richtungweisend wird für ihn das bei Platon angedeutete methodische Konzept einer in ihren Redeformen auf die Hörerpsychologie eingestellten Reformrhetorik. Das Konzept sieht drei Anforderungen vor (*Phaidros* 271a/d): 1. Die Rhetorik muss Psychetypen herausarbeiten. 2. Die Rhetorik muss die Möglichkeiten aktiver Einflussnahme und passiver Beeinflussbarkeit feststellen. 3. Dann kann die Rhetorik zum Aufweis einer Korrelation von Redearten und Psychetypen in Hinsicht auf optimale Lenkung kommen.

Aristoteles will der Rhetorik die von Platon vermisste und geforderte Theorie geben. In der Betrachtung der ursächlichen Zusammenhänge zeigt sich für ihn die theoretische Seite der Rhetorik. Das fachliche Interesse hat sich hier einzig auf die speziell rhetorischen (entechnischen) Mittel zur Glaubhaftmachung, die Überzeugungsweisen (*písteis*) zu konzentrieren. Im Mittelpunkt stehen beim Überzeugen die Enthymeme, alles andere sind Zugaben (1,1,3). Diese

8 Platon, *Werke*, hrsg. von Gunther Eigler, Bd. 5, bearb. von Dietrich Kurz, griech. Text von Léon Robin [u. a.], dt. Übers. von Friedrich Schleiermacher, Darmstadt 1983. Zum weiteren Rahmen der antiken Seelenleitungs-Tradition siehe den Überblick bei Ilsetraut Marten, *Seneca und die griechisch-römische Tradition der Seelenleitung*, Berlin 1969, S. 7–78.

zugespitzte Aussage wird zu Beginn des zweiten Kapitels und zu Beginn des wohl separat entstandenen dritten Buchs durch eine differenziertere Betrachtungsweise aufgehoben. Aristoteles nennt nun drei Methoden der Glaubhaftmachung: Erstens das Hervorrufen einer bestimmten Ansicht über den Sprechenden, zweitens das Hervorrufen einer bestimmten psychischen Disposition bei den Hörern und drittens der logisch-argumentative Beweis in der Sache. Gleichberechtigt hat die Rhetoriktheorie aber auch die sprachlich-textliche Seite der Rede zu reflektieren (3,1,1). Damit legen schon für Aristoteles die drei Hauptkomponenten oder Instanzen des Kommunikationsmodells – wie wir heute sagen würden – die fachlichen Perspektiven der Rhetorik fest (1,2,3):

a) der Redende (*ho légōn*) mit seiner zum Vorschein kommenden Charakteristik (Sprecher-*ēthos*),

b) der Hörer (*akroatḗs*) in seiner emotionalen Stimmung, die später unter dem Begriff *páthos* abgehandelt wird, und schließlich

c) der mündlich vorgetragene Text selbst (*autòs ho lógos*) in seinen unterschiedlichen Aspekten.

Die Theorie der Rhetorik will Aristoteles in Aussagen formulieren, die sich letztlich zur Umsetzung in die Praxis eignen, auch wenn seine *Rhetorik* nur wissenschaftliche Überlegungen widerspiegeln sollte und nicht als direkt verwertbares Organon für den Redner gedacht war.[9] Da in den drei genannten Kommunikationsinstanzen die Überzeugungsmittel begründet sind, ergibt sich die Forderung an den Rhetoriker, mit Blick auf die Rede vor allem eine Ausbildung in den logischen Schlussverfahren zu suchen und zugleich im Hinblick auf Redner und Hörer Erkenntnisse über Fragen von persönlicher Selbstdarstellungsqualität im sozialen Rahmen (Charakter, *ēthos*), von persönlicher Inte-

9 Kullmann (s. Anm. 2).

grität und Seriosität (*aretḗ*) sowie über Fragen der Affektpsychologie (*páthos*) zu gewinnen (2,1,7). Der Rhetoriker muss nämlich für den Beweis (die *pístis*) im Dienste einer Glaubhaftmachung von Aussagen sowohl selbst logisch argumentieren als auch Fehlschlüsse der Gegner aufdecken können, und er muss in der Lage sein, psychologische Einsichten zu nutzen. All das ist, in Verbindung mit elokutionärem Vermögen, Ausweis einer hohen Textkompetenz des erfolgreichen Rhetors.

Wie ist die *Rhetorik* in der uns überlieferten Form aufgebaut? Das ganze zur rhetorischen Theorie gehörige Wissen handelt Aristoteles in sieben großen Themenkomplexen ab. In diesen Gesamtrahmen eingearbeitet sind zahlreiche weitere Detailerörterungen.

Das e r s t e Buch setzt sich, nach den beiden Einleitungskapiteln, 1. mit den drei großen rhetorischen Funktionalgattungen und der auf sie bezogenen spezifischen Beweisproblematik auseinander.

Das z w e i t e Buch gehört dem Redner und dem Rezipienten, dem Hörer. Es beginnt 2. mit Überlegungen zur Redner-Charakteristik, gefolgt 3. von einer Emotionspsychologie sowie 4. einer Persönlichkeits- und Sozialpsychologie des Hörers, an die sich 5. die Topik anschließt.[10] Die beiden ersten Bücher stehen damit ganz unter dem Vorzeichen der Findungslehre (Inventivik oder Heuristik), die die spätere Systematik als eigenen Theorieteil eingegrenzt hat. Bei Aristoteles ist sie ausgerichtet auf a) Arten von rhetorischen Fallsituationen mit entsprechenden Redegattungen, b) Arten von Argumenten und Argumentationen und c) Arten von Emotionen.

10 Aristoteles hat ihre Kernteile (2,23 f.) wohl erst spät eingearbeitet. Insgesamt ist dieser Abschnitt der *Rhetorik* nicht ganz kohärent, greift nochmals zurück und erörtert die im 1. Buch noch nicht ausgeführten allgemeinen Teile der Argumentationslehre, die man auch als Teil der innerfachlichen (entechnischen) Beweislehre bezeichnen könnte.

Das dritte Buch widmet sich dem kommunikativen Mittel »Text«; Aristoteles entwickelt eine rhetorische Prosatexttheorie mit den Sektoren 6. Formulierungskunst oder Stilistik und 7. Dispositionslehre.

1. Buch der *Rhetorik*

Funktionalgattungen

Die Untersuchung geht im 1. Buch von den konkreten Kommunikationsrealitäten der Zeit aus. Aristoteles beobachtet, wo und wie die Rhetorik im sozial-kommunikativen Leben der Polis in Erscheinung tritt. Er kommt zu dem Schluss, dass drei wichtige Arten der Redepraxis im öffentlichen Leben vorkommen, und erläutert sie nach einem Mehr-Komponenten-Modell (Art des Redners, Redegegenstand, Zeitorientierung des Redegegenstands, Redeintention, Funktion der Rede, Art der Zuhörer). Wenn man diese Komponenten konkretisiert, so ergibt sich folgende Unterscheidung:

1. Die beratende Redegattung (das *génos symbūleutikón* bzw. *genus deliberativum*): Politiker reden darüber, was in der Zukunft geschehen soll, mit dem Ziel, hinsichtlich Nutzen oder Schaden zu- oder abzuraten, um auf diese Weise eine Entscheidung unter den Mitgliedern der Volksversammlung möglich zu machen.

2. Die gerichtliche Redegattung (*génos dikanikón* bzw. *genus iudiciale*): zwei Parteien sind in einem juristisch strittigen Fall vertreten, der zeitlich zurückliegt und Gerechtes oder Ungerechtes in Form von Anklage oder Verteidigung verhandelt, um ein Urteil durch Richter herbeizuführen.

3. Die Vorzeigerede (*génos epideiktikón* bzw. *genus demonstrativum*): Redner stellen ihr rhetorisches Vermögen (*dýnamis*) zur Schau, das sie zum gegenwärtigen Zeitpunkt haben, indem sie sich zu Ehrenhaftem oder Unehrenhaftem

in Form von Lob- oder Tadelreden äußern, um Genuss beim Publikum und infolgedessen auch ein günstiges Urteil über den Redner selbst hervorzurufen.

Beweislehre

Alles hängt in den Reden dieser Gattungen von den Überzeugungsweisen ab. Aristoteles denkt an die Praxis und setzt sich jetzt ausführlich mit inhaltlichen Aspekten, mit Wissenselementen auseinander, die er für die drei Funktionalgattungen als grundlegend ansieht. Zunächst wendet sich Aristoteles dem rhetorischen Enthymem zu. In Kapitel 1,2 hat er es bereits als rhetorischen Kernpunkt gewürdigt. Die neuere Aristoteles-Forschung hat sich inzwischen intensiv damit beschäftigt. Eine regelrechte Definition gibt Aristoteles nicht. Er umschreibt das Enthymem als eine gedankliche Konstruktion, die einen »rhetorischen Beweis«, »eine Art Deduktion« darstellt.[11] Die übliche Bestimmung des Enthymems als »unvollständiger Syllogismus«, nach der ein Teil des Schlusses unausgesprochen (*en thymō* ›im Herzen‹) bleiben kann, ist missverständlich. Aristoteles geht es nicht darum, dass man unbedingt einen der drei üblichen syllogistischen Schritte, etwa eine Prämisse, weglassen müsse, sondern er verlangt mit Rücksicht auf die Hörer, dass Schlüsse nicht von weither gebildet werden, weil sie aufgrund der Länge unklar werden und ihnen nur schwer zu folgen ist, auch dass man bei einer rhetorischen Deduktion nicht alles, vor allem nicht das Offenkundige oder schon Bekannte, aufgreift, weil es der Zuhörer selbst ergänzen kann. Daher soll die rhetorische Deduktion aus nur wenigen Voraussetzungen gebildet werden (1,2,12 f.).[12] Generell hat die Rhetorik Rücksicht zu nehmen auf die intellektuelle Lage der Zuhörer in der Redesituation, denen sie ja

11 Rapp (s. Anm. 5), S. 208.
12 Vgl. ebd., S. 203.

normalerweise auch nur knappe Beweisgänge vorlegen kann, und sie muss die Besonderheit des praktischen Gegenstandsbereichs einkalkulieren, bei dem es um Sachverhalte geht, die sich auch anders verhalten können. Aristoteles bleibt beim deduktiven Modell, das normalerweise zu logisch notwendigen Schlüssen führt, weil seiner Meinung nach im rhetorischen Vorgang auch schon der Nachweis des Wahrscheinlichen (*eikós*) wirkungsvoll ist. In der rhetorischen Situation haben etwa Wahrscheinlichkeitsschlüsse der Form »Wenn A, dann meistenteils oder wahrscheinlich B« oft genügend Beweiskraft (Beispiel: »Wenn es sich bewölkt, wird es beinahe sicher regnen. Es bewölkt sich. Es wird beinahe sicher regnen«).[13] Es geht also nicht um notwendige oder allgemeine Sätze, sondern um solche, die meistens zutreffen. Wahrscheinlichkeitsschlüsse können in der lebendigen Kommunikation ihre eigene Gültigkeit und Plausibilität beanspruchen, denn sie sind auf ihrer Ebene nur zu entkräften, wenn der Nachweis erfolgen kann, dass der fragliche Sachverhalt nicht wahrscheinlich bzw. das Gegenteil wahrscheinlicher ist.

Enthymeme können aus dem Wahrscheinlichen oder aus Indizien gebildet werden, wie Aristoteles an verschiedenen Stellen sagt. Im 2. Buch listet er das Indiz (*sēmeīon*) unter den Topoi für die nur vermeintlichen Enthymeme auf (2,24,5). Das hängt damit zusammen, dass es zwingende und nicht-zwingende Indizien gibt. Doch er ist hier nicht eindeutig. Es scheint wohl so zu sein, dass er beide Typen zu den echten Enthymemen zählen möchte, womit er sich »viel weiter vom logisch gültigen Schluß, als das beim Wahrscheinlichkeitsschluß der Fall war«, entfernt. »Aus dem Umstand, daß alle Fiebernden rasch atmen, folgt auf keine Weise, daß jemand, der rasch atmet, Fieber hat. Und es liegt auch kein wahrscheinlicher Schluß vor, weil etwa der Umstand, daß schwangere Frauen blaß sind, noch nicht wahr-

13 Vgl. ebd., S. 210.

scheinlich macht, daß eine bestimmte blasse Frau schwanger ist. Das aus nicht-zwingenden Indizien gebildete Enthymem stellt aus diesem Grund gar keinen Schluß dar und erfüllt auch nicht die Definition des Enthymems als einer Deduktion, denn es ist nicht der Fall, daß sich die Konklusion allein aus den Voraussetzungen ergibt. Andererseits ist klar, daß auch nicht-zwingende Indizien eine wichtige Rolle in der Praxis der öffentlichen Argumentation spielen können; man denke nur daran, daß die Tugendhaftigkeit einer Person, um die es in der epideiktischen Rede vor allem geht, nicht anders als durch Indizien erwiesen werden kann.«[14]

Der Redner muss auf die Heuristik der Enthymeme viel Sorgfalt verwenden, um die Glaubhaftmachung nicht zu gefährden. Er braucht akzeptable Aussagen, d. h. auf die jeweiligen Sachverhalte bezogene Basis- oder Ausgangssätze (*protáseis*, wie auch die Vorder- oder Obersätze in der Syllogistik genannt werden), die die Wahrscheinlichkeit (das *eikós*) im Moment der Rede für sich haben. Mit diesen steht oder fällt eine Argumentation. Das ist ein zentraler Gedanke der aristotelischen Argumentationslehre, die hier fließend in die Topik übergeht. Solche Basissätze lassen sich finden, wenn man die Ursache des Erfolgs untersucht, den Praktiker beim Argumentieren in rhetorischen Situationen haben.[15] Im 1. Buch der *Rhetorik* geht es um diejenigen Beweisgründe, die für die Funktionalgattungen spezifisch sind; auch sie sind natürlich Topoi. Bei den Topoi, die Aristoteles im 2. Buch erörtert, soll es sich aber im Gegensatz zu den Protasen des 1. Buchs um gattungsübergreifende, unspezifische Basissätze handeln, also »gemeinsame Topoi« (*koinoì tópoi*).

Aristoteles denkt darüber nach, was man einem Rhetor für die Findung spezieller Argumente an die Hand geben

14 Ebd., S. 220 f.

15 Vgl. Jürgen Sprute, *Die Enthymemtheorie der aristotelischen Rhetorik*, Göttingen 1982, S. 47.

könnte. Er arbeitet darum im Zusammenhang mit der Gattungslehre einen materialen Überblick über die wichtigsten Verhandlungssachen oder Themenbereiche der Fallsituationen aus, auf die sich die Einzelgattungen beziehen (1,3):

Schema zur Findung spezieller Topoi für die rhetorischen Gattungen

Typ:	*Vorzeigerede*	*Gerichtsrede*	*Beratungsrede*
Telos:	Lob/ Tadel	Anklage/ Verteidigung	Zuraten/ Abraten
Thema:	Schönes/ Hässliches	Gerechtes/ Ungerechtes	Nützliches/ Schädliches
Tempus:	Gegenwart	Vergangenheit	Zukunft

Aus den Fallmaterien gewinnt man spezielle Beweisgründe (*písteis*) für die Glaubhaftmachung, wie er an anderer Stelle sagt (2,18,2). Dabei kann es sich um bestimmte Meinungen oder akzeptable Sätze handeln, die sich als Vordersätze für die Bildung von Enthymemen eignen und so der gattungsspezifischen Argumentation dienen (2,1,1). Aristoteles gibt zu bedenken, dass die Rhetorik keine Wissenschaft mit bestimmten Inhalten, sondern eine auf sprachliche Verfahren spezialisierte formale Disziplin ist (1,4,6). Dann steckt er aber doch einen relativ weit gehenden materialen Wissensrahmen für die Protasenfindung in der politischen Rhetorik ab, von speziellen Themen wie ›Krieg und Frieden‹, ›Verteidigung‹, ›Gesetzgebung‹, ›Verfassungen‹ bis hin zu den allgemeinen philosophischen Begründungen politischen Handelns, wie der ›Glückseligkeits‹- und ›Güterlehre‹ (1,4–8). Für die sich mit nur einem Kapitel (1,9) anschließende epideiktische Gattung sieht Aristoteles nichts Vergleichbares vor. Dagegen wird die Gerichtsrede wiederum mit ausführlichen inhaltlichen Hinweisen zur Protasenbildung erörtert (Tatmotive, Täterpsychologie, Tätercharakteristik, Tatbedingungen, Tattypologie, Gerechtigkeitsprinzip, atechnische, d. h. außerrhetorische Beweismittel, wie Zeugen, Verträge, Folter usw.; 1,10–15). Bemerkenswert sind hier die »Bausteine einer Zurechnungslehre (Kriminalpsychologie), nämlich treffsichere Bemerkungen zur Unterscheidung von unabsichtlichen und willentlichen Handlungen, ferner Hinweise über Motivtypen und zur Psychologie des Unrechttuns«.[16] Was Aristoteles in den Kapiteln 1,4–14 an Obersätzen oder Prämissen für Schlüsse zusammenstellt, sind aber nur bedingt auf das Wahrscheinlichkeitskriterium abgestimmte Sätze. Vorgeschlagen werden »politisch-historische Fakten«, »Definitionen«, »fertige Schlüsse« und »formale Topoi«.[17]

Für die Profilierung einer eigenständigen Rhetoriktheorie ist die von Aristoteles in Kapitel 1,15 wieder aufgegriffene Unterscheidung von entechnischen und atechnischen Beweismitteln, also innerrhetorischen und außerrhetorischen Aspekten der Beweisführung, von großer Bedeutung. Im 2. Kapitel hatte er sie schon genauer erörtert. Was rhetorisch durch methodische Anleitung und durch uns selbst geschaffen werden kann, gehört zum Innerfachlichen (Entechnischen). Zum Außerfachlichen gehört all das, was rhetorisch nicht durch uns zustande gebracht worden ist, sondern bereits vorhanden war und in der Kommunikationssituation auch noch ins Spiel kommt (1,2,2). Außertechnisch sind etwa Gesetze, Zeugen, Verträge, Folter, Eide. Diese unterscheidende Betrachtungsweise zwingt die Rhetoriktheorie immer wieder zu der Frage, worin das rhetorische Proprium besteht, worin im Reich der Kommunikation die spezifische Fragestellung, die spezifische Leistung und die spezifischen Mittel der Rhetorik zu sehen sind.

16 Otfried Höffe, *Aristoteles*, München 1996, S. 60.
17 Rapp (s. Anm. 5), S. 206 f.

2. Buch der *Rhetorik*

Das 2. Buch lässt sich nach den drei bereits zu Beginn der *Rhetorik* (1,2,3) eingeführten Überzeugungsmitteln Ethos, Pathos und Logos (Text) gliedern. Aristoteles beginnt mit der Feststellung, dass man nicht nur auf die rein kognitive Seite, d. h. die Argumentation im engeren Sinne, achten muss, um das Redeziel zu erreichen. Genauso wichtig ist die emotionale und sonstige mentale Verfassung, in der der Redner erscheint und in die die Zuhörer gebracht werden. Der Charakter des Redenden (das in 1,9,1 genannte Sprecher-*ēthos*) und die emotionale Gestimmtheit der Hörer, die Affizierbarkeit (das *páthos*), sind konstitutiv für den Redeakt. Aristoteles will eine psychologische Typologie entwerfen, wie sie – wenigstens der Tendenz nach – seinem Lehrer Platon vorgeschwebt haben mag. Der Rhetor kann, ja muss solches Wissen bei der Vorbereitung für sein Redekalkül ausmünzen. Später bezeichnet Aristoteles die hier zusammengestellten Einzelheiten über Charaktere, Affekte und Verhaltensweisen der Menschen als *tópoi*, die als Ausgangspunkte für die enthymematische Argumentation nützlich sind (2,22,16). Im 3. Buch fügt er noch weitere verdeutlichende Bemerkungen hinzu. Dabei wird die Bedeutung des Enthymems relativiert. Man muss nicht immer Enthymeme suchen, heißt es da. Sollen in erster Linie Emotionen erregt werden, trage man besser keine Enthymeme vor; eine kühl rationalistische Vorgehensweise könnte den Affekt vertreiben, oder sie bleibt eventuell den stärkeren Affekten gegenüber wirkungslos. Auch wer vorrangig das Rednerethos ausspielt, sollte Enthymeme vermeiden, denn die schlussfolgernde Beweisführung bietet nichts, was den Charakter des Redners qualifizieren könnte (3,17,7–8).

Die Psychologie des 2. Buches der *Rhetorik* hat Martin Heidegger existenzphilosophisch interpretiert. Für ihn hat Aristoteles hier, wie im gesamten Werk, zu Grundfragen menschlicher Sozialität Stellung genommen: »Es ist kein Zufall, daß die erste überlieferte, systematisch ausgeführte Interpretation der Affekte nicht im Rahmen der ›Psychologie‹ abgehandelt ist. *Aristoteles* untersucht die πάθη [*páthē*] im zweiten Buch seiner ›Rhetorik‹. Diese muß – entgegen der traditionellen Orientierung des Begriffes der Rhetorik an so etwas wie einem ›Lehrfach‹ – als die erste systematische Hermeneutik der Alltäglichkeit des Miteinanderseins aufgefaßt werden.«[18]

Der Redende

Aristoteles geht im 2. Buch zunächst mit wenigen Worten auf die für die Glaubwürdigkeit und damit für den Erfolg der Rede wesentliche Redner-Charakteristik, das Ethos, ein. Der Redner ist jene kommunikative Instanz, von der aus Rhetorik zuallererst zu denken ist. Aristoteles kommt an verschiedenen Stellen darauf zurück. Das rednerische Handeln, die Wahl der rhetorischen Mittel, insbesondere auch die Art der Selbstdarstellung, werden reguliert durch zwei an diese Instanz gebundene Steuerungsfaktoren: Handlungsentschluss und Zielvorgabe, die *prohaíresis* und das *télos* (1,8,6; 3,16,8). Auch die Redner-Charakteristik hängt davon ab. Drei »ethische« Merkmale muss der Redner zum Vorschein bringen, die unabdingbar sind, wenn der Erfolg der Rede nicht gefährdet sein soll: 1. Rationalität, Einsicht bzw. »Umsicht«[19] (*phrónēsis*); das Publikum muss Sachkompetenz und umsichtige Folgeabschätzung beim Redner bemerken können und sehen, dass er sich seine Ansicht in der rechten Weise gebildet hat. 2. Persönliche Integrität,

18 Martin Heidegger, *Sein und Zeit*, 15., an Hand der Gesamtausg. durchges. Aufl. mit Randbem. aus dem Handexemplar des Autors im Anhang, Tübingen 1979 [[1]1927], S. 138.

19 Martin Heidegger, *Grundbegriffe der aristotelischen Philosophie*, Vorlesung Marburg, Sommer-Semester 1924, Nachschrift von Walter Bröcker, ungedr. Typoskr. (Marcuse-Archiv der Frankfurter Stadtbibliothek), S. 64.

sittliche »Bestheit«[20] bzw. »Ernst«[21] (*aretḗ*); das Publikum muss den Eindruck gewinnen, der Redner sei als Person vertrauenswürdig, sei tatsächlich engagiert und nehme die Angelegenheit auch wirklich ernst. 3. Zuneigung bzw. freundschaftliches Wohlwollen oder »gute Gesinnung«[22] (*eúnoia*); der Redner muss den Eindruck vermitteln, dem Publikum mit Wohlwollen gegenüberzustehen und alles mit Sympathie und zu seinem Besten zu sagen (2,1,5–8). Ein Redner, der durch diese Eigenschaften überzeugt, hat das Vertrauen der Zuhörer und macht aus seiner so in Szene gesetzten Person ein Überzeugungsmittel. Roland Barthes spricht von den drei »Mienen« des Redners und kommt zu der Einschätzung, dass es sich hier »nicht um eine Ausdruckspsychologie, sondern um eine imaginäre Psychologie (im psychoanalytischen Sinn)« handelt. »Ich muß bedeuten, was ich *für den anderen* sein will. Deshalb ist es – hinsichtlich dieser theatralischen Psychologie – angebrachter, von *Tönen* zu sprechen als von Charakteren«. Der Redner kann damit mehrere kommunikative Möglichkeiten in einem nutzen. Er »äußert eine Information und sagt *gleichzeitig*: ich bin dies, und nicht jenes.«[23]

Emotionspsychologie

Aristoteles verweilt nicht länger beim Redner, denn das 2. Buch seiner *Rhetorik* nimmt vor allem die Hörerinstanz in den Blick. Er bemerkt, zu den Merkmalen a) der Rationalität und b) der persönlichen Integrität des Redners habe er schon früher etwas gesagt (Kap. 1,9), über c) den

20 Wörner (s. Anm. 6), S. 59.

21 Heidegger, »Vorlesung« (s. Anm. 19), S. 64.

22 Ebd., S. 64.

23 Roland Barthes, »Die alte Rhetorik«, in: R. B., *Das semiologische Abenteuer*, aus dem Frz. von Dieter Hornig, Frankfurt a. M. 1988, S. 15–101, hier S. 76 (frz.: »L'ancienne rhétorique. Aide-mémoire«, in: *Communications* 16, 1970, S. 172–229).

Zuneigungs-Aspekt aber wolle er nun im Zusammenhang mit der Affektenlehre noch eingehender handeln (2,1,7 f.). Dieser Aspekt lenkt vom Redner, der auch betroffen ist, hinüber zum Hörer. Jetzt werden unter besonderer Berücksichtigung der Hörerseite emotionspsychologische Gesichtspunkte dargestellt (Affekten- oder *páthos*-Lehre) sowie – in moderner Diktion – Fragen der Persönlichkeits- und Sozialpsychologie (Charakter- oder *ēthos*-Lehre). Wie in den bisherigen Untersuchungen geht es dabei nicht um rhetoriktechnische Kunstgriffe, z. B. Techniken emotionaler Hörerbeeinflussung, sondern um die Untersuchung von Grundaussagen oder Protasen (2,1,9) zu psychologischen Bedingungen, die der Rhetor gegebenenfalls berücksichtigen kann. Ethos und Pathos stehen für Aristoteles nicht im Gegensatz zum rationalen rhetorischen Schlussfolgern, sind keine Quellen des Irrationalismus, wie man bisweilen unterstellt hat. »Ein Pathostopos« stützt die Argumentation, denn er hat »die Funktion einer Auslegungshilfe von Gesagtem, wobei seine Geltung (für den Sprecher wie den Hörer) eine sachgerechte Verständigung und eine der Sache angemessene affektive Reaktion allererst ermöglicht«.[24]

Die hier entfaltete aristotelische Psychologie ist, wie Roland Barthes sagt, »eine ›projizierte‹ Psychologie: die Psychologie, wie sie sich jeder vorstellt: nicht, was das Publikum ›im Kopf hat‹, sondern was das Publikum in den Köpfen der anderen annimmt: Sie ist ein *éndoxon*, eine ›wahrscheinliche‹ Psychologie, die der ›wahren‹ Psychologie gegenübersteht wie das Enthymem dem ›wahren‹ (demonstrativen) Syllogismus.«[25] Aristoteles stellt hier und andernorts Taxonomien der Gefühlszustände auf, die zugleich ihre maßgebliche Einführung in die diskursive Welt Europas und ihre definitorische Festschreibung bedeuten. Ab jetzt sind sie als fest umrissene epistemologische Größen verfüg-

24 Wörner (s. Anm. 6), S. 78.
25 Barthes (s. Anm. 23), S. 75.

bar. In Hinsicht auf die Rhetorik ist dabei ihr projektiver Charakter von besonderer Bedeutung. »Vor Aristoteles empfahlen Technographen, man solle psychologische Zustände wie das Mitleid berücksichtigen. Aristoteles hat jedoch einen neuen Weg beschritten, indem er die Leidenschaften nicht nach dem einteilte, was sie sind, sondern nach dem, wofür sie gehalten werden: er beschreibt sie nicht wissenschaftlich, sondern er sucht Argumente, die sich im Zusammenhang mit den Vorstellungen des Publikums über die Leidenschaft einsetzen lassen. Die Leidenschaften sind ausdrücklich Prämissen, Plätze: Die rhetorische ›Psychologie‹ von Aristoteles ist eine Beschreibung des *eikos*, des gefühlsmäßig Wahrscheinlichen. Die psychologischen Beweise zerfallen in zwei große Gruppen: *ethe* (die Charaktere, die Töne, die Mienen) und *pathe* (die Leidenschaften, die Gefühle, die Affekte).«[26]

Für Heidegger steht »die Analyse der πάθη [*páthē*] in der Rhetorik« unter der Absicht, »die verschiedenen Möglichkeiten des Sichbefindens beim Hörer zu analysieren, um damit Leitfäden für das zu geben, was beim Hörer selbst ausgebildet werden muss«.[27] Abgehandelt werden unter der Rubrik *páthos* (Kap. 2,2–11) eine Reihe in Opposition stehender Affektpaare (Zorn und Sanftmut, Liebe und Hass, Furcht und Mut, Scham und Schamlosigkeit, Dankbarkeit und Undankbarkeit, Mitgefühl und Empörtsein, Neid sowie Eifersucht). Affekte (*páthē*) bewirken Veränderungen des Menschen; unter solchen Veränderungen entstehen Urteilsdifferenzen (*kríseis*); im Gefolge der Affekte treten Lust und Unlust auf (2,1,8). Nach Heidegger geht es dabei um »etwas auf dem Wege, worüber sich bei uns selbst ein Umschlag einstellt, wodurch wir umschlagen aus einer Befindlichkeit in eine andere«; »ineins mit diesem Umschlagen geht, dass wir uns im Umschlagen anders verhalten zu dem,

26 Ebd., S. 75 f.
27 Heidegger, »Vorlesung« (s. Anm. 19), S. 66.

was Aufgabe des Hörers ist, nämlich Stellung zu nehmen, sich eine Ansicht zu bilden. Die Ansichtsbildung hängt an der Art und Weise, wie wir umschlagen«; »mitgegeben ineins mit den πάθη [*páthē*] ist ein höher- oder tiefer-Gestimmtsein des betrf. Daseins«.[28]

Für den Rhetor sollte klar sein, dass seine Rede das Instrument ist, mit dem die Zuhörer in den jeweils gewünschten Zustand versetzt werden. Wenn man zum Beispiel Zorn erregen will, dann ist der Gegner in einer Rede als solcher Dinge schuldig darzustellen, worüber alle gewöhnlich Zorn empfinden, und zudem die Person des Gegners selbst als ein Mensch zu charakterisieren, dem man sofort zürnt (2,2,27). Man hat in diesem Zusammenhang auch von der aristotelischen Affekt-Trias gesprochen: Zunächst sind die Hörer in eine Stimmung der Unlust über bestehende Verhältnisse zu versetzen, dann muss das Objekt des Affekts genannt werden, schließlich ist der Grund des Affekts zu nennen. Um das zu erreichen, braucht der Rhetor Wissen über die Seelenzustände. Aristoteles untersucht sie in den genannten Fällen aufgrund von Erfahrungswerten nach einer Reihe von Kriterien: Symptome des Affekts sowie Voraussetzungen, Auslöser und Zielrichtungen des Affekts. Systematisch muss der Redner die Pathe jeweils unter den Aspekten 1. des Pathosträgers, 2. des Pathosobjekts und 3. der Sachverhalte betrachten, weswegen sie bestehen. »Es ist nämlich nicht möglich, jemanden durch Reden bewußt zornig zu machen, wenn man keine Gründe anführt, nicht zu sagen vermag, wem der Zorn gelten soll oder nicht weiß, wie es um den psychischen Zustand eines Zornigen bestellt ist.«[29] Das sind keine Definitionen der Affekte im strengen Sinne (*per genus proximum et differentiam specificam*). Aristoteles sagt nicht, *was* sie sind, sondern charakterisiert sie dadurch, dass er andeutet, wofür sie im Redekontext *Ur-*

28 Ebd., S. 66 f.
29 Wörner (s. Anm. 6), S. 62 f.

sachen darstellen: »Sie spielen eine maßgebliche Rolle im Prozeß des menschlichen Meinungswandels, indem sie abschließende Urteile oder Entscheidungen (κρίσεις) beeinflussen. Auf ›Krisis‹ gerade zweckt die Rhetorik ab«.[30]

Sozialpsychologie

Nachdem die Menschen hinsichtlich ihrer Leidenschaften untersucht wurden, folgt nun in der Charakter- oder *ēthos*-Lehre eine andere psychologisch motivierte Betrachtungsweise (Kap. 2,12–17). Aristoteles gruppiert die Menschen jetzt nach den Dispositionen dreier Lebensaltersstufen und differenzierter Milieu- oder Soziallagen (nach Adel, Reichtum, Macht und sonstigen Glücksgütern). Für den Rhetor arbeitet er dabei typische Lebens- und Verhaltensweisen heraus, die bei der Kommunikation einzukalkulieren sind. Auch für diesen Komplex liefert Roland Barthes eine moderne Interpretation, die ein weiteres Mal den Kode-Charakter der rhetorischen Psychologie herausstellt: »Die rhetorische Psychologie ist also das gerade Gegenteil einer abstrahierenden Psychologie, die herauszufinden versuchte, was *hinter* dem Gerede der Leute steckt, und den Anspruch erhöbe, den Zorn zum Beispiel auf *etwas anderes*, Verborgeneres zurückzuführen. Für Aristoteles ist die Meinung des Publikums die erste und äußerste Gegebenheit; es gibt bei ihm keinerlei hermeneutische Vorstellung (der Entschlüsselung); für ihn sind die Leidenschaften fertige Sprachstücke, die der Redner bloß gut zu kennen hat; daher die Idee eines *Rasters der Leidenschaften*, nicht als Sammlung von Essenzen, sondern als Zusammenstellung von Meinungen. An die Stelle der (heute dominierenden) abstrahierenden Psychologie setzt Aristoteles (im vorhinein) eine einteilende Psychologie, die ›Sprachen‹ unterscheidet. Es mag sehr platt (und gewiß falsch) erscheinen, wenn es

30 Ebd., S. 61.

heißt, daß junge Leute rascher in Zorn geraten als Greise; aber diese Platitüde (oder dieser Irrtum) wird interessant, wenn wir begreifen, daß ein solcher Satz nur ein Element dieser *allgemeinen Sprache des anderen* bildet, die Aristoteles, vielleicht im Einklang mit dem Arkanum der aristotelischen [platonischen?] Philosophie, rekonstruiert: ›*Was alle glauben, das behaupten wir, ist richtig*‹ (Nik. Ethik, X,2; 1173a 1).«[31]

Topik

Nach einem kurzen Resümee gegen Ende des 2. Buches (2,18,2) geht Aristoteles dann zu Erörterungen über, die auch im Anschluss an die Ausführungen zu den drei Funktionalgattungen im 1. Buch stehen könnten. Man kann diesen Teil der *Rhetorik* durchaus eine Topik nennen. Es geht um jene noch ausstehenden argumentativen rhetorischen Mittel, die den drei Redegattungen gemeinsam sind: 1. Der Gesichtspunkt, was möglich oder unmöglich ist und künftig sein kann (Potentialitäts-Aspekt). 2. Der Gesichtspunkt, was geschehen ist oder geschehen wird, seiend oder nichtseiend ist (Faktizitäts-Aspekt). 3. Ausweitung, Steigerung oder Minderung, Ausbreitung oder Verringerung von Sachverhalten (Erweiterungs-Aspekt).[32] 4. Die Beispiele (Para-

31 Barthes (s. Anm. 23), S. 77.

32 Nach Roland Barthes (ebd., S. 72) sind die Punkte 1 bis 3 die drei eigentlichen aristotelischen *koinoì tópoi*: »Die Gemeinplätze sind keine ausgefüllten Stereotypen, sondern im Gegenteil formale Plätze: da sie allgemein sind (das Allgemeine ist ein Charakteristikum des Wahrscheinlichen), sind sie allen Gegenständen gemein. Für Aristoteles gibt es insgesamt drei Gemeinplätze: 1. das *Mögliche/Unmögliche*; durch die Konfrontation mit der Zeit (Vergangenheit, Zukunft) ergeben diese Termini eine topische Frage: Kann die Sache getan worden sein oder nicht, wird sie es sein können oder nicht? Dieser Platz läßt sich auf Gegensatzbeziehungen anwenden: War es möglich, daß eine Sache begann, so ist es möglich, daß sie endet usw.; 2. *Seiend/Nichtseiend* (oder *Wirklich/Unwirklich*); wie im vorhergehenden Fall läßt sich dieser Platz mit der Zeit konfrontieren: hat sich eine kaum

digmen), die man beim Fehlen von rhetorischen Schlüssen wie Beweise gebrauchen kann (Induktions-Beweis). 5. Die topischen rhetorischen Schlussverfahren (Topen-Enthymeme), einschließlich der für sie nützlichen Allgemeinsätze (Sentenzen). 6. Die allgemeinen Gesichtspunkte oder Topoi.

Das Wichtigste in diesem Abschnitt ist, dass Aristoteles noch einmal auf die enthymemischen Schlussverfahren und damit auf die Beweislehre zurückkommt. Diesmal aber geht es nicht – wie im ersten Buch – um gattungsspezifische Enthymeme, die bereichsbezogene Aussagen (Protasen) als Ausgangssätze haben, sondern um Enthymeme oder Argumentationsweisen, die gattungsübergreifend funktionieren. Für ihre Ausgangssätze als Grundelement (*stoicheīon*) verwendet Aristoteles den Ausdruck *tópos* (2,22,13; 2,26,1). Allerdings gibt es in diesem Zusammenhang eine Textstelle, die zeigt, dass Aristoteles den Topos-Begriff durchaus weit fasst und auch für Gesichtspunkte verwendet, die er sonst immer als Protasen bezeichnet hat (2,22,16). »Schon am Ende des VIII. Kapitels des *Topik*-Buches hatte Aristoteles die allgemeinen Grundsätze, Grundbegriffe, Anfangsgründe usw., die in den Problemerörterungen immer wiederkehren, verglichen mit der Funktion der ›Elemente‹ (stoicheia) der Geometrie, des ›Einmaleins‹ in der Arithmetik und der ›topoi‹ in der Mnemonik (Gedächtniskunst). In diesen Vergleichen liegen zweifellos die Ursprünge für Aristoteles' Versuch, Dialektik und Rhetorik gleichfalls aus gewissen Grundelementen aufgebaut zu denken, für die sich bei ihm dann ›Topos‹ als Sammelbegriff durchsetzte.«[33]

wahrscheinliche Sache dennoch zugetragen, so hat sich die eher wahrscheinliche sicher zugetragen (Vergangenheit), hier ist Baumaterial versammelt: es ist wahrscheinlich, daß hier ein Haus gebaut wird (Zukunft); 3. *Mehr/Weniger*: das ist der Platz der Größe und Kleinheit; er beruht hauptsächlich auf dem ›erst recht‹: es ist sehr zu vermuten, daß X seine Nachbarn geschlagen hat, wo er doch sogar seinen Vater schlägt.«

33 Lothar Bornscheuer, *Topik. Zur Struktur der gesellschaftlichen Einbildungskraft*, Frankfurt a. M. 1976, S. 40.

Im Zusammenhang der Kapitel 2,22–24 geht es um Topoi in einem ganz bestimmten Sinn, nämlich verstanden als überall einsetzbare, allgemeine Hauptgesichtspunkte (vergleichbar den oben genannten Protasen), also in argumentativen Zusammenhängen aller drei Redegattungen. Aus der Polyvalenz dieser Topoi ergibt sich die Art ihrer Definition. Für seinen Topoi-Katalog muss Aristoteles generelle, d. h. formale Definitionen wählen. Der Rhetor kann sie als Generierungsanweisungen für den konkreten Fall nutzen. Aristoteles führt das selbst mit seinen Beispielen vor. Die rund 40 Topoi des Katalogs (2,23 f.) sind nicht nach einheitlichen Kriterien definiert und in ihrer Abfolge ungeordnet. Sie »zeichnen sich zwar sämtlich durch hochgradige Allgemeinheit aus, liegen aber deutlich auf sehr verschiedenen Ebenen, nämlich auf den Ebenen der Semasiologie, der Erkenntnistheorie, der Begriffs- und Schlußlogik und der rhetorischen Argumentationstaktik«.[34] Im Kapitel über die Topoi scheinbarer Enthymeme konstituieren auch sprachlich-stilistische Kriterien Topoi, so beim Topos des fehlerhaften Gebrauchs sprachlicher Ausdrücke oder beim Topos des Vergehens gegen die Homonymie (2,24,2). In Kapitel 2,23 werden Topoi für rhetorische Schlussfolgerungen nach den Kriterien ›Gegensatz‹ (2,23,1) und ›Ähnlichkeit‹ (2,23,2) abgegrenzt; nur dem zweiten Kriterium unterzuordnen sind ›Verhältnisangaben‹ (2,23,3) und ›Gradunterscheidungen‹ (2,23,4); den beiden ersten Kriterien gemeinsam unterzuordnen sind ›Vieldeutigkeit‹ (2,23,9) und ›feststehendes Urteil über Identisches, Gegensätzliches oder Ähnliches‹ (2,23,12).

Im Fall der ›Gradunterscheidungen‹ (2,23,4) geht Aristoteles so vor, dass er zunächst den formal konstitutiven Aspekt nennt: Der Topos resultiert aus den Relationskategorien des Mehr oder Minder. Daraus lässt sich in konkreter Rede das Enthymem bilden: »Wenn sogar die Götter

34 Ebd., S. 41.

nicht alles wissen, um wieviel weniger die Menschen.« Dies wird wie folgt in seiner gedanklichen Struktur erläutert: »Wenn das nicht von dem prädiziert werden kann, von dem es doch in höherem Maße prädiziert werden müßte, dann ist klar, daß es auch nicht dem zukommt, von dem es in geringerer Weise prädiziert werden kann.«

Im weiteren Verlauf des Katalogs tauchen auch die Prädikabilienaspekte ›Begriffsbestimmung‹ (2,23,8) und eine Aufzählung der ›Unterarten‹ (2,23,10) auf; sodann sachliche Begründungs- und Folgeaspekte wie ›Ursache‹ (2,23,25), Folgen (2,23,14 f. und 18), Zwecke (2,23,20 f.), ›Vorher‹ und ›Nachher‹ (2,23,6); induktive Aufzählung von Erfahrungsbeispielen (2,23,10); schließlich auch disputationstaktische Anweisungen, wie beispielsweise ein gegnerisches Argument gegen den Kontrahenten selbst zu wenden (2,23,7), denselben Gesichtpunkt nach seinem Pro und Contra auszunützen (2,23,19), Widersprüche ins Auge zu fassen (2,23,23) oder Fehler von Anklage oder Verteidigung aufzudecken (2,23,28).

3. Buch der *Rhetorik*

Aristoteles beginnt das 3. Buch mit einer kurzen Rekapitulation. Sie führt ihn auf dieser Stufe seines Rhetorikverständnisses zu einer Neueinteilung des gesamten rhetoriktheoretischen Stoffs. In den ersten beiden Kapiteln verweist Aristoteles insgesamt viermal auf seine *Poetik*, in der er bereits Abgrenzungen zur Rhetorik vorgenommen hat. So spricht er etwa im 19. Kapitel der *Poetik* von zwei großen systematischen Gebieten, für die die Dichtungstheorie letztlich nicht zuständig ist: Die argumentative Gedankenführung der konzeptionellen Vernunfttätigkeit (*diánoia*) und die Formulierungskunst (*léxis*). Diese beiden großen in der *Poetik* genannten Gebiete bilden den Kern seiner Rhetorik-

Schrift. In den beiden ersten Büchern der *Rhetorik* wurde untersucht, was Aristoteles für den natürlichen Anfang hält: der ganze Komplex der Gedankenführung. Unter texttheoretischer Perspektive würde man ihn heute vielleicht den Bereichen Textsemantik und Pragmatik mit all ihren Implikaturen zuordnen. Die lateinische Rhetorikliteratur subsumiert dies später unter den Theorierubriken *inventio* (Findung) und *dispositio* (Anordnung). Als Erstes kommt es darauf an, dass die in den Reden vermittelten Sachverhalte als solche vor der eventuell skeptischen Hörervernunft Glaubwürdigkeit gewinnen. Im dritten und letzten Buch ist nun das zweite große Gebiet, der elaborierte verbale Ausdruck (*léxis*) zu untersuchen oder, wie man in moderner Nomenklatur sagen könnte, der Aufbau einer angemessenen Textur auf allen linguistischen Ebenen (Wort, Satz, Text). Aristoteles fügt außerdem den ganz anders gearteten wichtigen Sektor der Performanz, des mündlichen Vortrags (*hypókrisis*) hinzu. Damit hat er den Grundstein für die später von seinem Schüler Theophrast und anderen abgerundete Makroeinteilung des rhetorischen Theoriegebäudes gelegt. Sie erheben die bei Aristoteles noch unter die *léxis* eingeordnete Dispositionslehre zum eigenständigen systematischen Teil und fügen außerdem noch die Mnemonik (*mnḗmē*) hinzu. Seitdem hat die Rhetorik eine theoretische Systematik von fünf Teilen: 1. *heúresis/inventio* (Stofffindungslehre), 2. *táxis/dispositio* (Stoffgliederungslehre), 3. *léxis/elocutio* (Textgestaltungslehre), 4. *mnḗmē/memoria* (Einprägungslehre), 5. *hypókrisis/actio* bzw. *pronuntiatio* (Aufführungslehre).

Die Aufführungs- oder Vortragslehre stuft Aristoteles nicht sehr hoch ein, dennoch muss er eingestehen, dass sie in der Praxis notwendig ist (3,1,2–8). Denn in der Aufführung der Texte liegt seiner Meinung nach die größte Wirkungsmöglichkeit. Umso erstaunter stellt er fest, dass es um einschlägige Fachliteratur zu diesem Thema schlecht bestellt ist. Man muss dazu wissen, dass die *hypókrisis*-Theorie erst spät zur rhetorischen Theorie hinzukam. Einzelne mit der Tragödientheorie befasste Poetiker haben Schriften zur Vortragskunst verfasst. Das hängt damit zusammen, bemerkt er, dass die Dichter schon früh auf die mimetische Kraft der Stimme aufmerksam wurden und Rhapsoden und Schauspieler sie wirkungsvoll einzusetzen verstanden. Aristoteles unternimmt nicht den Versuch, damit in Konkurrenz zu treten. Er sieht, dass die Vortragskunst sehr wichtig ist, glaubt aber, dass eine etwaige Performanztheorie von eher niederer Art sein dürfte. Auch auf die Gefahren schauspielerischer Verführungskünste weist er hin. Im Übrigen ist für ihn das Vermögen, im Vortrag zu glänzen, eher eine Sache der *phýsis*, des natürlichen Talents. Er hält es daher für ausreichend, auf die besondere Rolle der Stimme beim Vortrag hinzuweisen und zu erläutern, dass bei der Artikulation alles von Lautstärke, Tonfall und Rhythmus abhängt.

Formulierungskunst

Einen ganz anderen Stellenwert hat demgegenüber die *léxis*. Im Gegensatz zur Vortragskunst, die letztlich atechnisch ist, gehört der elaborierte sprachliche Ausdruck, wie er in geschriebenen Texturen manifest wird, zu den entechnischen Sektoren und damit in den engeren Bereich der rhetorischen Theorie (3,1,7). Aristoteles stellt sofort klar, dass es bei der rhetorischen Texttheorie nicht um eine Annäherung an die ästhetischen Prinzipien der Versdichtung gehen kann, wie sie dem Sophisten Gorgias vorschwebte (3,1,9). Die rhetorische Texttheorie bezieht sich auf Prosa, allerdings auf elaborierte Prosa, ist mithin Kunstprosa-Texttheorie. Ihre Gestaltungsmaximen ergeben sich aus der Abgrenzung zur hochartifiziell gestalteten Dichtung: Die Texte der rhetorischen Kunstprosa sollen deutlich und in der Stillage angemessen sein. Dahinter steht wieder das Glaubwürdigkeitspostulat. Nur eine als »natürlich« empfundene, d. h. eine geschickt den Normen der Alltagsprosa angenäherte Rede, wird in rhetorischen Kommunikationssituationen vom Publikum ohne Widerstand akzeptiert.

»Aristoteles ist, wie es scheint, der erste, der innerhalb des rhetorischen Unterrichts die Lehre von der λέξις [*léxis*] als Sondergebiet abgegrenzt hat, und in dieser hat er dem πρέπον [*prépon*, dem Angemessenen, dem sich Ziemenden] mit bewußter Verengung, aber dafür scharfer Präzisierung des Begriffs einen wesentlichen Platz zugewiesen. Als die eigentliche und einzige ἀρετὴ λέξεως [*aretē léxeōs*, Sprachtugend] bestimmt er freilich gleich im Anfang des dritten Buches der Rhetorik (cap. 2) die σαφήνεια [*saphēneia*, Deutlichkeit], auf der die Überzeugungskraft der Rede beruht, erklärt aber sofort allgemein als deren Haupterfordernis, daß sie der Kunstprosa πρέπουσα [*prépūsa*] sein, d. h. die Mitte zwischen den Höhen der Poesie und den Tiefen der vulgären Rede innehalten müsse. Zugleich bezeichnet bei ihm das πρέπον [*prépon*] aber auch eine ganz bestimmte einzelne Anforderung an die Lexis, und hier erhält es erst seine volle terminologische Bedeutung. In cap. 7 wird es deshalb (vor dem εὔκαιρον [*eúkairon*, dem rechten Zeitpunkt]) ausführlich behandelt.«[35]

An seine Überlegungen zu den Grundlagen der Vertextung schließt Aristoteles einen bunt gemischten Katalog von Textphänomenen an, der für zeitgenössische Logographen als ein Organon fürs Redenschreiben von Interesse gewesen wäre. Was Aristoteles hier bei seinen Überlegungen zusammengestellt hat, folgt keiner strengen Systematik, muss als vorläufige Sammlung betrachtet werden. Aber man kann darin schon den Grundstock für die spätere *elocutio*-Theorie erkennen. Da ist von den Vorzügen und Fehlern des Sprachgebrauchs die Rede (in der späteren lateinischen Theorie heißt die Systemstelle *virtutes* und *vitia*), also

35 Max Pohlenz, »*Tò prèpon*. Ein Beitrag zur Geschichte des griechischen Geistes (1933)«, in: M. P., *Kleine Schriften I*, hrsg. von Heinrich Dörrie, Hildesheim 1965, S. 100–139, hier S. 105.

Sprachrichtigkeit, Erhabenheit, Gedrängtheit und Angemessenheit des Stils (3,3 und 3,5–7). Es findet sich auch bereits eine knappe Prosasyntax-Lehre (lat. *compositio*; 3,8 f.). An verschiedenen Stellen werden Figuren erläutert wie Homonymie, Synonymie, Antithese, Paromoiosis (Gleichklang), Evidenz (Vor-Augen-Führen) oder Textphänomene wie das Epitheton und das Diminutiv. Aber die in späterer Zeit so wichtig gewordene Figurenlehre ist letztlich kaum entwickelt. Der Grund liegt wohl darin, dass Aristoteles in diesem Punkt mit Blick auf den dichterischen Gebrauch solcher Mittel für Zurückhaltung eintritt.

Das gilt nicht für die immer wieder herausgehobene Metapher (*metaphorá*), die als ›uneigentlicher‹ Wortgebrauch zu verstehen ist.[36] In der Prosarede ist sie die einzige Figurationsspielart, die wirklich gleichberechtigt neben die ›eigentliche‹ Ausdrucksweise treten darf (3,2,6). Denn die Beobachtung der menschlichen kommunikativen Praxis zeigt, dass auch im Alltag der konventionelle Gebrauch der Wörter ständig mit übertragenem Wortgebrauch abwechselt. Wenn die rhetorische Sprechweise dieses Alltagsphänomen ausnutzt, wirkt die Rede keineswegs irritierend und ihre Glaubwürdigkeit ist nicht gefährdet. Wichtig ist natürlich, dass man dabei die Angemessenheitsregel beachtet, sonst wird sie dysfunktional. So muss man nach Aristoteles in einem bestimmten Fall, beispielsweise beim Schelten oder Loben, bedenken, ob die Metaphern ›Bettelpriester‹ (negativ) oder ›Fackelträger‹ (positiv) zu verwenden sind. Derartige Metaphern vom Schönen oder Hässlichen zu gebrauchen, betrifft auch den Klang des Wortes. Was noch keine Benennung hat, ist von dem Verwandten oder Gleichartigen her durch Übertragung zu bezeichnen (3,2,7–13; 3,3,4). Die

36 »Aristoteles wirft alle tropische Redensarten in eine einzige Classe, und nennet sie die Metaphore« (Johann Christoph Gottsched, *Ausführliche Redekunst I*, in: J. C. G., *Ausgewählte Werke*, Bd. 7,1, hrsg. von Phillip M. Mitchell, Berlin / New York 1975, S. 309); vgl. Fuhrmann (s. Anm. 4), S. 48.

Bildungsregel der Metapher lautet, vom Eigentümlichen, Verwandten, nicht aber vom Offenkundigen die Übertragung vorzunehmen, das Ähnliche dabei auch in weit auseinander liegenden Dingen zu erkennen (Vergleichsverfahren), was etwa auch in der Philosophie das Charakteristikum eines trefflich denkenden Menschen ist (3,11,5). Im Fall des Sprichworts (*paroimía*) erfolgt dabei eine Übertragung von einer Spezies auf die andere (3,11,14). Die sprachliche Operation besteht immer darin, einen analogiegeeigneten Ausdruck in einen fremden semantischen Kontext zu stellen und so die ähnlichen semantischen Merkmale abzurufen, ähnlich wie beim sprachlichen Bild oder Gleichnis (*eikṓn*); dieses ist der Metapher verwandt, hebt aber (mittels »wie«) deutlicher das Vergleichsmoment heraus. Der auf den löwengleichen Achilles bezogene Ausdruck »Wie ein Löwe stürzte er sich auf ihn« ist ein Gleichnis; aber der Ausdruck »Ein Löwe stürzte sich auf ihn« ist eine Metapher (3,4,1). Generell gilt, dass die Metapher wichtiger ist als das Gleichnis.

Zu den besonderen Leistungen der Metapher gehört, dass sie Esprit zum Ausdruck bringt. Sie macht durch ihre Fremdheit im Ausdruck auf sich aufmerksam, verdeutlicht gleichzeitig viele Inhalte besonders gut und ist dabei angenehm in der Wahrnehmung (3,2,8). Das kommt dem Esprit zugute, der den Hörer auf dem Wege des Überraschungsmoments unterrichtet (3,11,6). Aristoteles widmet sich relativ ausführlich dem Esprit (den *asteĩa*, für die im Lateinischen der Begriff *urbanitas* steht; 3,10 f.). Im ingeniösen Umgang mit den sprachlichen Möglichkeiten sieht er die beste Gewähr, erfolgreich zu kommunizieren. Denn die Menschen neigen von Natur aus dazu, beim Aufnehmen von Informationen angenehme Wege zu beschreiten. Die Metapher aber versetzt uns am ehesten in einen Wahrnehmungszustand angenehmer Empfindungen. Das gilt auch für die Bilder der Dichter, für Redewendungen und leicht auffassbare Enthymeme. Diese sind leicht auffassbar, wenn sie keine gedanklichen Verständnisbarrieren aufbauen, ihr Sinn also leicht aufgeht, und wenn sie sprachlich geschickt gestaltet sind. Die Kunst des Rhetors besteht folglich darin, die Beweisgründe in die rezipientenfreundlichste sprachliche Form zu bringen. Unter den zur Verfügung stehenden Gestaltungsmitteln haben sich laut Aristoteles die Antithesen, die auf Analogie beruhenden Metaphern und die Evidenz (das Vor-Augen-Führen), aber auch der Witz besonders gut bewährt.

Es schließt sich eine kurze Stiltypen-Lehre an (3,12). Sie unterscheidet sich in der Akzentuierung vorteilhaft von den *genera dicendi* der in späterer Zeit entwickelten Dreistillehre. In Kombination von Gattungs- und Funktionalstilistik trennt Aristoteles die Stilarten nach Textsorten, nach den drei rhetorischen Funktionalgattungen und nach Performanzweisen. Besonders wichtig ist der Performanzaspekt, denn zwischen der Ausdrucksweise schriftlicher Redetexte (*léxis graphikḗ*) und derjenigen mündlicher Debattenreden (*agōnistikḗ*) liegen Welten. Der Schriftstil erhebt sehr hohe Ansprüche bei der Ausarbeitung der Textur. Der mündliche Stil dagegen verlangt vor allem dramatische Kompetenz, die ganz auf die momentane Wirkung in der Redesituation eingestellt ist; Mängel der Textur, wie etwa häufige asyndetische Wendungen oder variantenarme Wiederholungen, fallen dabei weniger auf.

Dispositionslehre

An den Schluss stellt Aristoteles nun eine Textaufbau- oder Dispositionslehre, die die möglichen Textsegmentierungen in ihren Funktionen und in ihren Anordnungen diskutiert (3,13–19). Ausgangspunkt ist eine Kritik an den undifferenzierten Lehren mancher Sophisten, ähnlich wie wir sie bei Platon im *Phaidros* (266d–267c) finden. Ihnen setzt Aristoteles gleich zu Beginn die These entgegen, dass es nur zwei notwendige Teile der Rede gebe:

1. den Vorschlag, d. h. die Vorbringung des zu beweisenden Sachverhalts (*próthesis* bzw. *propositio*) und
2. den Beweis, d. h. die Glaubhaftmachung dieses Sachverhalts (*pístis* bzw. *argumentatio*, *probatio*, *confirmatio*).

Alle übrigen in den Lehrbüchern kursierenden Textsegmente sind fakultativ. Nicht in allen Redegattungen sind sie gleich sinnvoll. Aristoteles ignoriert sie nicht, sondern geht die wichtigen Redeteile der Reihe nach durch und macht Vorschläge, wie sie in den einzelnen Gattungen zur Geltung gebracht werden können.

Wenn man ein Proömium oder Exordium an den Anfang stellt, was keineswegs immer der Fall sein muss, dann kann es im Wesentlichen drei Funktionen haben: Es gibt einen ersten Aufschluss darüber, was im Folgenden in der Sache verhandelt werden soll, es stimmt die Zuhörer wohlwollend und es macht sie aufmerksam (in der späteren lateinischen Tradition heißt das *docilem, benevolum, attentum parare*). Es fügt sich in die Grundstruktur der aristotelischen Rhetorik, dass auch hier wieder Grundelemente zusammengestellt werden, mit denen der Rhetor arbeiten kann. Der einleitende Appell an die Zuhörer ist besonders wichtig, und deshalb schenkt Aristoteles der Exordialtopik besondere Aufmerksamkeit. Einen eigenen Topoi-Katalog widmet er dabei dem Redner und eventuellen Gegnern. Darin ist zusammengestellt, was Verleumdungen, Beschuldigungen, Verdächtigungen und Vorurteile entkräften oder bestätigen kann.

Es folgt als weiteres Textsegment die Erzählung (*diḗgēsis* bzw. *narratio*; 3,16). Als Redeteil muss sie weder am Anfang stehen noch eine geschlossene Einheit bilden. Ihr Gegenstand sind faktische Handlungen (*práxeis*), also ein außerrhetorischer (atechnischer) Sachverhalt, der die Verhandlungsvoraussetzung abgibt. Mit ihm muss der Rhetor im Sinne der Rhetoriktheorie (entechnisch) umgehen. Die aristotelischen Hinweise dazu ergeben keine Narratologie, sondern sind funktionalrhetorische Überlegungen. Man sollte sich, heißt es da unter anderem, vor allem auf die nicht bekannten wesentlichen Fakten konzentrieren und sich im Übrigen je nach Lage kurz oder weit fassen. Wie man vorgeht, unterliegt dem taktischen Einzelfall-Kalkül. In jedem Fall aber kommt die Redner-Charakteristik (das *ēthos*) ins Spiel. Mathematische Texte haben kein *ēthos*, weil sie nicht in gleicher Weise wie rhetorische intentional gerichtet sind. Der Rhetor aber muss auf die Hörer Rücksicht nehmen. Die Darlegung der Absicht, indem man ein glaubwürdiges Redeziel (*télos*) angibt, der positive individuelle Charakterausdruck des Redners und das Abrufen von Affekten spielen dabei zusammen. Dadurch kann den Hörern glaubhaft gemacht werden, dass etwas Nützliches oder Schönes intendiert ist. Nur so erreicht man auch bei der Erzählung sein Ziel.

Die noch ausstehenden fakultativen Textsegmente behandelt Aristoteles in aller Kürze (3,17–19). Zunächst geht es um die Argumentation im engeren Sinne. Aristoteles subsumiert sie unter die Begriffe Beweis oder Glaubhaftmachung (*pístis*) und Fragestellung (*erṓtēsis*). Bei der *pístis* werden noch einmal kurz die schon im 1. und 2. Buch erörterten Beweismittel angesprochen, also Beispiel, Enthymem, Sentenz, Emotion usw. Bei der *erṓtēsis* folgen Bemerkungen zur Frage, wann es günstig ist, auf den Gegner einzugehen; interessant ist auch der Hinweis auf das Lächerlichmachen des Gegners und die Möglichkeit der Ironie. Bleibt schließlich noch der Epilog als Redeteil. In ihm sollen ein letztes Mal die kognitiven und emotionalen Strategien der Rede zusammenfließen (3,19,1–6): 1. Noch einmal muss man die Zuhörer für sich selbst wohlwollend stimmen. 2. Auf dem Wege der Amplifikation und Minution nimmt man noch einmal eine Gewichtung der Beweisaspekte vor. 3. Ein weiteres Mal versetzt man mit Hilfe der bekannten Affekttopik die Zuhörer in einen Zustand des emotionalen Eingenommenseins. 4. Am Schluss erfolgt eine Rekapitulation des Geleisteten, die um eine Gegenüberstellung zu den Ausführungen des Gegners ergänzt werden kann.

2
Rhetorik an Herennius

(um 84 v. Chr.)

Die Entfaltung des Produktionsstadien-Systems im Lehrbuch

Im öffentlichen Leben der römischen Republik waren praktische rhetorische Fähigkeiten genauso wichtig wie in Griechenland. Ein eigenständiges Schulungswesen und eine lateinische Rhetoriktheorie entstanden aber erst spät, denn die Schulrhetorik hatte es schwer, sich zu etablieren. Im Jahre 161 v. Chr. meinte der römische Senat, per Edikt griechische Philosophen und Rhetoren aus Rom vertreiben zu müssen (Sueton, *De rhetoribus* 1). Erst zu Beginn des 1. Jahrhunderts v. Chr. gab es Bestrebungen zur Einrichtung höherer Rhetorikstudien in der lateinischen Volkssprache. Doch ihre Institutionalisierung stieß auch diesmal zunächst auf Widerstand.[1] »Die erste lateinische Rhetorenschule wurde im Jahre 93 von L. Plotius Gallus, einem Schützling des Marius, eröffnet. [...] Schon im folgenden Jahr wurde sie durch eine Verfügung der aristokratischen Censoren Cn. Domitius Ahenobarbus und L. Licinius Crassus als eine gegen die Gewohnheit und Überlieferung der Vorfahren verstoßende Neuerung geschlossen.«[2] Dahinter steckte der Versuch, rhetorische Bildung weiterhin elitär und von der

1 Stanley F. Bonner, *Education in Ancient Rome. From the elder Cato to the younger Pliny*, London 1977, S. 71 ff.

2 Henri-Irénée Marrou, *Geschichte der Erziehung im klassischen Altertum*, hrsg. von Richard Harder, übers. von Charlotte Beumann, Freiburg i. Br. / München 1957, S. 369.

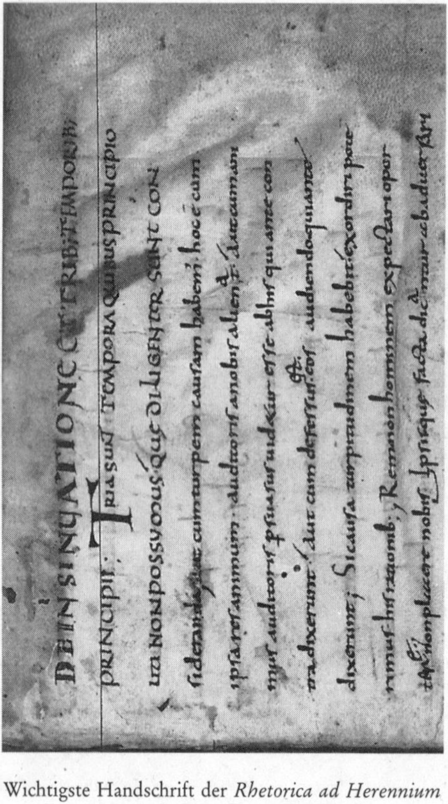

Wichtigste Handschrift der *Rhetorica ad Herennium*
Codex Herbipolitanus H
(9. Jahrhundert)

Jugend fern zu halten.[3] Der lateinische Rhetoriker Gallus hatte ein modernes, der hellenistischen Schule entgegenstehendes Rhetoriklehrkonzept. Er suchte gegen die Anhäufung der Regeln vorzugehen und den Unterricht auf die tatsächliche Lebenspraxis zu beziehen. Als Zeugnis seiner Erziehungslehre gilt die älteste vollständig erhaltene lateinische Rhetorik, das Lehrbuch der *Rhetorica ad Herennium* (RaH). Vermutlich hat es ein namentlich unbekannter Schüler seiner Schule zwischen 86 und 82 v. Chr. auf der Grundlage einer verlorenen lateinischen Quelle verfasst.

1. Die *Rhetorik an Herennius* als Lehrbuch

Der Grundzug des Systems der RaH ist logisch-kasuistisch und textlinguistisch orientiert. Kennzeichnend ist, dass die juristische Status- und Argumentationslehre mit ihren formalen Unterscheidungen gewissermaßen an die Systemstelle der aristotelischen Enthymemik und Psychologie – die dem Autor fremd war – getreten ist. Fuhrmann bescheinigt dem Werk in seiner Arbeit über das antike systematische Lehrbuch, trotz gewisser Darstellungsunschärfen im Detail, insgesamt eine schulbuchmäßige Pedanterie. Das entfaltete System zeichne »sich durch eine erhebliche Anzahl von Rangstellen, durch eine überaus differenzierte Verästelung aus; es macht sich, da die Begriffe auch innerhalb spezieller, leicht überschaubarer Materien immer wieder aufs neue aufgespalten werden, in allen Teilen des Werkes mit gleich großer Energie bemerkbar. Die systematischen Zusammenhänge werden nirgends vernachlässigt; der Ver-

3 Vgl. Peter Leberecht Schmidt, »Die Anfänge der institutionellen Rhetorik in Rom. Zur Vorgeschichte der augusteischen Rhetorenschulen«, in: *Monumentum Chiloniense. Kieler Festschrift für E. Burck*, Amsterdam 1975, S. 183–216.

fasser hat jeder Vorschrift auf das Genaueste einen Ort innerhalb des maschenreichen Begriffsnetzes zugewiesen.«[4]

Manfred Fuhrmann rechnet die RaH neben der griechischen *Rhetorik an Alexander* (4. Jahrhundert v. Chr.) und Ciceros kurze Zeit nach der RaH entstandenem Erstlingswerk *De inventione* zu den drei vollständig erhaltenen rhetorischen Lehrbüchern der Antike. Es handelt sich dabei um Rhetoriken, die in stofflicher Konzentration auf den positiven Wissensbestand und »in systematischem Aufbau einen Überblick über das Ganze einer Disziplin gewähren«.[5] Sie sind besonders gut für den Unterricht geeignet, weil sie die Theorie des Faches nicht diskutieren, erörtern oder weiterführen, sondern sich auf den erreichten Wissensbestand konzentrieren. Das schlägt sich beim *Autor an Herennius* unmittelbar in der Art seiner Theorievermittlung nieder. In der Widmung an Herennius nennt der Autor sein Werk zwar eine *ars* (Fachtheorie), spezifiziert sie zugleich aber auch als *ratio praeceptionis*, d. h. eine bestimmte Form von Unterricht (1,1,1), die auf begleitende *exercitatio* (Übung) ausgerichtet ist. Die Untersuchungen Manfred Fuhrmanns zum begrifflichen Instrumentarium und zu den methodischen Verfahren der Wissensvermittlung beim Autor zeigen, dass er sich auf die in Rom besonders gepflegte juristische Methodik stützt: »Das auffälligste methodologische Hilfsmittel des auctor ad Herennium ist die Einteilung. Der Verfasser weist oft auf das Verfahren hin, und zwar gewöhnlich mit dem Verbum *dividere*. Er bevorzugt hierbei bestimmte, zu stereotypen Ausdrücken erstarrte Wendungen.«[6] Zentrale Klassifikationsbegriffe sind *genus* (Gattung) und *pars* (Teil). Der Autor verwendet erstmals konsequent lateinische rhetorische Termini, hat sich aber »nicht be-

4 Manfred Fuhrmann, *Das systematische Lehrbuch. Ein Beitrag zur Geschichte der Wissenschaften in der Antike*, Göttingen 1960, S. 42.
5 Ebd., S. 7.
6 Ebd., S. 47.

müht, die Begriffe seines Lehrgebäudes mit einer präzisen Terminologie logisch korrekt zu klassifizieren; mehr aus Gewohnheit gibt er bestimmte rhetorische Termini für *genera* aus und andere für *partes*«.[7] Natürlich findet sich als methodisches Hilfsmittel deutlicher Darstellung »die Gegenüberstellung und Abgrenzung parallelgeordneter Begriffe«.[8] Dennoch kann man sagen, dass es insgesamt an einem trennscharfen Kategoriensystem gebricht. »Eine große Anzahl von Ausdrücken leistet doppelte oder gar dreifache Arbeit und bezeichnet mehrere, teils einander sehr ähnliche, teils recht verschiedene Gegenstände der rhetorischen Theorie.«[9] Neben den Unterteilungsschematismus treten beim Autor auch immer wieder generalisierte Handlungsregeln. Besonders charakteristisch ist aber der häufige Gebrauch von Definitionen nach dem klassischen Schema: Definiendum (das zu Definierende) = Definiens (Definierendes). Als verbindender Definitor steht regelmäßig die Kopula *esse* (bzw. *est* oder *sunt*). Beispiel: *Exercitatio est adsiduus usus consuetudoque dicendi* (»Die Übung ist die beharrliche Beschäftigung und der beständige Umgang mit dem Reden«; 1,2,3).[10]

Der systematischen und taxonomischen Anstrengung seines Verfassers verdankt das Lehrbuch an Herennius trotz mancher Schwächen seine unvergleichliche Karriere und macht es bis heute für das Studium des alten Systems interessant. Die große Wirkung dieser Rhetorik setzt erst fünfhundert Jahre nach der mutmaßlichen Entstehungszeit ein. Sie taucht im 4. Jahrhundert n. Chr. im Osten (Kleinasien) wieder auf.[11] Der Kirchenvater Hieronymus erwähnt sie

7 Ebd., S. 50.

8 Ebd., S. 51.

9 Ebd., S. 53.

10 Die dt. Übers. der Zitate folgt im Wesentlichen der Ausgabe: *Rhetorica ad Herennium*, lat./dt., hrsg. von Theodor Nüßlein, München/Zürich 1994. Im Einzelnen wurden abweichende Formulierungen gewählt.

11 Ebd., S. 354, Anm. 36.

402 n. Chr. als ein Werk Ciceros; und als solches trat sie im Westen – nicht zuletzt wegen ihrer Kürze, System-Vollständigkeit und Übersichtlichkeit – in Mittelalter und früher Neuzeit unter dem Namen *rhetorica nova* einen unvergleichlichen Siegeszug als Lehrbuch der lateinischen Rhetorik an.

2. Die fünf Produktionsstadien

Die RaH ist die älteste erhaltene Rhetorik, in der die gesamte Theorie nach dem zu ihrer Zeit bereits voll entwickelten Schema der fünf Aufgaben des Kommunikators (Orators) systematisiert ist. Man kann vom Fünf-Officia-Schema sprechen, obwohl der Autor selbst weder den Begriff *officium* noch einen anderen Terminus für die einzelnen Produktionssektoren gebraucht. Betrachtet man die Aufgliederung des Werkes in vier Bücher, muss man feststellen, dass die RaH insgesamt asymmetrisch aufgebaut ist. Rein quantitativ zerfällt sie in zwei etwa gleich große Teile. Im ersten großen Teil (Bücher 1–3) werden die vier Officia der Findung (*inventio*), der Anordnung *(dispositio)*, der Aufführung *(actio)* und des Sicheinprägens (*memoria*) vorgestellt. Dabei ist die Lehre von der Auffindung der Gedanken (*inventio*) überproportional ausgeführt. Der zweite, fast genauso lange Teil (Buch 4) beschränkt sich allein auf die *elocutio*, d. h. die Formulierungskunst mit allen sprachlichen Gestaltungsmitteln, mit Figuren- und Stillehre. Es handelt sich dabei um die älteste systematische Darstellung einer Figuren- und Stillehre in lateinischer Sprache.[12] Man kann also sagen, dass die Systematik am Anfang die *inventio* und am Schluss die *elocutio* als theoretische Eckpfeiler

12 Michael von Albrecht, *Geschichte der römischen Literatur*, Bd. 1, 2., verb. und erw. Aufl., München 1994, S. 470 f.

des Systems übergewichtet und damit akzentuiert; die übrigen Officia werden im Mittelteil (3. Buch) knapper erörtert. Die Schlussstellung des umfangreicheren *elocutio*-Teils rechtfertigt der Autor mit buchökonomischen Gesichtspunkten (3,1). Insgesamt ist die Makro-Anordnung nicht produktionssystematisch konzipiert. So folgt die Gedächtnislehre auf die Vortragslehre am Ende des 3. Buchs, steht also nicht im Sinne einer »natürlichen« Reihenfolge von Arbeitsschritten vor dem Vortrag. Die RaH ist zwar durchgängig produktionstheoretisch ausgerichtet, ordnet die fünf Wissenssektoren der Rhetorik aber nicht in der Folgerichtigkeit von Produktions- bzw. Arbeitsstadien, sondern reiht sie noch locker aneinander und lässt sie recht selbständig stehen.[13]

3. Die Redeteile, insbesondere die Narratio

Der Autor akzentuiert in den beiden ersten Büchern seines Werkes die juristische Perspektive der Rhetorik, wobei er fünf systematische Bereiche der Rhetoriktheorie vernetzt und in sich verschachtelt darstellt: In den Rahmen der Findungslehre (*inventio*) als Makrobereich ist die Gerichtsrede (*genus iudiciale*) als dominante Redegattung gestellt, in die wiederum die Redeteile (*partes orationis*) eingelagert sind, unter deren Dach dann sowohl die Streitsachenlehre (*constitutio*- oder *status*-Lehre) als auch die juristische Topik abgehandelt werden. Wenden wir uns zunächst den Redeteilen zu (*partes orationis*). Der Autor kennt sechs Redeteile (1,3,4): 1. die Einleitung (*exordium*), 2. die Erzählung zugrunde liegender Ereignisse (*narratio*), 3. die Darlegung der Themenaspekte (*divisio*), 4. die argumentierende Begründung der eigenen Position (*confirmatio*), 5. die Widerlegung

13 Vgl. Fuhrmann (s. Anm. 4), S. 44.

gegnerischer Argumente (*confutatio*) und 6. den Schluss (*conclusio*).

In den Ausführungen zur *narratio* als zweitem Redeteil wird eine Art elementarer Erzähltheorie entworfen. Der Autor geht zunächst einmal von der rhetorischen Situation vor Gericht aus und unterscheidet hier als Funktionalerzählweisen die parteiliche und die tendenziöse. Die parteiliche *narratio* interpretiert alle zum Fall erzählten Fakten so, dass sie zum Sieg vor Gericht verhelfen; die tendenziöse *narratio* präsentiert die Fakten so, dass sie bestimmte Meinungen oder Zwecke stützen. »Die dritte Art ist diejenige, die mit einer gerichtlich-politischen Rede nichts zu tun hat, in der sich zu üben aber dennoch lohnt« (1,8,12); wir können sie das neutrale Erzählen nennen. Hierauf konzentriert sich der Autor methodisch bei seinen weiteren narratologischen Erläuterungen, weil man auf diese Weise das Erzählen als solches besser erklären, vor allem auch erzählerische Strukturtypen unterscheiden kann. Die beiden Haupttypen sind 1. Handlungs- oder Taterzählen (Negotialerzählung, *in negotiis positum*) und 2. Figurenerzählen (Personalerzählung, *in personis positum*).

Das Taterzählen wird in drei Gattungen realisiert: *fabula, historia* und *argumentum*. »Eine *fabula* ist diejenige (erdichtete) Erzählung, die weder wahre noch wahrscheinliche Dinge enthält, nach Art der Erzählungen, welche in Tragödien überliefert sind. Eine *historia* besteht aus einer wirklich geschehenen Sache, die aber von unserer Zeit weit entfernt liegt. Ein *argumentum* besteht aus einer erfundenen Sache, die sich aber dennoch wirklich hätte ereignen können, wie z. B. der Inhalt von Komödien.« (1,9,13)

Das Figurenerzählen muss bei der Personenzeichnung zunächst einmal auf besondere Nuancierung achten, also »eine geistreiche Anmut der Ausdrucksweise besitzen« sowie »eine differenzierende Schilderung der Charaktere«. Dabei kommt es auf sensible Darstellung von »Ernst, Sanftmut, Hoffnung, Furcht, Mißtrauen, Sehnsucht, Heuchelei,

Mitleid« an. Das biografisch-narrative Handlungsband geben »wechselvolle Ereignisse, Umschwung des Schicksals, unerwarteter Schaden, plötzliche Freude, willkommener Ausgang der Ereignisse« ab (1,9,13). Der Autor legt damit wesentliche Elemente der prosopographischen Topik fest.

Entscheidendes Gewicht kommt beim Erzählen dem Wahrheitskriterium zu, das der Autor durchaus schon als Problem textlich-erzählerischer Verfahrensweisen betrachtet (*illud, quod ad veritatem pertinet, quomodo tractari conveniat* – »wie das zu behandeln ist, was sich auf die Wahrheit bezieht«; 1,9,13). Er schlägt drei Hauptverfahrensweisen vor: Kürze, Deutlichkeit und Wahrscheinlichkeit (*narratio brevis, dilucida, veri similis*). Kurz erzählen heißt, Fakten nur nach Relevanz- und Ökonomieprinzipien erzählen (»die Darlegung erst an dem Punkt beginnen, wo es nötig ist«, »nur nach Hauptpunkten, nicht in Einzelheiten berichten«, »nicht vom Thema abweichen«, nicht »dasselbe zweimal oder noch öfter« sagen; 1,9,14). Deutlich erzählen heißt, die Logik von Zeit und Ablauf einhalten (»die sachliche und die zeitliche Reihenfolge einhalten«, »nichts Verworrenes, nichts Verdrehtes, nichts Zweideutiges sagen«; 1,9,15). Wahrscheinlich erzählen heißt, auf Konventionen abgestimmt und der Rezipientenerwartung entsprechend erzählen, um jeglicher Skepsis vorzubeugen (»sprechen, wie es die Sitte, wie es die allgemeine Meinung, wie es die Natur fordert, wenn Zeitraum, Rang und Charakter der Personen, die Motive für ihr Vorhaben, die günstige Lage des Ortes übereinstimmen, damit man nicht dagegen vorbringen kann, es sei zu wenig Zeit gewesen oder es habe keinen Anlaß dazu gegeben oder der Ort sei nicht geeignet gewesen oder die Menschen selbst hätten es nicht tun oder geschehen lassen können«; 1,9,16).

4. Die Statuslehre des ersten Buchs

Zu den spezifisch juristisch geprägten Elementen des *inventio*-Teils zählt die Status- oder Streitsachenlehre. Bei der Einbürgerung der Rhetorik im römischen Prozesswesen ergab sich »eine ganz neue Auffassung des Rechts«, die sich »nicht mehr so sehr auf den Buchstaben, als auf den Geist des Gesetzes berief. Diese Art der Auslegung konnte sich umso leichter durchsetzen, als sie, um die andere, in Rom bereits ausgeprägte juristische Art zu verdrängen, nicht erst neu entwickelt werden mußte, sondern sich auf ein festes System der rhetorischen Rechtsauslegung im Griechischen berufen konnte, das dann auch von Rom übernommen wurde: die sogenannte *Stasislehre* des Hermagoras, der selbst stark unter philosophischem Einfluß stand und die Rhetorik als einen Teil der Logik auffaßte. Er stellte für die Behandlung von Rechtsfällen ein Schema auf, vier *staseis*, *status*, nach denen alle Rechtsfälle zu beurteilen waren, in die sie eingereiht werden konnten. Cicero übernahm diese Lehre in der Schrift *De inventione*.«[14] Quintilian hält sie später in allen Redegattungen bei der Festlegung des Ausgangspunkts der Kontroverse für nützlich (*Institutio* 3,6,1). Sie bleibt seit der RaH auch in der lateinischen Tradition der Inventivik einverleibt.

Mitten in der Abhandlung der Redeteile unterbricht der Autor seine Darstellung beim vierten Redeteil (*confirmatio* bzw. *confutatio*), der beweisenden Argumentation, um die Statuslehre zu präsentieren. Damit wird an dieser Stelle zwar die Übersichtlichkeit des Werkes beeinträchtigt, doch die Systematik legt es nahe. Die Begründungsform (*constitutio*), die sich der Gerichtsredner überlegen muss, ist nämlich bei der Konfrontation von Anklage und Verteidigung im Prozess die »erste Abwehr der Anklage durch den Ver-

14 Walter Neuhauser, *Patronus und orator. Eine Geschichte der Begriffe von ihren Anfängen bis in die augusteische Zeit*, Innsbruck 1958, S. 181.

teidiger, verbunden mit einer Beschuldigung des Anklägers« (1,11,18). Von ihr hängt also viel ab. Die Statuslehre geht davon aus, dass sich der Redner zunächst darüber klar werden muss, um welche Art von Fall (*genus causae*) es sich handelt (1,3,5). Die RaH unterscheidet vier Fallgattungen: die ehrenvolle, die verwerfliche, die unentschiedene und die unbedeutende Gattung (*honestum, turpe, dubium, humile*). Nach dieser Voreinschätzung richten sich dann die in den einzelnen Redeteilen anzuwendenden Mittel. Wichtig ist aber vor allem die genaue Statusfestlegung, also die Streitsachenbestimmung und die mit ihr verbundene Ermittlung einer angemessenen Begründungsform. Die Grundkonstellation eines jeden Falls ist der Gegensatz zweier Parteistandpunkte: a) des Standpunkts der Anklage (*accusatio* bzw. *intentio*) und b) des Standpunkts der Abstreitung bzw. Verteidigung (*defensio* bzw. *depulsio*).

Vier Fragen sollen nun den *status causae* bestimmen[15], also die »Klarstellung der eigentlichen Rechtsfrage, die den Inhalt des Prozesses ausmacht und über die das Urteil ergehen muß. Einfachste Beispiele: Anklage: Du hast gemordet. Verteidigung: Ich bin nicht der Täter. Hauptfrage: Ist der Beklagte der Täter? Aus ihr ergibt sich die Aufgabe der Anklage, der Verteidigung, des Richters.«[16] Mit diesen Fragen stehen in der RaH weitere Überlegungen zum Procedere im Zusammenhang, etwa eine Beweistopik zu den Status. Folgende Fragen muss der Gerichtsredner aufwerfen:

1. Die Vermutungsfrage (Status der Mutmaßung / *constitutio coniecturalis*; bei Quintilian, *Institutio* 3,6,5: *status coniecturalis*): Hat der Angeklagte die Tat begangen oder nicht?

15 Ein Schulbeispiel findet sich bei Cicero (*De inventione* 2,14 ff.). Das Verfahren selbst erläutert sehr anschaulich – aus eigener Erfahrung – Quintilian (*Institutio* 7,1,4 ff.).

16 Johannes Stroux, *Römische Rechtswissenschaft und Rhetorik*, Potsdam 1949, S. 23 f.

2. Die Definitionsfrage (Status der Gesetzeszuordnung / *constitutio legitima*; bei Quintilian: *status finitivi*): Was hat er eigentlich für eine Tat begangen?

3. Die Rechtlichkeitsfrage (Status der juristischen Beschaffenheit / *constitutio iuridicialis*; bei Quintilian, *Institutio* 3,6,10: *status qualitatis*): Hat er die Tat eventuell zu Recht getan? Mögliche Antwort: »Ich habe einen Räuber getötet, keinen Mord begangen!«

4. Die Verfahrens- oder Zuständigkeitsfrage (fehlt in der RaH; bei Quintilian, *Institutio* 3,6,83 f.: *status translationis*): Ist das Verfahren überhaupt rechtmäßig? Diese Frage musste in Rom vor Prozessbeginn geklärt werden.

Bei jedem Status oder bei jeder Begründungsform (*constitutio*) kommt es in der juristischen Argumentation darauf an, treffsicher den strittigen Punkt (die *iudicatio*, griech. *krinómenon*) herauszuarbeiten. Dieser Streitpunkt steht im Zentrum der gerichtlichen Untersuchung (*quaestio*). Er ergibt sich aus der Verbindung von a) Tatbegründung der Verteidigung (*ratio*: wenn Orest etwa sagt, er habe die Mutter getötet, um den Vater zu rächen) und b) Beweis der Anklage (*firmamentum*: wenn die Anklage erwidert, Orest habe nicht selbst töten dürfen). Der strittige Punkt ist in diesem Fall die Frage, ob es rechtens war, dass die Mutter Klytaimnestra ohne Gerichtsverfahren getötet wurde (1,16,26 f.).

Christoph Martin Wieland hat die *status*-Lehre 1774 in seiner *Geschichte der Abderiten* trefflich in der Erzählung vom »Prozess über des Esels Schatten« karikiert:

Ein Zahnarzt aus dem antiken Abdera reist in einen Nachbarort und mietet sich dafür einen Esel mit Treiber. In der Mittagshitze lässt der Zahnarzt anhalten und ruht sich im Schatten des Esels aus. Für die Inanspruchnahme des Schattens des Esels verlangt der Eseltreiber nun Geld, weil das eine zusätzliche Leistung sei. Der Zahnarzt verweigert die Bezahlung, und es kommt zum Prozess. – Der Anwalt des Zahnarztes tritt zuerst auf und argumentiert wie folgt:

Der Zahnarzt hat den Esel gemietet und damit auch dessen Schatten. Ist der Schatten kein Zubehör des Esels, so kann auch kein Geld für ihn verlangt werden. Die Argumentation scheint bestechend. – Der Anwalt des Eseltreibers erkennt aber sofort, dass sein Prozessgegner den Fall nach dem *status qualitatis* abgehandelt hat, also nach der Rechtlichkeitsfrage: Wurde die Bezahlung zu Recht verweigert? Auf dieser Ebene sieht der Anwalt des Eseltreibers für seinen Mandanten keine Chance, weshalb er sofort auf einen anderen Status umschwenkt: Natürlich ist es unsinnig, für einen Schatten Bezahlung zu verlangen. Der Eseltreiber ist eben ein einfältiger Mensch, der sich nicht besser ausdrücken konnte. Worum es ihm wirklich ging, war eine Bezahlung für den Zeitverlust während der Pause. Eine solche Forderung ist aber doch nicht mehr als recht und billig. Damit bringt der Anwalt die Sache auf den *status finitivi*, also die Frage, worum es in dem Fall wirklich geht. – Der Anwalt des Zahnarztes merkt das und wehrt sich gegen den Wechsel des Terrains: Die Klage wurde ganz eindeutig um den Schatten des Esels erhoben, nicht – wie jetzt nachträglich behauptet – wegen des Zeitverlustes. – Darauf erwidert der Anwalt des Eseltreibers mit einem neuerlichen Wechsel des Status, diesmal auf den des *status translationis*, der Frage nach der Rechtmäßigkeit des Verfahrens, indem er den ganzen Prozess für eine Komödie erklärt, eine ungemeine Zeitverschwendung, die da den ehrenwerten Bürgern von Abdera zugemutet werde. Die Abderiten sind von diesem rhetorischen Schlagabtausch so benommen, dass sie schließlich den Esel in Stücke zerreißen.[17]

17 Vgl. Karl-Heinz Göttert, *Einführung in die Rhetorik. Grundbegriffe – Geschichte – Rezeption*, 2., verb. Aufl. München 1994, S. 19 ff.; Volker Saftien, »Raumwahrnehmung und rhetorische Topik im kulturellen Vergleich«, in: *Weimarer Beiträge* 40 (1994) H. 2, S. 376–388, hier S. 380.

5. Die Topik des zweiten und dritten Buchs

Die Lehrsätze der ersten beiden Bücher stehen ganz unter der Frage, wie ein juristischer Orator einen Fall rational durchdenken und dann argumentativ bewältigen kann. Inventio heißt für den Autor also Prozesskalkül und Aufbau kognitiv geprägter, einleuchtender Tiefenstrukturen im Text. Noch immer verweilt er bei den beiden so wichtigen beweisführenden Redeteilen: der argumentierenden Begründung der eigenen Position (*confirmatio*) und der Widerlegung gegnerischer Argumente (*confutatio*). Ausführlich geht er auf das Argumentieren ein. Die Inventio bestehe hier darin, jedem Status eine eigene Begründungsmethode (*ratio*) anzupassen und zu überlegen, welche Beweisführungen man wählen muss (2,2,2).

Es kommt darauf an, im Textverlauf (syntagmatisch) möglichst klare und durchsichtige Gliederungsprinzipien anzuwenden. In diesem Sinne soll der oben erwähnte Schematismus der Redeteile erlauben, den Gesamttext gut zu strukturieren. Zugleich soll aber auch ein festes Argumentationsschema die nötigen Detailbeweise leicht nachvollziehbar machen; der Autor greift ausnahmsweise einmal auf die griechische Terminologie zurück und bezeichnet das deduktive Argumentationsmuster als *epicherema* (2,2,2); es ist die »vollständigste und vollkommenste Beweisführung« (*absolutissima et perfectissima argumentatio*; 2,18,28). Man muss es allerdings nicht immer streng einhalten. Cicero wird es später variieren, strenger (fünfteilig) syllogistisch durchformen und *ratiocinatio* nennen (De inv. 1,33,57 und 1,37,67). Beim *Autor an Herennius* besteht das Schema aus fünf Teilen (2,18,28): 1. zu beweisende These (*propositio*), 2. Begründung (*ratio*), 3. Bekräftigung der Begründung bzw. Stützargumente (*rationis confirmatio*), 4. verstärkende Ausschmückung (*exornatio*), 5. Zusammenfassung (*conplexio*). Erläutert wird dieses Schema am Beispiel einer ausführlichen Fallerklärung, in der deutlich gemacht werden soll, warum Odysseus den Ajax tötete (2,19,28–30).

Zu dieser syntagmatischen Betrachtungsweise, bei der es um die argumentative Verlaufsstruktur geht, gesellt sich nun eine ausführliche paradigmatische, die sich mit Ähnlichkeiten der Elemente befasst. Der Autor hält seinen Leser an, bei der Findung von Argumenten nach Ähnlichkeitsparadigmen zu suchen. Die von den Juristen übernommene Sachverhaltsanalyse führt mittels Ableitungs-, Unterscheidungs- und Hierarchisierungsprozeduren zur genauen Bestimmung des vorliegenden Falles (*causa*), der eine gewisse Begründungsform (*constitutio*) verlangt, die sich wiederum auf spezifische Beweise (*argumentationes*) stützen muss (2,2,2). Schon bei Aristoteles kam es darauf an, geeignete, d. h. glaubhafte Basissätze für die *argumentationes* zu finden. Und wie Aristoteles gibt auch der *Auctor ad Herennium* Paradigmen entsprechender Topoi an die Hand. Für die drei Redegattungen kommen Spezialtopoi in Betracht, die der Autor mit seiner instabilen Terminologie *argumentum*, *locus*, *sententia* oder einfach nur *pars* nennt. Bei der Gerichtsrede muss man etwa überlegen, ob man argumentative Basissätze aus einem Indiz (*signum*), den Zeitumständen (*tempus*) oder der Gelegenheit (*occasio*) usw. gewinnt. Bei der politischen Beratungsrede haben sich die Basissätze unter anderem auf die Aspekte Sicherheit und Ehrenhaftigkeit oder Klugheit und Gerechtigkeit zu beziehen (3,2,3–3,4). Bei Lobreden kommen etwa Lebensumstände, Tugenden oder Ruhmestaten geehrter Personen als Bezugspunkte in Betracht (3,6,10–8,15).

An einer Stelle seiner Ausführungen zur Beweistopik der Gerichtsrede kommt es zu einer enger gefassten Definition. Im Zusammenhang mit dem Beweis durch Zustimmung führt der Autor die Begriffe »Eigentopos« (*locus proprius*) und »Allgemeintopos« (*locus communis*) ein. Eigentopoi können entweder nur vom Verteidiger oder nur vom Ankläger eingesetzt werden. So gehört es etwa zu den Eigentopoi der Verteidigung, Mitleid mit dem Angeklagten einzufordern. Allgemeintopoi sind demgegenüber jene, die in dem einen Prozess vom Angeklagten, in einem anderen aber vom Ankläger angewandt werden können (2,6,9). Begrifflich handhabt der Autor im weiteren Verlauf auch diese Unterscheidung nicht streng. Aber die gemeinte charakteristische Polyvalenz der Allgemeintopoi wird deutlich, wenn es an einer Stelle heißt: »Allgemeintopoi sind: Über die Menschlichkeit, das Schicksal, das Mitleid, die wechselvollen Verhältnisse. Diese Topoi wird im gegensätzlichen Sinne der anwenden, der dagegen spricht, wobei er die Verfehlungen noch steigert und aufzählt« (*loci communes: de humanitate, fortuna, misericordia, rerum commutatione. His locis omnibus ex contrario utetur is, qui contra dicet, cum amplificatione et enumeratione peccatorum*; 2,17,26).

6. Gedächtnis und Aufführungslehre des dritten Buchs

Im 3. Buch werden in gedrängter Form fünf rhetorische Wissenssektoren abgehandelt: zunächst die beiden Redegattungen der Beratungs- und der Vorzeigerede (*genus deliberativum* und *genus demonstrativum*) mit ihren Redeteilen und Topiken, von denen oben schon die Rede war, sodann die Lehre von der Stoffgliederung (*dispositio*) und schließlich die Vortrags- und die Gedächtnislehre (*actio* und *memoria*).

Die knappen Ausführungen zur *dispositio* (3,9,16–18) gehen davon aus, dass der Orator im Normalfall den Schematismus der sechs Redeteile einhält. Dazu formuliert der Autor ein Situativitäts- und Flexibilitätsprinzip: Man sollte sich nicht zwanghaft an das Schema der Teile halten, sondern je nach Situation variieren. Das gilt auch für die Beweisführung (*argumentatio*). Sie ist nicht auf die beweisenden Redeteile beschränkt, vielmehr können einzelne Bestandteile an allen möglichen günstigen Stellen der Rede platziert werden.

Vortrag und Körper (3,11,19–3,15,27)

Zum Vortrag und zum Gedächtnis (*actio* und *memoria*) bietet uns der Autor die ältesten überlieferten, im Rahmen der Rhetorik zusammenhängend formulierten Theorien. Man sagte in der Antike, Demosthenes habe in der Befähigung zum Vortrag, also in der Rede-Performanz, lat. *actio* oder *pronuntiatio*, die alles entscheidende Qualität des Orators gesehen. Entsprechend hoch bewertet auch der Autor die korporale Rhetorik, die Vortragslehre. Er grenzt zwei theorierelevante Bereiche ab: Die Gestaltung der Stimme (*figura vocis*) und die Bewegung des Körpers (*motus corporis*).

Die Stimme lässt sich nach drei Qualitätsmerkmalen beurteilen: Umfang (*magnitudo*), Stärke (*firmitudo*) und Geschmeidigkeit (*mollitudo*). Der Redende muss zwar alle drei Qualitäten pflegen, doch kann die Kunstlehre zum Umfang (also zur Stimmlage) wenig sagen, weil es sich um ein naturgegebenes Merkmal handelt. Anders verhält es sich bei den Kategorien Stärke und Geschmeidigkeit. Hier teilt der Autor eine Reihe von Kunstregeln mit. Bei der Stimmstärke ist ständig auf physiologische Bedingungen zu achten. Scharfe Töne, unkontrollierte Schreie etwa, könnten die Luftröhre verletzen. Der Verschleiß an Stimmkraft muss bei längeren Vorträgen genau bedacht werden. Neben der Einhaltung entsprechender stimmökonomischer Konzepte ist auch die Wirkung der Lautstärken beim Hörer zu berechnen. Am wichtigsten ist aber die Geschmeidigkeit der Stimme, weil sie die wirkungsvollsten Möglichkeiten rednerischer Umsetzung von Inhalten und Wirkungsstrategien bietet. Die rhetorische Theorie des Autors unterscheidet drei Grundformen: den ruhigen Gesprächston (*sermo*), die leidenschaftliche Rede (*contentio*) und den steigernden Ton

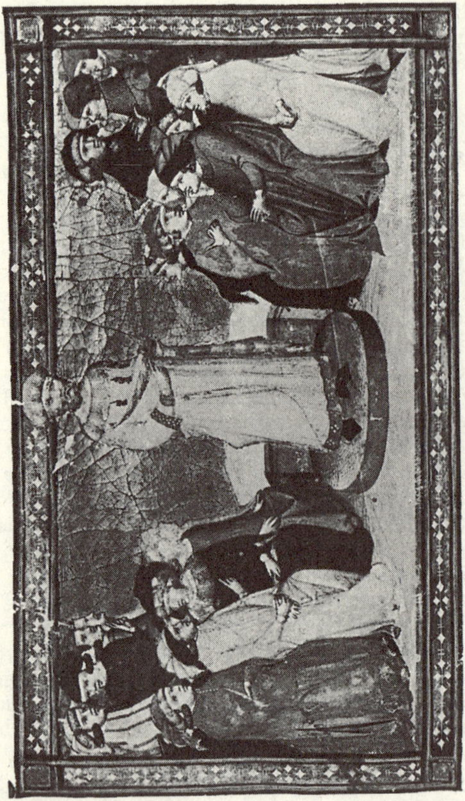

Der venezianische Orator

Titelminiatur zur *Rhetorica ad Herennium*
aus einem Codex der Biblioteca Nazionale Marciana,
Venedig (1. Hälfte 14. Jahrhundert)

(*amplificatio*). Jede der Grundformen ist wiederum in Untertypen nach Inhalt, Intention und Vortragsstruktur differenziert. Bei der leidenschaftlichen Vortragsweise etwa kann man den andauernden und den abgehackten Vortrag unterscheiden usw. Die Regeln gehen teilweise bis in die Modulationsdetails hinein. Hier ein Beispiel: »Wenn der ruhige Gesprächston (*sermo*) sich in würdiger Darstellung bewegt (*in dignitate*), soll man mit voller Kehle mit möglichst gedämpfter und verhaltener Stimme sprechen, jedoch in der Form, daß man nicht von der Art eines Orators in die eines Schauspielers gerät. Wenn er sich aber in beweisender Darstellung bewegt (*in demonstratione*), muß man mit etwas dürftiger Stimme, häufigen Pausen und Absätzen sprechen, damit man schon in der Vortragsart die Punkte, die man schildert, in die Herzen der Hörer einzupflanzen und hineinzuschneiden scheint. Wenn sich aber der Gesprächston in einer Erzählung bewegt (*in narratione*), sind Stimmvariationen nötig, damit man ebenso darzulegen scheint, wie das einzelne Geschehen abgelaufen ist.« (3,14,24)

Die sich an die Stimmlehre anschließende Körperausdrucks- oder Gestenlehre fällt kürzer aus. Die Theorie bezieht sich auf die zwei Hauptinstrumente des Körperausdrucks: Die Gebärde (*gestus*) und das Mienenspiel (*vultus*). Als Grundprinzip gilt die Harmonisierung, also wechselseitige Abstimmung von Stimm- und Körperausdruck. Der Autor erläutert dies an den Beispielen einiger Grundsituationen, etwa folgender Art: »Wenn wir aber leidenschaftlich reden in einem ununterbrochenen Vortrag, bewegen wir die Arme schnell, das Mienenspiel behende, den Blick heftig. Wenn aber die leidenschaftliche Rede in einem abgehackten Vortrag abläuft, muß man die Arme sehr rasch vorstrecken, hin- und hergehen, ab und zu mit dem rechten Fuß aufstampfen, durchdringend und unbeweglich in eine Richtung blicken.« (3,15,27)

Am Schluss sagt der Autor deutlich, dass man in diesem Teil der Lehre nur begrenzt theoretisieren könne. Er sehe den Sinn seiner Ausführungen darin, den angehenden Orator zur Beachtung dieser Fragen anzuhalten. Das Übrige ergebe sich aus der Praxis. Als goldene Regel gelte aber, den Anschein zu erwecken, dass man aus dem innersten Herzen heraus agiere (*ex animo*).

Erinnerung und Bewusstsein (3,16,28–3,24,40)[18]

Den Status der Gedächtnislehre setzt der Autor sehr hoch an. Gleich zu Beginn stellt er fest, dass die Memoria nicht nur die Schatzkammer der im Prozess der Inventio aufgefundenen Gedanken ist (*thesaurus inventorum*), sondern die Hüterin aller Teile der Rhetorik (*custos omnium partium rhetoricae*). Das mnemotheoretische Konzept der RaH berührt drei Aspekte: 1. Ursachen des menschlichen Erinnerungsvermögens, 2. Entfaltungsbedingungen des Erinnerungsvermögens und 3. Technik des Erinnerns.

1. Zu Beginn wirft der Autor die *natura-ars*-Frage auf. Er sagt nicht eindeutig, ob das Erinnerungsvermögen (*memoria*) ganz von natürlicher Veranlagung ausgeht (*an omnis ab natura proficiscatur*). Nur manchmal wird er hinsichtlich der natürlichen Bedingungen konkret, wenn er etwa von den Vorzügen des Kindergedächtnisses spricht (3,22,35). Fest steht für ihn, dass eine mnemonische Kunstlehre ihre Berechtigung hat, denn sie vermag die natürlich Begabten zu höheren Leistungen zu bringen. Innerhalb der Rhetoriktheorie kann es nur um diese Kunstlehre gehen. So prägt der Autor die klassische Formel von den zwei Arten der Memoria: »Es gibt also zwei Arten des Sicheinprägens: das

18 Vgl. auch Joachim Knape, »Memoria in der älteren rhetoriktheoretischen Tradition«, in: *Zeitschrift für Literaturwissenschaft und Linguistik* 27 (1997) H. 105, S. 6–21; Herwig Blum, *Die antike Mnemotechnik*, Hildesheim [u. a.] 1969; Friedhelm L. Müller, *Kritische Gedanken zur antiken Mnemotechnik und zum »Auctor ad Herennium«. Mit Text und Übersetzung der drei antiken Zeugnisse im Anhang*, Stuttgart 1996.

eine ist von Natur aus gegeben, das andere künstlich erworben« (*sunt igitur duae memoriae: una naturalis, altera artificiosa*; 3,16,28).

2. Zur Bedingung kunstgemäß perfektionierter *memoria* erklärt der Autor das regelmäßige und über lange Zeit gehende Gedächtnistraining sowie die mnemotechnische Sorgfalt. Am Schluss seiner detaillierten Örter- und Bilderlehre heißt es: »Doch in jedem Falle ist eine Anleitung der theoretischen Unterweisung (*artis praeceptio*) ohne dauernde und beständige Übung (*exercitatio*) unwirksam, besonders aber in der Gedächtniskunst vermag die Lehre (*doctrina*) nur ganz wenig, wenn sie nicht durch Fleiß, Eifer, Anstrengung und Sorgfalt bestätigt wird.« (3,24,40)

3. Der Autor bietet als Mnemotechnik eine später äußerst erfolgreich gewordene Inhaltsörter-Lehre an. Sie hat folgende Basiselemente:

- Erinnerungsmaterial können alle möglichen Inhalte, d. h. Textpropositionen und andere kognitive Elemente (Wörter, Vorstellungen usw.), sein; Cicero, der die Inhaltsörter-Technik in *De oratore* erläutert, fasst dies später in der Formel: »Das eigentliche Feld des Redners ist die Technik, sich sachliche Inhalte einzuprägen« (*rerum memoria propria est oratoris*; 2,359);
- Erinnerungszeichen sind Bilder (*imagines*), in denen das Erinnerungsmaterial verdichtet ist, Quintilian nennt sie treffender Memorialzeichen (*signa*); Cicero begründet diese imagologische Komponente damit, dass der Gesichtssinn (*sensus videndi*) beim Menschen am schärfsten ausgeprägt sei (*De oratore* 2,357);
- Erinnerungsörter sind imaginierte Räume, Plätze oder Raumteile, z. B. »ein Gebäude, der Raum zwischen zwei Säulen, ein Winkel, ein Gewölbe und anderes diesen ähnliches« (3,16,29);
- Sitz der Erinnerung ist das menschliche Denken (*cogitatio*; 3,16,28 und 3,19,32).

Der mnemonische Mechanismus beim Sicheinprägen besteht aus zwei Schritten. Zunächst muss das Erinnerungsmaterial operationalisiert werden. Es muss auf Bildschemata gebracht werden. Diese *imagines* »sind gewisse Formen, Merkmale und Abbilder des Gegenstandes, an den wir uns erinnern wollen«. Kompliziert wird dies, weil man die Sachen und die Versprachlichung zugleich berücksichtigen muss: »Da nun also die Bilder den Sachen ähnlich sein müssen und wir aus allen Vorgängen für uns Ähnlichkeiten (*similitudines*) auswählen müssen, müssen also die Ähnlichkeiten doppelt sein, zum einen mit den Sachen, zum andern mit den Worten.« (3,20,33) Als zweiter Schritt müssen die so gewonnenen Erinnerungszeichen an bestimmten Erinnerungsörtern (etwa eines vorgestellten Hauses) fixiert werden. »Wenn wir beispielsweise die Erinnerung an ein Pferd, einen Löwen, einen Adler festhalten wollen, müssen wir die Bilder von diesen an bestimmte Orte festsetzen« (3,16,29), wo sie in unserem Bewusstsein verankert bleiben. Im Moment des Redevortrags werden Örter und Bilder dann im Gedächtnis abgerufen, und die fixierten Materien werden so wieder ins Bewusstsein gehoben.

7. Die Formulierungslehre (*elocutio*) des vierten Buchs

Den Abschluss der *Rhetorik an Herennius* bildet das 4. und zugleich umfangreichste Buch. Von kurzen Bemerkungen zum Einüben der rhetorischen Fertigkeiten abgesehen (4,56,69), befasst es sich ausschließlich mit der stilistischen Textgestaltung (*elocutio*). Der Autor teilt den Stoff des 4. Buchs in zwei Komplexe: 1. Stilarten (*genera elocutionis*) und 2. einzelne Stilphänomene, insbesondere Figurenschmuck.

Voran stellt er ein umfangreiches Proömium, in dem die Frage diskutiert wird, ob der Verfasser eines rhetorischen Lehrwerks die *exempla* für seine Lehre selbst bilden müsse oder ob er sie nach dem Vorbild der Griechen aus anerkannten Prosaautoren (*oratores*, *historiarum scriptores*) und Dichtern (*poetae*) wählen solle. Diese Frage scheint auf den ersten Blick unerheblich, hat aber doch ihre rhetoriktheoretische Relevanz, weil der Autor bei ihrer Diskussion die Einschätzung seiner *ars* offen legt. Im Grunde dreht sich die Debatte nämlich um die Frage, was eine rhetoriktheoretische Schrift eigentlich zu leisten hat. Dabei geht es um die Gegensätze von Theoriediskussion und Praxisanleitung bzw. von Untersuchung in Form einer wissenschaftlich erörternden Abhandlung (Traktatposition) und Regelwerk als didaktisch aufbereitete Wissenskondensation (Lehrbuchposition) sowie von Empirie und Konstruktion oder von Deskription und Präskription. Der Autor vertritt hier klar die Lehrbuchposition. Er will eine praktisch-technische Anleitung zur Redenproduktion geben, die auf bekanntes rhetorisches Wissen rekurriert und ihre Lehrsätze (*praecepta*) durch eigene Beispiele (*exempla*) stützt. Die zu diesem Zweck vom Lehrbuchverfasser selbst geschaffenen Beispiele sind zugleich der Praxisbeweis, weil sie die Praktikabilität der Theorie untermauern. Sie haben rein demonstrativen Charakter.

Der wissenschaftliche Rhetoriker hingegen gewinnt rhetoriktheoretische Lehrsätze aus seiner Beschäftigung mit der empirischen kommunikativen Praxis. Seinem Anschauungsmaterial spricht der Autor den Charakter eines gewissermaßen empirischen Belegs (*testimonium*) zu: »Folgender Unterschied besteht also zwischen einem Beleg und einem Beispiel (*inter testimonium et exemplum*): Durch das Beispiel wird dargelegt, von welcher Art das ist, was wir sagen; durch den Beleg wird bekräftigt, daß es so ist, wie wir sagen.« (4,3,5) Der Autor lehnt für sich einen strikten Fremdbelegzwang ab, obwohl er auch immer wieder einmal

Fremdzitate anführt, weil seiner Beobachtung nach bei den Anhängern dieser Auffassung nur eklektisch und inkonsistent mit fremden Belegen gearbeitet wird. Aus diesem Grund erfindet er im folgenden ersten großen systematischen Abschnitt drei eigene Redebeispiele.

Stilistik

Der erste Abschnitt ist dem Komplex Stilartenlehre gewidmet, wobei der griechische Ausdruck *charaktēr* für die einzelne Stillage mit dem lateinischen Wort *figura* wiedergegeben ist (4,7,10–11,16). Das lateinische Wort *stilus* (Griffel) steht terminologisch noch nicht zur Verfügung. Insgesamt kennt der Autor drei Stilarten (*genera figurarum*; 4,8,11): die erhabene (*figura gravis*), die gemäßigte (*figura mediocris*) und die schlichte (*figura extenuata*). Der ganze Abschnitt wird dominiert von gewissermaßen für sich selbst sprechenden Beispielen, Regeln werden nur wenige an die Hand gegeben, denn die Stilarten können aus den Beispielen selbst erkannt werden, wie der Autor betont. Seiner Auffassung nach kann man bereits am Beispiel sehen, dass es in der niedrigen Stillage um eine schlichte Textur geht, also um eine einfache Weise, Verbindungen von Worten herzustellen (*adtenuata verborum constructio*), wohingegen der hohe Stil auf Gewichtigkeit (*in gravitate*), der mittlere aber auf Gemäßigtheit (*in mediocritate*) beruht (4,10,15).

Die Kriterien für die Bestimmung der drei Stile sind beim Autor rein textlinguistischer Art. Die kommunikative Situativik, also der gesamte szenische Kontext, wird nicht eigens erörtert, kommt aber bei den Beispielen als pragmatische Implikatur ins Spiel. Er wählt nämlich als Redebeispiele beim hohen Stil einen Landesverratsfall, beim gemäßigten Stil einen politischen Beratungsfall über einen Gesetzesantrag und beim niedrigen Stil die Erzählung eines alltäglichen Konfliktfalls aus dem Privatleben. Die explizit genannten Kriterien für die Unterscheidung der Stile betreffen zunächst einmal die Lexik: Usualität, vor allem Neuheit oder Altertümlichkeit des Wortschatzes (*nova aut prisca verba*), dann das Register bzw. das Niveau des Wortschatzes (*dignitas verborum*) und schließlich der Metaphorizitätsgrad, also der Gebrauch von Wörtern in eigentlicher oder uneigentlicher Bedeutung (*verba propria sive extranea*). Weitere Kriterien betreffen die Konstruktion der Textur auf Satzebene (4,8,11): die gewählte Art der Verbindung von Worten (*constructio verborum*), den Grad figuraler Überformung bzw. der Ausschmückung von Inhalt oder Ausdruck (*exornatio sententiarum aut verborum*), woraus sich eine Möglichkeit zur Abschätzung der Üblichkeit der Redeweise bzw. des Grads der Umgangssprachlichkeit ergibt (*consuetudo sermonis*). Auf Textebene sind als Regulative beim Formulieren einerseits die Konsistenz der Stilmittel zu beachten, um keine stilistisch schwankende Rede (*genus fluctuans*) zu erhalten, andererseits aber zugleich die Varianz, damit durch Abwechslung der Stile während des Sprechens (*varietas in dicendo*) beim Hörer eine Übersättigungsreaktion (*satietas*) vermieden wird (4,11,16).

Es folgt der große Komplex der Darstellung einzelner Stilphänomene, insbesondere der rhetorischen Figurentaxonomie. Ein stilistisch treffend und vollkommen gestalteter Text muss drei Merkmale haben: 1. Kontrollierter Ausdruck (*elegantia*), insbesondere überlegte Wortwahl, womit grammatische Korrektheit (*latinitas*) und Deutlichkeit der Mitteilung (*explanatio*) verbunden sind (4,12,17). Das Eleganzprinzip verlangt mithin, bei der Wortwahl alles zu vermeiden, was die Verständlichkeit beeinträchtigen könnte. 2. Ausgefeiltes Syntagma auf Satzebene (*conpositio*), d. h. ansprechende Satzkonstruktionen und Satzverknüpfungen (4,12,17 f.). Dieses Kapitel ist nur wenig ausgeführt. 3. Auf Inhalt und Intention eingestellte würdige Ausgestaltung des Textes (*dignitas*). Das Angemessenheitspostulat wird in diesem Zusammenhang nicht eigens ins Spiel gebracht, scheint aber eine Implikatur der Kategorie *dignitas* zu sein, die auf einen gehobenen Formulierungsstandard abzielt. Wenn die Rede im Sinne eines höheren Elaborierungsgrades kunstvoll (*ornata*) sein soll, dann muss ihr durch Variation der sprachlichen Mittel Farbe gegeben werden (*varietate distinguens*). Dazu dient das umfangreiche Arsenal der rhetorischen Figuren, das der *Autor an Herennius* nun ausbreitet. Er verwendet nicht die Begriffe griech. *schēma* oder lat. *figura*, sondern spricht von *exornatio verborum et sententiarum*, also Ausschmückung auf Ausdrucks- und Inhaltsebene (4,13,18). Wie Farben (*colores*) müsse man die *exornationes* einsetzen, aber gezielt und kontrolliert, dann bewirken sie eine deutliche und zugleich abwechslungsreiche Rede (*distincta oratio*; 4,11,16).

Die 65 Figuren der Rhetorik an Herennius *(4,13,19–56 und 69)*

Am gewichtigsten und in seiner historischen Wirkung am bedeutsamsten ist die zuletzt genannte Rubrik der *dignitas*. Unter ihr bietet der Autor seine 65 Positionen umfassende Figurentaxonomie. Sie besteht aus zwei Gruppen von *exornationes* (Zierungen), wie der Autor sagt, die er aber nicht als bloße textuelle Applikationen ohne funktionale Bindung auffasst. Sie sind in der taxonomischen Abfolge nicht systematisch streng sortiert. Da auch die Hierarchisierungen nicht immer klar sind, schwankt die Gesamtzahl der Figuren in der RaH-Rezeption bisweilen. Der Autor selbst trennt sie in zwei Gruppen: 1. Ausdrucksfiguren (*exornationes verborum*; Nr. 1–35) und 2. Inhaltsfiguren (*exornationes sententiarum*; Nr. 36–65). Die zehn Tropen (Nr. 36–45) haben noch keinen eigenen Namen, sondern sind integriert. Immerhin aber hebt der Autor sie mit ihrem Charakteristikum ausdrücklich hervor: »Ihnen ist eigen, daß eine Abweichung von der sonst üblichen Bedeutung der Wörter vorliegt und die Rede einen anderen Sinn erhält, was mit einem gewissen Reiz verbunden ist.« (4,31,42)

Programmatisch latinisiert der Autor bei den Figuren erstmals die gesamte griechische Fachterminologie, wohl nach Vorgabe seines Lehrers. Er nimmt dazu Stellung, weil die neue Nomenklatur offensichtlich gewöhnungsbedürftig war, indem er zugesteht, dass »die Ausdrücke, mit welchen ich griechische Benennungen übertrage, vom alltäglichen Sprachgebrauch abweichen. Für Sachverhalte (*res*) nämlich, die es bei meinen Landsleuten nicht gab, konnten auch keine Benennungen (*nomina*) im Gebrauch sein« (4,7,10). In den römischen Rhetorikschulen der Kaiserzeit näherte man sich dann später nicht nur in terminologischer Hinsicht wieder stärker der griechischen Ausbildung an. »So verwendet [um 96 n. Chr.] die Kunstsprache Quintilians viele griechische Ausdrücke, die einfach in lateinische Buchstaben umgeschrieben oder oft sogar griechisch geschrieben sind, Wörter, für welche die *Rhetorica ad Herennium* oder Cicero immerhin lateinische Äquivalente gefunden hatten.« Quintilian schreibt *anankaîon, anakephalaíōsis, aposiṓpēsis, eirōneía, etymología*, und nicht wie seine Vorgänger *necessitudo, enumeratio, reticentia, dissimulatio, notatio.*[19] Und dieser Zwiespalt bei den Bezugssprachen der rhetorischen Fachterminologie ist bis heute erhalten. Hier nun die Liste der Herennius-Figuren:

1. *repetitio* / Wiederholung (Epanaphora; 19)
2. *conversio* / Umkehrung (Antistrophe; 19)
3. *conplexio* / Umfassung (20)
4. *traductio* / Wiederholung (einschließlich Atanaklasis; 20 f.)
5. *contentio* / Antithese (21)
6. *exclamatio* / Ausruf (Apostrophe; 22)
7. *interrogatio* / Frage (22)
8. *ratiocinatio* / Überlegung mittels Frage und Antwort (23 f.)

19 Marrou (s. Anm. 2), S. 415.

9. *sententia* / Sinnspruch (24 f.)
10. *contrarium* / Überlegung mittels Entgegensetzungen (25 f.)
11. *membrum orationis* / syntaktische Einheit (Kolon, Klausel; 26)
12. *articulus* / kleines Satzglied (Komma; 26)
13. *continuatio* / Fortführung (Periode; 27)
14. *conpar* / Silbengleichheit (Isokolon; 27 f.)
15. *similiter cadens* / Endungsgleichung (Homoioptoton; 28)
16. *similiter desinens* / Auslautsangleichung (Homoioteleuton; 28)
17. *adnominatio* / Anklang (Paronomasie; 29–32)
18. *subiectio* / Einwand (Hypophora; 33 f.)
19. *gradatio* / Steigerung (Klimax; 34 f.)
20. *definitio* / Begriffsbestimmung (Definition; 35)
21. *transitio* / Übergang (35)
22. *correctio* / Berichtigung (36)
23. *occultatio* / Übergehung (Paralipse; 37)
24. *disiunctio* / Absonderung (37)
25. *coniunctio* / Verbindung (38)
26. *adiunctio* / Anschluss (38)
27. *conduplicatio* / Wiederholung (38)
28. *interpretatio* / Erklärung (auch Synonymie; 38)
29. *commutatio* / Umstellung (39)
30. *permissio* / Anheimstellung (39)
31. *dubitatio* / Zweifel (40)
32. *expeditio* / Aussonderung (40 f.)
33. *dissolutum* / unverbundene Satzeinheiten (Asyndeton; 41)
34. *praecisio* / Abbrechen eines Gedankens (Aposiopese; 41)
35. *conclusio* / Schlussfolgerung (41)

36. *nominatio* / Benennung (Onomatopoiie; 42)
37. *pronominatio* / Namensersetzung (Antonomasie; 42)

38. *denominatio* / uneigentliche Benennung (Metonymie; 43)
39. *circumitio* / Umschreibung (Periphrase; 43)
40. *transgressio* / Versetzung (Hyperbaton; 44)
41. *superlatio* / Übertreibung (Hyperbel; 44)
42. *intellectio* / Inbegriff (Synekdoche; 44 f.)
43. *abusio* / uneigentliche Bedeutung (Katachrese; 45)
44. *translatio* / Übertragung (Metapher; 45)
45. *permutatio* / Vertauschung (Allegorie; 46)

46. *distributio* / Zerlegung (47)
47. *licentia* / Freimütigkeit (48–50)
48. *deminutio* / Abschwächung (50)
49. *descriptio* / Schilderung (51)
50. *divisio* / Zerteilung (52)
51. *frequentatio* / wiederholende Zusammenstellung (Akkumulation; 52 f.)
52. *expolitio* / Ausmalung (54–58)
53. *exsuscitatio* / Ermunterung (56)
54. *commoratio* / Verweilen (58)
55. *contentio* / Antithese (58)
56. *similitudo* / Vergleich (59–61)
57. *exemplum* / Beispiel (62)
58. *imago* / Bild (62)
59. *effictio* / Schilderung des Äußeren (63)
60. *notatio* / Charakterisierung (63–65)
61. *sermocinatio* / simulierende Einführung eines Redenden (65)
62. *conformatio* / Personifikation (66)
63. *significatio* / nachdrückliche Andeutung (Emphase; 67)
64. *brevitas* / Kürze (68)
65. *demonstratio* / Veranschaulichung (68 f.)

»Alle Möglichkeiten, dem Ausdruck Glanz zu verleihen, habe ich eifrig gesammelt; wenn du dich darin, mein Herennius, mit einiger Gewissenhaftigkeit übst, kannst du Feierlichkeit, Würde und Gefälligkeit in deiner Redeweise besitzen, so daß du klar sprichst, damit die Gedanken, die du auffindest, nicht nackt und ohne Schmuck in gewöhnlicher Umgangssprache vorgebracht werden.« (4,56,69)

3

Marcus Tullius Cicero
Über den Orator
(55 v. Chr.)

Das Meisterwerk
der römischen Rhetoriktheorie

Nach seinem Scheitern als Politiker und nach seiner Rückkehr aus der Verbannung beginnt Cicero (106–43 v. Chr.) im Jahre 55 v. Chr. mit der umfassend angelegten rhetoriktheoretischen Abhandlung *De oratore* die Reihe seiner großen Werke. Cicero setzt hoch an. Er will für die römische Literatur ein Werk schaffen, das die von den Griechen geführten Diskussionen über die Grundlagen der Rhetorik fortschreibt. Bereits bestehende römische Rhetoriken, z. B. sein eigenes Jugendwerk *De inventione*, werden nur beiläufig erwähnt. Dagegen ist gleich zu Beginn von Platons Dialogen *Gorgias* und *Phaidros* die Rede, von denen die philosophische Rhetorikauseinandersetzung ihren Ausgang genommen hatte. Wie Platon wählt Cicero für sein Werk die Form des Gesprächs unter mehreren Teilnehmern. Diese suchen über den thematischen Anschluss an Platon hinaus sogar bewusst ein analoges Ambiente zu rekonstruieren: »›Crassus, warum halten wir es nicht wie Sokrates in Platons Phaidros? Daran hat mich nämlich deine Platane hier erinnert; sie breitet ihre Zweige ja so schattenspendend über diesen Ort wie jene, deren Schatten Sokrates aufsuchte‹« (1,28).[1]

1 Die dt. Übers. der Zitate folgt im Wesentlichen der Ausgabe: M. Tullius Cicero, *De oratore / Über den Redner*, lat./dt., übers. und hrsg. von Harald Merklin, Stuttgart 1976 [u. ö.]. Im Einzelfall wurden abweichende Formulierungen gewählt.

Kopf des Cicero

Und ähnlich wie Platon in seinen Dialogen das Bild des Sokrates plastisch hervortreten lässt, will Cicero mit der Figur des Crassus einen berühmten Redner zu literarischem Leben erwecken (3,15). Im 2. Buch dann stellt der Protagonist Antonius einen weiteren griechischen Bildungshintergrund heraus. Er spricht von seiner Nähe zur Rhetoriktheorie des Aristoteles und erwähnt seine Lektüre der aristotelischen rhetorischen Schriften (2,160).

Cicero will kein Lehrbuch schreiben (1,23): »Ich will auch nicht mit einem Katalog von Regeln wieder bei den Anfangsgründen unseres alten Schulunterrichts beginnen.« Nicht dass er all das bekannte Rhetorikwissen verachte, das »griechische Theoretiker und Lehrer in der Kunst der Rede (*Graeci dicendi artifices et doctores*) hinterlassen haben«, aber ihm gehe es um etwas anderes. Er lege mehr Wert auf die Darstellung des bei führenden Oratoren Roms erreichten Diskussionsstands. Er wählt für die Gestaltung seines Themas die Form des Dialogs, eines Expertengesprächs über die soziale Rolle, die fachlichen Grundlagen und die wesentlichen Theoriebestandteile der Rhetorik. Aus seinen Briefen wissen wir, dass ihm trotz seiner Anspielungen auf Platon eher ein aristotelischer Dialog vorschwebte. Er schreibt in diesem Sinne im 1. Buch: »Bei jeder Sache hat man auch das Für und Wider zu erörtern und alles, was in einer Angelegenheit jeweils plausibel scheinen könnte, herauszuholen und zu sagen.« (1,158) Der von ihm gewählte Dialogtypus erlaubte es, einander widerstreitende Meinungen verschiedenen, ihrem Charakter nach geeigneten Personen zuzuordnen. Für die Behandlung des Themas ließ sich damit dialektische Spannung und eine der Kompliziertheit des Themas angemessene Komplexität in der Darstellung erreichen.

Die Teilnehmer sind Personen der Zeitgeschichte oder der jüngeren Vergangenheit, bekannte Römer aus Ciceros Kindheit und Jugend. Die Hauptprotagonisten sind die beiden berühmten politischen Oratoren und Gerichtsredner

Licinius Crassus (140–91 v. Chr.) und Marcus Antonius (143–87 v. Chr.). Cicero verehrte sie als Verteidiger der Republik, die im Bürgerkrieg der Gewaltherrschaft zum Opfer fielen. Ihre Schülergeneration ist im Gespräch mit den ebenfalls als öffentliche Redner und Militärs tätigen Publius Sulpicius Rufus (124–91 v. Chr.) und Gaius Aurelius Cotta (124–75[?] v. Chr.) vertreten. Als Fünfter nimmt der greise Quintus Mucius Scaevola (um 170 – um 84 v. Chr.), Mitglied des Priesterkollegiums und großer Rechtsgelehrter, am Gespräch teil. Der junge Cicero hatte bei ihm viel gelernt und verehrte ihn Zeit seines Lebens. Die beiden wegen ihres Esprit und ihrer Bildung angesehenen Stiefbrüder Quintus Lutatius Catulus und Gaius Iulius Caesar Strabo treten hinzu; sie fielen im Jahre 87 v. Chr. der Schreckensherrschaft des Marius in Rom zum Opfer.

Cicero lässt diese Männer ihr Gespräch an zwei Septembertagen des Jahres 91 v. Chr. auf dem Landgut des Crassus bei Tusculum führen. Sein fingierter Bericht besteht aus drei Teilen, die sich aus den Zäsuren des Tagesablaufs ergeben. Das 1. Buch ist dem Verhältnis von Philosophie und Redekunst gewidmet und endet nach Ciceros Tageszeitenregie mit dem Abend des ersten Tages, das 2. und 3. Buch zeichnen die Erörterungen des folgenden Tages über das rhetorischen Fachwissen im engeren Sinne nach. Cicero beginnt jedes Buch mit einführenden Worten, die er an seinen Bruder Quintus richtet.

1. Die Orator-perfectus-Debatte des ersten Buchs

Die Perspektive, unter der sich Cicero dem Fach Rhetorik annähert, ist die des Orators als rhetorisch Handelndem. Darin unterscheidet er sich grundlegend von der *Rhetorik an Herennius*, der es um das Schulwissen und die isolierte, auf ihr Regel- und Definitionengerüst reduzierte Fachsystematik ging. Was der Orator sein soll, welche Voraussetzungen er mitbringen soll, welche Kompetenz er haben und auf welchen Gebieten er tätig sein soll, darauf konzentrieren sich zunächst Ciceros Überlegungen. Die Rhetorik als Fachgebiet und die rhetorische Theorie werden also zunächst vom rhetorischen Sprecher her perspektiviert und damit zugleich in ihr kommunikatives Bedingungsgeflecht versetzt. Cicero umgeht nicht die Diskussion von Grundfragen der rhetorischen Theoriebildung sowie die ausführliche Erörterung des rhetorischen Systems, aber er bindet sie an seine Überlegungen zum Orator. Durch das dialogische Gegenüberstellen und Abwägen der Standpunkte vermeidet Cicero dogmatische Enge. Er eröffnet Möglichkeitsspielräume zwischen der Universalvorstellung von der Rolle der Rhetorik, wie sie Crassus vertritt, und der engeren fachlich-pragmatischen Sicht, die Antonius hat.

Bevor Cicero zum Dialog des ersten Tags übergeht, stellt er mit Blick auf die römischen Verhältnisse einleitend einige grundsätzliche Überlegungen an. Er geht von der Beobachtung aus, dass viele Menschen auf den verschiedensten Feldern menschlich-kultureller Tätigkeit besondere Leistungen hervorbringen. Nur auf sprachlichem Gebiet (*in dicendo*) sei das nicht so. Gemessen an der Zahl bedeutender Militärs, Politiker, Fachgelehrter und anderer Meister spezieller Künste sei die Zahl hervorragender Textproduzenten, in Prosa und Vers, mündlich oder schriftlich (Cicero fasst das mit den Begriffen *oratores et poetae*) am kleinsten. »Der Poeta nämlich steht dem Orator nahe, etwas gebundener durch die Verse, aber ungebundener in der Freiheit der Worte; in vielen Formen schmückender Gestaltung ist er gar sein Gefährte und ihm fast gleich« (1,70). – »Und selbst in dieser Gruppe, in der sehr selten eine überragende Gestalt erscheint, wird man doch gute Oratoren [sprich: Prosaisten] noch viel spärlicher als gute Dichter [sprich: Vers-Autoren] vertreten finden, wenn man sie nach ihrer Zahl bei uns und bei den Griechen gewissenhaft vergleichen will.« (1,11) Diese Beobachtung muss umso mehr erstaunen, als es an einschlägiger rhetorischer Theorie oder an guten Schulungsmöglichkeiten nicht fehlt und die Rhetorik in Rom durchaus hohes Prestige besitzt. Was also ist der Grund dafür, dass sich »in der Erinnerung aller Generationen, Zeiten oder Länder nur eine so geringe Zahl von wirklichen Oratoren« findet (1,16)? Der Grund liegt in der Komplexität der Aufgabe, die sich dem wirklich guten Orator stellt. Er muss in einer Person die Sonderkompetenzen des Fachmanns auf einem Wissensgebiet verbinden mit der sprachlichen Kompetenz, die eine anspruchsvolle Vertextung erfordert, und der performativen Kompetenz, die gegebenenfalls eine überlegene Aufführung in öffentlichem Vortrag verlangt.

Damit hat Cicero die Problematik des Konzepts eines vollkommenen Orators (*orator perfectus*) aufgeworfen, um die es in dem anschließenden Dialog geht. Er arbeitet seine Vorstellungen durch Konfrontation einer fachspezifisch-technischen Konzeption, die aus der »beschränkten« Welt des römischen forensischen Orators stammt, mit einer universalen Konzeption heraus, die den Orator in komplexen politisch-kulturellen Leistungszusammenhängen sieht. Letztlich münden auch seine Vorstellungen in Catos Orator-Definition vom *vir bonus, dicendi peritus*, also dem sozialethisch verantwortungsbewussten Menschen, der zugleich zu reden versteht, d. h. nicht nur wie der Philosoph das Rechte will, sondern sich auch der rhetorischen Mittel zur Durchsetzung bedienen kann (2,85).[2] Bei Cicero ist das *vir-bonus*-Ideal ein politisches. Der Orator soll in der Republik verantwortlich handeln, denn er »gestaltet die Wirklichkeit. Darum ist er dem Ganzen verpflichtet«. Wenn Ci-

2 Carl Joachim Classen, »Ciceros ›orator perfectus‹: ein ›vir bonus dicendi peritus‹? (1986)«, in: C. J. C., *Die Welt der Römer. Studien zu ihrer Literatur, Geschichte und Religion*, hrsg. von Meinolf Vielberg, Berlin / New York 1993, S. 155–167.

cero vom Orator als *actor veritatis* spricht, dann kann man das mit »Gestalter der Wahrheit« übersetzen, einer Wahrheit, die in den konkreten politisch-sozialen »Situationen immer neu zu finden und durchzusetzen ist«.[3]

Ciceros Orator-Konzept wirft zahlreiche Fragen auf: Etwa, welche Konsequenzen sind aus der Komplexität der Orator-Tätigkeit zu ziehen? Welche Reichweite kann ein vernünftiges Orator-Konzept haben? Kann man oder muss man gar die Tätigkeitsfelder und Kompetenzen des Orators sinnvoll eingrenzen? Worin besteht dann die rhetorische Fachtheorie? Die Gesprächspartner des nun einsetzenden Dialogs entwickeln als Antwort auf diese Problemstellung zwei unterschiedliche Positionen.

Crassus: Orator philosophus

Den größten Teil des 1. Buchs nehmen Crassus' Überlegungen ein. Crassus geht von der Sprachlichkeit des Menschen als anthropologischer Grundbefindlichkeit und entscheidender gesellschaftlich wirksamer Bindungskraft aus (1,32 f.). Aus diesem Universalprinzip deduziert er sein integrales Konzept des universal gebildeten Orators. Von der Universalität der Sprache, ihrer alle öffentlichen kommunikativen Bereiche durchdringenden Rolle, ja, ihrer kulturstiftenden Funktion, leitet er die Vorrangstellung desjenigen ab, der sie am vollkommensten im gesellschaftlichen Leben beherrscht: des Orators. Dem universalen Anspruch entspricht die Forderung nach universeller Kompetenz und disziplinärer Omnipräsenz.

Dagegen wendet sich Scaevola sofort mit zwei Argumenten. Zum einen zeige die römische Tradition schlichter Rede, dass man Großes auch ohne besondere Sprachgewalt

3 Karl Büchner, »Zur antiken Vorstellung vom Redner«, in: K. B., *Studien zur römischen Literatur*, Bd. 9: *Römische Prosa*, Wiesbaden 1978, S. 27–43, hier S. 42.

hervorbringen könne. Zum anderen sei doch schon den Griechen klar gewesen, dass die Fachdisziplinen sehr gut ohne Rhetorik auskommen: »Ich rede gar nicht von den Mathematikern, Grammatikern und Musikern; auch nicht die kleinste Gemeinsamkeit verbindet eure Redekunst mit ihren Fächern« (1,44). Crassus leugnet dies nicht. Ihm geht es aber um eine neues Orator-Konzept. Ihm stehen Multiplikatoren, öffentlich wirksame Kommunikatoren vor Augen, die Wissen aus unterschiedlichen Fachdisziplinen verbreiten oder in ihre Äußerungen einbeziehen. Er könnte an hellenistisch-sophistische Wanderredner denken, die in öffentlichen Auftritten, vergleichbar modernen Journalisten oder populärwissenschaftlichen Sachbuchautoren, über die unterschiedlichsten Wissensgebiete sprechen, ohne selbst Experten zu sein. Sie stehen den anerkannten Fachspezialisten gegenüber, die keine vergleichbaren schriftstellerischen bzw. oratorischen Fähigkeiten besitzen. Crassus nennt selbst Beispiele, freilich mit Hinweis auf die Dürftigkeit der entsprechenden Texte. Aber er denkt weiter. Ihm ist klar: »Es kann ja keine Meisterschaft im Reden geben, wenn der Redende den Gegenstand der Rede nicht beherrscht« (1,48). Doch wie steht es mit jenen, die ausschließlich den Gegenstand beherrschen? Für Crassus ist klar, dass sie kommunikativ genauso versagen: »Selbst die Physik und das, was du soeben als mathematische und sonstige Spezialgebiete angenommen hast, fällt zwar als Wissenschaft in die Zuständigkeit der Leute, die dies für sich in Anspruch nehmen; wünscht jemand aber, diese Disziplin selbst zu erläutern bzw. sprachlich ins rechte Licht zu setzen (*inlustrare*), so muß er seine Zuflucht zu der Fähigkeit des Orators nehmen«, d. h. sich beim Verfassen des Texts und im Vortrag als ausdrucksfähiger Prosaist und Redner erweisen (1,61). Das führt Cicero mit seinem Werk selbst vor.

Für Crassus ergibt sich daraus sein Pinzip der universalen Doppelkompetenz. Danach gilt letztlich, »daß man weder in dem beredt sein kann, was man nicht kennt, noch das, worüber man Bescheid weiß, wortgewandt behandeln kann, wenn man bei allem Wissen nicht auch die rechten Worte zu finden und zu feilen weiß« (1,63). An diese Feststellung schließt Crassus unmittelbar seine Definition des idealen Orators an: »Wenn darum jemand das grundsätzliche und eigentliche Wesen des Orators umfassend definieren will, dann kommt nach meiner Meinung ein so bedeutungsvoller Titel demjenigen Orator zu, der über jedes Thema, das in Worten zu entwickeln ist, sachkundig, wohlgegliedert, wirkungsvoll, aus dem Gedächtnis und mit angemessener Würde des Vortrags reden kann« (1,64). Crassus vertritt damit ein aus der Sprachlichkeit allen Wissens abgeleitetes integrales Konzept, das seinen Träger im umfassend kompetenten Orator findet.

Cicero entwickelt auf diesem Wege eine Idealvorstellung, die er bei aller Problematik der Unbegrenztheit ihrer Reichweite dennoch nicht unausgesprochen lassen will. Das Prinzip universaler Doppelkompetenz und damit das Konzept des Orator philosophus bleibt für ihn erstrebenswert. Crassus spricht später deutlich aus, dass es ihm tatsächlich nur um eine Idealvorstellung geht (3,83–85). Im Fortgang seiner Überlegungen modifiziert er sein Konzept aber so, dass sich eine gemeinsame Basis mit seinem sehr viel restriktiver ansetzenden Nachredner Antonius ergibt. Cicero lässt Crassus also mit dem pragmatischen Gestus des Römers sofort zur kommunikativen Wirklichkeit zurückkehren und sein Ideal relativieren. Es geht um die beiden Kompetenzbereiche des Orator philosophus: die überragende sprachliche Fähigkeit und das umfassende Wissen. Crassus konzediert, dass der Orator in der Praxis auf dem Wissenssektor nicht gleiche Kompetenz in allen unter dem Dach der Philosophie geführten Disziplinen erreichen kann, d. h. in den Naturwissenschaften (Physik), den logischen Fächern (Dialektik) und in den Verhaltensdisziplinen (Ethik). Ähnlich wie Aristoteles grenzt Crassus das Tätigkeitsfeld des Orators nun doch ein, und zwar auf die konsenspflichtigen gesellschaftlichen Fragen. Für diese Belange aber verlangt er den Erwerb gründlichen Sachwissens wenigstens auf dem dritten Sektor der Philosophie, also in der »Lehre von der Lebensführung und den Sitten«, für die der Orator »stets zuständig« war (1,68).

Eine Besonderheit ist nun, dass Cicero die Jurisprudenz mit Rücksicht auf die besondere Rolle des Rechtswesens in Rom als gleichberechtigten Wissensbereich neben die erörterten philosophischen Wissenssektoren stellt. In einer langen Passage des 1. Buches (1,166–200) wird das Jurastudium in seiner Eigenständigkeit hervorgehoben und sein Nutzen für den Orator nachgewiesen. Später werden selbst Antonius in seiner Gegenrede und Catulus die große Bedeutung der Jurisprudenz einräumen (1,234 f.; 2,74 f. und 82–84).

Auch wenn Crassus gewisse Einschränkungen und Modifikationen seines Idealkonzepts zugestehen muss, bleibt es für ihn dabei, dass der Sprachkompetente gegenüber dem bloßen Spezialisten in einer besseren kommunikativen Position und daher kommunikativ leistungsfähiger ist: »Wenn auch der Orator den Stoff der übrigen Gebiete und Disziplinen nicht beherrscht und nur das kennt, was zu den Auseinandersetzungen und praktischen Erfordernissen des Forums [d. h. öffentlicher Kommunikation] zählt, so wird er doch, wenn er gerade über jene Fächer reden muß, viel besser reden als die Vertreter dieser Fächer selbst, sobald er sich von denen, die das jeweilige Gebiet beherrschen, unterrichten ließ« (1,65).

Antonius: Orator artifex

Im letzten Drittel des 1. Buchs (1,208–262) gibt Cicero Antonius Gelegenheit, sein Orator-Konzept zu entwickeln. Anders als Crassus leitet er es auf induktivem Wege aus seiner Beobachtung der römischen Wirklichkeit her. Er geht die gesellschaftlich und kommunikativ maßgeblichen Wirkungskreise von Römern durch, wie er sie wahrnimmt. Er sieht Militärs, Politiker, Juristen, Wissenschaftler bzw. Philosophen, dann jene mit anspruchsloserem Arbeitsgebiet (zu denen bei ihm auch die Dichter zählen). Der Durchgang durch die ›Berufe‹ besteht zumeist aus drei Komponenten: 1. Die Berufsbezeichnung, 2. die wichtigsten faktisch ausgeübten Tätigkeiten, 3. Namen und Beispiele. Am Schluss dieser Reihe stehen die Oratoren, die damit ebenfalls als relativ klar konturierte ›Berufsgruppe‹ auftreten. Was sieht Antonius hier, im praktischen Leben? »Ich sehe in ihm [dem Orator] einen Mann, der bei Verhandlungen im öffentlichen Leben, die auf dem Forum üblich sind (*in causis forensibus atque communibus*), dem Ohr genehme Worte und überzeugende Gedanken vorzubringen weiß. Ihm gebe ich den Titel eines Orators, und ihn will ich außerdem mit stimmlichen Voraussetzungen, mit Talent zum Vortrag und mit einer Art von Anmut ausgestattet sehen« (1,213).

Antonius hat also ein restriktiveres Orator-Konzept. Zum einen besteht er auf der Eigenständigkeit des nicht oratorischen Fachtheoretikers in den verschiedenen Wissensbereichen ohne Rücksicht auf rhetorische Kompetenz. Das gelte gerade auch in der von Crassus so herausgestellten Jurisprudenz: »Denn würdest du behaupten, wer ein Rechtsgelehrter sei, sei auch ein Orator, und desgleichen sei ein Orator auch ein Rechtsgelehrter, so würdest du zwei herrliche, einander gleiche Disziplinen schaffen, die sich in dieselbe Würde teilten. In Wahrheit aber mußt du eingestehen, daß es Rechtsgelehrte ohne diese Redekunst, nach der wir fragen, geben kann und in sehr großer Zahl gegeben hat« (1,236). Zum andern sieht Antonius aber auch keinen isolierten Beruf des Orators, sondern macht hier einen Forumsvorbehalt. Er sieht Oratoren, die immer in bestimmten öffentlichen Funktionen wirken, mithin vorgängig eine andere sozial-kommunikative Funktion innehaben als die eines bloßen Kommunikators. Wenn sich zu den dafür erforderlichen beruflichen Spezialkompetenzen die Kompetenz der Beredsamkeit gesellt, dann sind sie als Oratoren zu be-

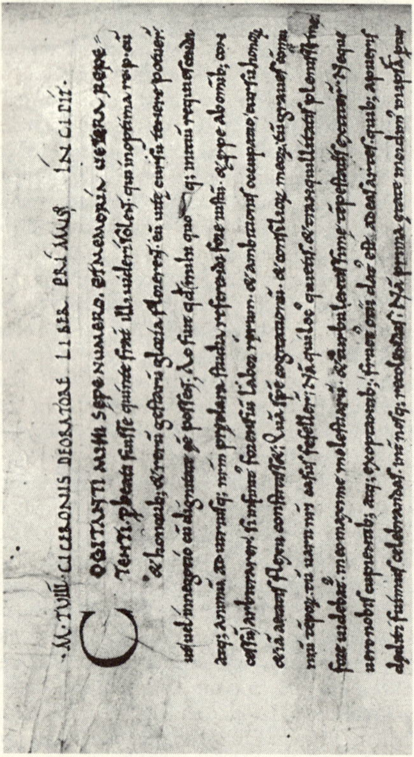

Drittälteste Handschrift von Ciceros *De oratore*
Codex Erlangensis E
(10. Jahrhundert)

zeichnen. Antonius rückt damit vom Prinzip der universalen Doppelkompetenz bei Crassus ab. Nicht jeder Mensch, der auch gut formulieren und vortragen kann, fällt unter die Rubrik des Orators. Wie ja sinnvollerweise auch nicht jeder, der einmal ein Gedicht geschrieben hat, gleich unter die Rubrik Dichter fällt. »Das Bild des Orators aber, denn wir fragen ja nach ihm, ist bei mir nicht dasselbe wie bei Crassus; er schien mir nämlich das gesamte Wissen aller Disziplinen und Bereiche mit dem einen Amt und Titel eines Orators zu umgreifen« (1,213). Antonius will demgegenüber das Prädikat Orator für den von ihm ins Auge gefassten Kreis öffentlich wirksamer Personen nur bei überlegener sprachlich-kommunikativer Kompetenz, der spezifischen *oratoris facultas*, vergeben. Die Bestimmungskriterien legen die Grenzen der etablierten rhetorischen Disziplin fest (1,214). Ist jemand entsprechend ausgewiesen, dann kann er als besonderer Fachmann (*artifex*) auch auf dem Gebiet der Oration gelten.

Natürlich stellt der Realist Antonius in Rechnung, dass es die sophistischen Kunstredner gibt, die sich als Generalisten verstehen und über alle Wissensbereiche öffentlich zu reden versuchen. Er verurteilt sie nicht rundweg in platonischer Manier, sondern findet genau hier mit Crassus einen gemeinsamen Nenner, ohne zugleich auf dessen Ideal universaler Doppelkompetenz einzuschwenken. Generalistische Berufsoratoren sollen nicht den Anspruch von Fachleuten erheben, sich aber zu jedem anstehenden Themengebiet das nötige Wissen aneignen: »Und wenn man schon dafür ist, alle Disziplinen dem Orator zuzuordnen, klingt es doch erträglicher, wenn man sich eher so ausdrückt: Da die Beredsamkeit nicht leer und nackt dastehen dürfe, sondern durch ein mannigfaltiges, reizvolles Wechselspiel verbrämt und ausgeschmückt sein müsse, gehöre es zu einem guten Orator, daß er viel gehört und viel gesehen, viel erwogen und bedacht und viel gelesen habe, doch nicht davon als seinem Eigentum Besitz ergriffen, sondern wie von Fremden nur gekostet habe.« (1,218)

Die Debatte um das Orator-Konzept zwischen Crassus und Antonius wird noch einmal von einer anderen Seite beleuchtet, wenn Antonius im ersten Teil des 2. Buchs zu einem Exkurs über die Historiographie ansetzt (2,36 und 2,51–65). Der Dissens tritt jetzt anders perspektiviert als Erörterung der Frage zu Tage, für welche Bereiche der Prosaliteratur, besser: der elaborierten Kunstprosa, der Orator eigentlich zuständig sein soll. Wir erinnern uns: Crassus hatte Poeta und Orator als enge Nachbarn gesehen. Der Dichter ist für die Dramatik sowie die Versliteratur in Form von Lyrik und Epik zuständig; der Orator aber für die Welt der Prosatexte (immer einschließlich ihrer mündlichen Verbreitung). Cicero unterscheidet bei den Prosatexten offensichtlich drei große Funktionalgruppen: agitatorische Prosa, narrative Prosa und expositorische Prosa. Bei seinen Protagonisten Crassus und Antonius herrscht Einigkeit, dass die agitatorische Prosa zuallererst Tätigkeitsfeld des Orators ist. Die drei klassischen Funktionalgattungen der Rede beziehen sich darauf (Gerichts-, politische sowie Vorzeigereden). Antonius besteht nun darauf, dass auch die Pflege der gesellschaftlich wichtigen Erzählprosa, wie sie die Historiographie darstellt, zur Aufgabe des Orators gehört. Crassus widerspricht nicht. Als Streitpunkt bleibt, inwieweit die expositorische Prosa, also die sachverhaltsdarstellende Fachprosa, z. B. wissenschaftliche Traktate, dem Orator zufallen. Antonius geht hier von seinen empirischen Wahrnehmungen aus und lässt den trockenen Experten ihr Recht. Es geht um die Frage, ob sich die rhetorische Kommunikation auf Seins- oder Sollenssätze bezieht. Für Seinssätze sieht Antonius die Rhetorik suspendiert, weil es bei dem Urteil wahr oder nicht wahr keine persönlichen Meinungen geben sollte. Die Kommunikationen über nur per Konsens entscheidbare Sollenssätze bzw. Sätze mit Wahrscheinlichkeitscharakter hingegen, die in öffentlicher Diskussion zu klären sind, gelten ihm durchaus als rhetorisches Betätigungsfeld und damit als Gegenstand der Rhetorik. Er fasst das im Gegensatzpaar *scientia* (Wissen) und *opinio* (Meinung) (2,30).

Die generalistischen Kunstredner toleriert er, wenn sie sich über ihre Themen kundig machen. Und gewiss wäre er erfreut, wenn er jemand kennen lernen würde, der sich, wie sein Autor Cicero selbst, dem Oratorideal universaler Doppelkompetenz annähert.

2. Die Debatte über rhetorische Theorie im ersten und zweiten Buch

Cicero geht bei seinen Erörterungen zwar vom Orator als handelndem Subjekt aus, arbeitet aber von Anfang an theoretisch-systematische Überlegungen in den Dialog ein, die sich auf Ursprung, Sinn und Zweck rhetorischer Theorie, ihre methodische Gewinnung, ihre Leistungsmöglichkeiten und Grenzen beziehen. Die Reflexionen zum Standard und Stellenwert der rhetorischen Theorie sind besonders wichtig und haben nichts an Relevanz verloren. Es geht bei den Debattenbeiträgen zu diesem Themenbereich im Wesentlichen um fünf Punkte:

1. *Existenz einer rhetorischen Theorie:* Selbst der skeptisch-realistische Antonius räumt ein, dass das Fach Rhetorik (*ars rhetorica*) eine eigene Methodik (*ratio*) und lehrfähige Theorie (*doctrina*) besitzt (2,36 f.).

2. *Charakter der rhetorischen Theorie:* Der erfahrene Scaevola und der vorsichtige Antonius wollen sich hinsichtlich des Grads der Wissenschaftlichkeit zunächst nicht festlegen und sprechen vage von »technischer oder wissenschaftlicher Disziplin« (*artificium sive studium*; 1,96; 2,29); Scaevola fügt hinzu, es gehe vielleicht auch nur um eine Fertigkeit (*facultas*). Antonius grenzt das Fach etwas genauer von den Wissenschaften im engeren Sinne ab und gibt folgende Charakterisierung: Das Fach ist wissenschaftlich

nicht so weit entwickelt wie andere, »aber ich stelle die Behauptung auf, daß sich gewisse treffende Vorschriften (*praecepta*) dafür geben lassen, wie man das Publikum beeinflußt und seine Zuneigung gewinnt. Wenn jemand die Beherrschung dieser Kunst (*ars*) als Wissenschaft im strengen Sinne (*scientia*) bezeichnen will, so widersetze ich mich nicht« (2,32).

3. *Theoriebildung:* Crassus ist entschiedener. Er sieht die Möglichkeiten wissenschaftlicher Weiterentwicklung und betont, dass die Rhetorik eine Wissenschaft mit empirisch abgesicherter Theoriebildung ist (1,146): »Die eigentliche Leistung aller Regeln aber sehe ich nicht darin, daß die Oratoren, die sich an sie hielten, Ruhm in der Redekunst erlangten, sondern darin, daß gewisse Leute das, was beredte Männer schon von sich aus taten, beobachteten und zusammenstellten (*observasse atque collegisse*). So ist nicht die Beredsamkeit aus einem theoretischen System, sondern das theoretische System aus der Beredsamkeit entstanden (*esse non eloquentiam ex artificio, sed artificium ex eloquentia natum*).« Crassus entwirft eine zwar reduzierte, aber nach wie vor bemerkenswerte Methodologie rhetorischer Theoriebildung. Er formuliert sie als Aufstieg von der empirischen Beobachtung über die Abstraktion zur Systematisierung in einem methodischen Fünfschritt (1,108 f.): 1. Die in Texten, d. h. im Gebrauch der Sprache (*in usu et tractatione dicendi*), auftretenden Phänomene realisieren (*animadvertere*). 2. Die sprachlichen Phänomene erfassen bzw. notieren (*notare*). 3. Sie begrifflich definieren (*verbis definire*). 4. Sie durch Einteilungen in Gattungen klären (*generibus inlustrare*). 5. Sie sachlich und logisch in Teilbereiche untergliedern (*partibus distribuere*). Crassus' Dialogpartner Antonius akzeptiert dies und ergänzt später (2,32): »Denn da die meisten ihre Sache auf dem Forum ohne Überlegung und Methode vertreten, manche dabei aber wegen ihrer Übung oder praktischen Erfahrung mit größerer Geschicklichkeit vorgehen, gibt es keinen Zweifel, daß man eventuell

beobachten und bestimmen kann (*animadvertere, notare*), weshalb die einen besser als die anderen sprechen. Wer das auf dem gesamten Fachgebiet tut, der wird so, wenn schon zu keiner Wissenschaft im vollen Sinn, so doch gleichsam zu einer Art von Wissenschaft gelangen.«

Das Ergebnis dieser wissenschaftlichen Vorgehensweise ist also eine *ars*; die Griechen hatten dafür den Ausdruck *téchnē*; im Deutschen kommen für das lateinische Wort *ars* auch die Interpretamente ›System‹, ›Kunstlehre‹ oder ›Theorie‹ in Betracht. Cicero verwendet daneben eine Reihe anderer Begriffe zur Bezeichnung rhetorischer Theorie oder von Theorieteilen (1,14 f.; 2,37 u. ö.): *ratio* (mit Bezug auf rhetorische Methodik), *praeceptum* (mit Bezug auf rhetorische Einzellehrsätze und Vorschriften), *doctrina* (mit Bezug auf das lehrfähige Theoriegebäude).

4. *Leistung rhetorischer Theorie:* Schon die Griechen sahen eine Differenz zum theoretischen Leistungsvermögen in anderen Disziplinen, vor allem den strengen Naturwissenschaften, bei denen es um die Erkenntnis von Gesetzmäßigkeiten und gesichertem Wissen geht. Dabei ist zu bedenken, dass die ältere Rhetoriktheorie mit Problemen der Text-, Sprachhandlungs- und Verhaltenstheorie konfrontiert war, die auch in unserem Jahrhundert die empirische Linguistik, die linguistische Pragmatik, die moderne Stilistik, Textlinguistik und Textwissenschaft sowie die Kommunikationswissenschaften erst näherungsweise wissenschaftlich aufzuarbeiten beginnen.

Antonius bringt dementsprechend gleich im 1. Buch den schon bei den Griechen diskutierten Standpunkt in die Debatte ein, die Rhetorik sei deshalb keine Wissenschaft im strengen Sinne, weil es bei ihr keine gewissen Aussagen geben könne wie etwa in den Naturwissenschaften. Eine wirklich wissenschaftliche Theorie (*ars*), so zitiert er einen Griechen, »sei nur das, was sich auf Dinge gründe, die durch und durch bekannt, auf ein Ziel ausgerichtet und stets untrüglich seien. Das, womit es die Oratoren zu tun hätten, sei aber alles zweifelhaft und ungewiß« (1,92). Crassus konzediert, die rhetorische Kunstlehre, die Rhetoriktheorie (*ars*) könne bestimmten Ansprüchen anderer Disziplinen tatsächlich nicht ganz genügen (1,108). Das betreffe die Gründlichkeit der Einsichten, die Vollständigkeit der Erkenntnis des Gegenstandes, das Objektivitätsideal bzw. die Distanz vom Urteil bloßer Meinungen und die wissenschaftliche Strenge. Der Grund liegt in objektiven Verhältnissen: Die Untersuchung menschlichen Verhaltens, hier des Sprachhandelns, setzt der wissenschaftlichen Suche nach Gesetzen viele Grenzen. Anders als bei Naturphänomenen hat man es eben in der Redepraxis immer mit unzähligen Variablen bzw. nur mit diversen Einzelfällen zu tun (*sunt enim varia*, sagt Crassus), die eine Systematisierung und die Abstraktion schwierig machen. Berücksichtige man die bereits erwähnten methodischen Schritte bei der rhetorischen Theoriebildung, lässt Cicero Crassus sagen, dann sei das Ergebnis fachlicher Bemühung der Rhetoriker aber durchaus eine *ars*, komme strenger Theoriebildung wenigstens nahe oder sei einer herkömmlichen Fachtheorie doch sehr ähnlich (*sive est ars sive artis quaedam similitudo*; 1,109).

5. *Reichweite der Theorie:* Cicero lässt schon im ersten Proömium keinen Zweifel an der Notwendigkeit theoretischer Schulung. Er tritt seinem Bruder entgegen, der eine naturalistische und theorielos-praktizistische Position vertritt: »während ich behaupte, die Kunst der Rede setze höchste Bildung auf wissenschaftlichem Gebiet voraus, meinst du, sie sei von den Feinheiten der Theorie (*elegantia doctrinae*) zu trennen und gewissermaßen auf Begabung und praktische Übung (*ingenium atque exercitatio*) zu gründen« (1,5).

Die *natura-ars*-Problematik, also die Frage nach dem Verhältnis von natürlicher Begabung und theoretischer Bildung, bleibt ein ständiges Debattenthema. Crassus bringt seinen Standpunkt auf die klassische Formel, dass die Theorie bei mangelnder Veranlagung nur schwachen Erfolg zeitigen kann, dass sie jedoch bei guter Begabung unbedingte Voraussetzung für oratorische Höchstleistungen ist (1,113–117). Damit ist der Wert der rhetorischen Theoriebildung festgestellt, Theorie verstanden als Schulungsquelle des Orators. Nichts könne gewisser sein als die Tatsache, »daß die anderen Fächer alle ihren Zweck ohne die Redekunst erfüllen können, der Orator aber seinen Titel ohne sie nicht wahren kann. Daraus folgt, daß die anderen, wenn sie beredt sind, etwas von ihm haben, während er, falls er sich nicht mit Mitteln aus dem eigenen Fach ausgerüstet hat, sich die Beredsamkeit nicht anderswoher holen kann« (2,38).

Unabhängig davon wird der didaktische Sinn des Imitationsprinzips betont. Crassus hebt den Erfolg des Lernens am praktischen Modell hervor. Ein Gespür für textliche Modellierung bekommt man seiner Erfahrung nach am besten, wenn man sich mit den Texten bedeutender Vorbilder auseinandersetzt (1,154–156). Hierbei und bei den täglichen Formulierungsübungen liefert die Theorie nötige Orientierung und wichtige Korrekturanleitungen (1,150 f.; 2,232). Antonius kann sich dem später nur anschließen, wenn er als Erste seiner Regeln für die Oratorenausbildung formuliert, »ein Vorbild zur Nachahmung aufzuzeigen, und zwar so, daß man sich die wichtigsten Vorzüge dessen, den man nachahmt, mit besonderer Sorgfalt zu eigen macht« (2,90).

Antonius hat in Hinsicht auf den Stellenwert der rhetorischen Theorie sehr konkrete Vorstellungen. Zunächst einmal geht er von drei rhetorischen Produktivkräften aus; zwei liegen beim Orator selbst: geistige Begabung (*ingenium*) und handwerkliche Sorgfalt (*diligentia*); als Dritte schließlich kommt das überlieferte Theoriewissen (*ars*) hinzu. Nur der zu Ciceros Zeit in der Fachliteratur meist am Ende behandelte große Sektor der Textgestaltungs- und Stillehre (*elocutio*) verlangt seiner Meinung nach ein wirklich gründliches Studium des Regelwerks. Anders verhält es sich mit der stets als ersten großen Hauptteil der Theorie behandelten Findungslehre (*inventio*), zu der sich die Lehre der Gedankenordnung (*dispositio*) gesellt, worin das kognitive und affektive Arsenal der Beweismittel und Argumentationsmethoden kodifiziert ist. Cicero nennt es an einer Stelle das *instrumentum* des Orators. Antonius sieht hier nur eine geringe Reichweite für jedwedes kasuistisch-abstrakte Regelwerk. Die gedankliche Vorarbeit zu einem konkreten Einzelfall verlangt seiner Meinung nach vor allem eine ganz spezifische und situationsangemesse Einstellung: »Zwischen Verstandesbegabung und Sorgfalt bleibt da freilich nur sehr wenig Spielraum für das Theoriewissen. Die Theorie gibt nur Hinweise, wo man suchen und wo man das, worum man sich bemüht, ausfindig machen kann. Der Rest liegt im Bereich der Achtsamkeit, Aufmerksamkeit, Überlegung, Wachsamkeit, Beharrlichkeit und Arbeit, mit einem Wort, das ich schon oft verwendet habe, im Bereich der Sorgfalt; denn diese eine Befähigung schließt alle übrigen Fähigkeiten ein.« (2,150) Dem ganzen argumentationstheoretischen Aufwand der Rhetorikliteratur steht Antonius daher skeptisch gegenüber. Im Gegensatz zu den unbedingt nötigen Vertextungslehren gilt das auch für die Lehren zu außerrhetorischen Beweismitteln: »All das erfordert keine besondere Begabung, aber intensive Übung; Theorie und Regeln (*ars et praecepta*) verlangt nur die kunstvolle Ausgestaltung der Texte mit bestimmten stilistischen Glanzlichtern. Desgleichen sind die Argumente anderer Art, die ganz vom Orator selber stammen, nicht schwierig zu ersinnen, erfordern aber in noch höherem Maß eine glänzende und ausgefeilte textliche Darstellung. Deswegen müssen wir uns bei Prozessen um diese beiden Fragen kümmern: erstens was und zweitens wie wir etwas sagen. Die ganz theoretisch wirkende Aufgabe, zu erkennen, was man sagen muß, kommt zwar nicht ohne Theorie aus, sie verlangt jedoch nur einen fast bescheidenen Grad von Intelligenz. Die andere Aufgabe, etwas, das man sagen muß, schön, wortreich und abwechslungsvoll zu sagen, die ist es, worin sich jene göttliche Kraft und der Wert des Orators zeigt.« (2,119 f.)

3. Erörterung systematischer Theorieaspekte im zweiten Buch

Mit Beginn des 2. Buchs vertieft sich die auf dem Landgut bei Tusculum versammelte Runde von Freunden der Rhetorik in eine Diskussion wesentlicher systematischer Aspekte des rhetorischen Theoriegebäudes im Licht eigener praktischer Erfahrungen. Natürlich ist von den klassischen fünf Produktionsstadien die Rede (2,114–290: *inventio*; 2,307–349: *dispositio*; 2,350–367: *memoria*; 3,19–53, 144–209: *elocutio*; 3,213–230: *actio*), aber sie liefern nicht das Makrostrukturmodell für die weiteren Erörterungen. Cicero geht es um Grundsatzfragen und nicht um die Wiederholung von technischem Schulwissen. Im Gegenteil, mit dem Schulwissen setzt er sich, ähnlich wie Platon im *Phaidros*, sarkastisch-kritisch auseinander. Interpretiert man hier biographisch, spielt er damit seine eigene Rhetorikausbildung gegenüber dem Einfluss der (skeptischen) Akademie herunter.

Kritische Darstellung des schulrhetorischen Systems im ersten und zweiten Buch

Cicero umreißt den zu seiner Zeit erreichten Standard der Theoriebildung, wenn er Crassus bereits im 1. Buch ausführen lässt, mit welchen »allgemein bekannten, abgedroschenen Regeln« (*ista omnium communia et contrita praecepta*) er sich im Rhetorikstudium seiner Jugend habe beschäftigen müssen. Als Wissensgebiete der Schulrhetorik werden dabei acht Bereiche erwähnt:

> [1. REDEZIELSETZUNG:] Erstens, es sei die Pflicht des Orators, mit Überzeugungskraft zu reden (*ad persuadendum*); [2. REDETHEMEN, *quaestiones*:] zweitens, bei jeder Oratio gehe es entweder um eine allgemeine Frage (*quaestio infinita*) ohne Nennung von beteiligten

Personen und Umständen, oder um einen Fall, der auf bestimmte Personen und Umstände gegründet sei (*quaestio finita*); [3. Beweislagen, *status*:] in beiden Fällen aber werde, was auch immer zur Debatte stehe, gewöhnlich untersucht, ob es geschehen sei, oder, wenn es geschehen ist, von welcher Art es sei oder auch, wie man es bezeichnen oder, wie von einigen hinzugefügt wird, ob es wohl zu Recht geschehen sei. Es könne aber auch zu Auseinandersetzungen um die Erklärung eines Textes kommen, in dem etwas zweideutig oder widersprüchlich oder derart formuliert sei, daß der Sinn im Widerspruch zum Wortlaut stehe. All diesen Arten aber seien ganz bestimmte, spezielle Argumente zugeordnet. [4. Gattungen, *genera causarum*:] Die Fälle aber, die von der allgemeinen Fragestellung unterschieden seien, kämen teils bei Prozessen vor, teils bei Beratungen. Es gebe auch noch eine dritte Gruppe, die die Lob- und Scheltreden bildeten. [5. Topik:] Auch gebe es bestimmte Grundgedanken (*loci*), derer wir uns in Gerichtsverhandlungen bedienten, bei denen es auf den Grundsatz der Billigkeit (*aequitas*) ankomme; andere im Falle von Beratungen, die alle auf den Nutzen (*utilitas*) derer zielten, denen wir einen Rat erteilten; wieder andere im Falle von Lobreden, denen alles auf die Würde (*dignitas*) der betreffenden Personen ausgerichtet sei. [6. Das Fünf-Arbeitsstadien-System, *quinque partes*:] Dabei sei die gesamte Tätigkeit des Orators in fünf Teile eingeteilt: Er müsse erstens finden, was er sagen solle (*inventio*), zweitens das Gefundene nicht nur hinsichtlich der Anordnung, sondern auch nach der Bedeutung und entsprechend seinem Urteil ordnen und zusammenstellen (*dispositio*), es schließlich drittens in wirkungsvolle Worte kleiden (*elocutio*), dann im Gedächtnis aufbewahren (*memoria*) und endlich würdevoll und elegant vortragen (*actio/pronuntiatio*). [7. Redeteile, *partes oratio-*

> *nis*:] Auch folgende Grundsätze hatte ich erfahren und vernommen: Ehe wir zur Sache kämen, gelte es zunächst, die Herzen der Zuhörer zu gewinnen (*exordium*), dann die Sache darzulegen (*narratio*), danach den strittigen Punkt festzustellen (*propositio*), sodann unseren Standpunkt zu erhärten (*confirmatio*), darauf die Gegenargumente abzuweisen (*refutatio*), am Schluß der Oratio aber das, was für uns spreche, groß herauszustellen und hervorzuheben, was für die Gegenseite spreche zu entkräften und zu widerlegen (*peroratio*). [8. Redeausgestaltung, *elocutio*:] Ich hatte auch die Lehren über die Ausschmückung der eigentlichen Redetextur (*ornamenta orationis ipsius*) gehört: Dabei verlangt die Vorschrift, daß wir erstens sprachlich richtig (*latine*), zweitens klar und deutlich (*plane et dilucide*), drittens kunstvoll überformt (*ornate*) und viertens der Würde unseres Themas angemessen und gleichsam schicklich (*apte et decore*) formulieren. Auch für die Punkte im einzelnen hatte ich Vorschriften erfahren [...] Mit diesen Fragen etwa hat es aber die ganze Lehre der Meister dieser Kunst (*istorum artificum doctrina*) zu tun.
>
> (1,138–145)

Antonius greift das Thema Schulrhetorik im 2. Buch nochmals auf (2,77–84). Mit deutlichen Worten relativiert er ihren Wert für den Praktiker. Seiner Meinung nach hat sich entwickelte Orator-Kompetenz von der Fessel des schulischen Systemzwangs zu lösen und die Möglichkeiten der Redekunst situationsgerecht, frei und souverän zu handhaben. Was an Stoff für die Unterweisung junger Leute oft gerade noch akzeptabel erscheint, kann seiner Meinung nach für Erfahrene und Fortgeschrittene nur banal oder lächerlich sein. So etwa, wenn die Rhetoriklehrer auseinander setzen, dass es der Orator zum einen mit konkreten Streitfällen zwischen zwei Parteien über ganz bestimmte Streitpunkte zu tun habe (*causa* und *res certa*), zum anderen aber mit allgemeinen Fragen zu übergreifenden Themen (*quaestio* und *res infinita*). Wobei dieselben Rhetoriklehrer dann aber zum Überdruss aller nur Anweisungen zu den Einzelfällen gäben. Natürlich belehrten sie auch über die sattsam bekannten fünf Arbeitsstadien von der *inventio* bis zur *actio*. Antonius hat dafür nur Sarkasmus übrig: »Damit verraten sie wahrhaftig kein Geheimnis; denn wer käme nicht von selbst zu der Erkenntnis, daß man nur reden kann, wenn man weiß, was man sagen soll, mit welchen Worten und in welcher Reihenfolge man es tun soll, und wenn man es sich gemerkt hat. Ich halte diese Einteilung auch gar nicht für verkehrt, doch ich behaupte, daß sie vor Augen liegt, genau wie jene vier, fünf, sechs oder auch sieben Teile – denn der eine gliedert so, der andere so –, in die sie die gesamte Rede aufgegliedert haben.« (2,79) Solch ein Redeteil-Schematismus sieht harmonisch aus, hat aber – davon ist Antonius überzeugt – nichts mit den Erfahrungen der Praktiker zu tun. Der Dogmatismus der Schulrhetoriker auf diesem Feld sei fatal. »Überhaupt besteht ihr ganzer Irrtum darin, daß sie sich einbilden, es gebe hier, ähnlich wie in anderen Bereichen, eine Art feststehender technischer Kunstlehre (*artificium*)« (2,83). Natürlich gebe es unzählige gute Fachbücher (*innumerabiles de his rebus libri*), die man mit gewissem Nutzen studieren könne, aber in der Praxis müsse man sich am Ende – wie beim Militär – immer des Unterschieds zwischen Manöver und tatsächlicher Feldschlacht bewusst sein, d. h. auf situative Transferleistung in Hinsicht auf das erworbene systematische Wissen setzen.

Das Werk des Orators: Kunstprosa und Historiographie

Bevor Cicero sich den drei großen Bereichen produktiver Tätigkeit des Orators zuwendet – den sachlichen Inhalten (*res*), der sprachlichen Verarbeitung (*verba*) und der Performanz (*actio*) – lässt er seinen Protagonisten Antonius Ausführungen über die textlichen Endprodukte, mithin das Werk des Orators (*opus oratoris*) machen. Es gehört zu den spezifischen Kompetenzen des Orators, Kunstprosa auf höchstem Niveau herzustellen, d. h. Prosatexte (*orationes*) mit höchstem ästhetischen Anspruch: »Welche Musik ist denn zu finden, die süßer klingt als eine Oratio im rechten Maß und Ton? Welches Versgedicht (*carmen*) ist ausgewogener als eine kunstgerechte Prosaperiode? Was für ein Schauspieler wirkt durch die Nachahmung der Wahrheit auf dem Theater angenehmer als ein Orator dadurch, daß er sich für sie einsetzt? Was aber ist bestechender als eine Fülle treffender Gedanken? Was bewundernswerter, als eine Sache durch den Glanz der Formulierung ins rechte Licht zu setzen? Was wirkt reicher als die Mannigfaltigkeit stofflicher Fülle einer Oratio? Denn es gibt nichts, was nicht in die Zuständigkeit des Orators fällt, soweit es ums elaborierte und zugleich eindringliche (*ornate graviterque*) Formulieren geht.« (2,34) Darum müssen die Vertreter anderer Disziplinen, wenn sie auch gute Prosafachtexte formulieren wollen, Anleihen bei der Rhetorik machen, in deren Zuständigkeitsbereich das Wissen über entsprechend optimale Vertextung fällt (2,36–38).

Im Rahmen der sich anschließenden Funktionalgattungsdiskussion wird zunächst die Vorzeigerede (*genus demonstrativum*) behandelt. In ihr kann der Orator nämlich seine spezifische Virtuosität am besten demonstrieren. Insofern hat sie als Dritte der drei Gattungen ihren Platz. Das ist nicht ganz selbstverständlich, weil der Alltag des römischen Forums an sich nur die Gerichtsrede (*genus iudiciale*) und die politische Beratungsrede (*genus deliberativum*) nahe legt. Darum war die Vorzeigerede bislang auch ausgeklammert. Mit Rücksicht auf seine besondere Kompetenz auf dem Gebiet der Kunstprosa erweitert Antonius das professionelle Werkspektrum des Orators. Da finden sich dann Untergattungen wie Ermahnungen, Anweisungen, Trostreden und Warnungen (*cohortationes, praecepta, consolatio-*

nes, admonita). Er sieht für diese Textarten in der (zuständigen) Rhetorik großen Theoriebedarf: »Wie ihr seht, gibt es für so viele wichtige Probleme keine Lehrsätze, die man in den Theorien der Rhetoren finden könnte.« (2,64)

Ganz besonders trifft das aber für die Historiographie zu. Sie muss auch in Rom in den Zuständigkeitsbereich der Rhetorik aufgenommen werden, so wie das bei den Griechen selbstverständlich war (2,55). Cicero benutzt *historia* als Terminus für das literarische Einzelwerk und als Kollektivsingular für die Historiographie. Eine abstrakte Geschichtsvorstellung hat er natürlich noch nicht; er denkt vielmehr über Texturen nach. Ihm liegt daran, die römische Historiographie als öffentliche Aufgabe weiter zu kultivieren, und darum klagt er auch weitere texttheoretische Bemühungen um eine Narratologie der Geschichtsschreibung ein. Zunächst gibt er eine Funktionsbestimmung der Gattung: »Eine *historia* aber ist eine Zeugin der Zeitabläufe (*testis temporum*), ein Licht der Faktenwahrheit (*lux veritatis*), die eigentliche Lebensform der sozialen Erinnerung (*vita memoriae*), eine Lehrmeisterin fürs Leben (*magistra vitae*), Künderin des Vergangenen (*nuntia vetustatis*), durch welche Stimme, wenn nicht die des Orators, gelangt sie zur Unsterblichkeit?« (2,36) Damit trifft Cicero sechs Feststellungen: 1. Eine *historia* ist innertextlich-narrativ durch den vorgegebenen Zeitverlauf organisiert, 2. in Hinsicht auf den narrativen Stoff folgt sie einem Realismus- oder Widerspiegelungs-Postulat, sie berichtet ›Wahrheit‹, 3. sie ist der semiotische, d. h. der auch als Schrifttext wahrnehmbare Aggregatzustand des im politischen Leben so wichtigen sozialen Gedächtnisses, 4. sie hat didaktische Funktion, 5. sie vergegenwärtigt alles Vergangene, 6. für sie sind die Oratoren und mithin die Rhetorik zuständig.

Sodann entwickelt Antonius seine Vorstellungen von weiteren textuellen Strukturmerkmalen. Dabei grenzt er die schlichten Annalisten und einfachen Faktenerzähler von den Vertretern einer rhetorisch elaborierten Historiographie ab. Er räumt ein, dass die Historiographie eine sehr schwierige Aufgabe für einen Orator ist. »Vielleicht die schwerste, was den Fluß des Textes (*oratio*) und die Mannigfaltigkeit des Ausdrucks angeht. Und die finde ich bei den Rhetoren nirgends mit besonderen Vorschriften ausgestattet.« (2,62) Nach Antonius' Meinung kommt es bei der Historiographie auf Folgendes an: Keine falsche Aussage machen, nichts unterdrücken, den Stoff chronologisch anordnen, Schauplätze beschreiben, einen Zusammenhang zwischen Plänen und Ereignissen sowie deren Ergebnissen herstellen, Erklärungen über das Wie der Taten und Reden beigeben, Gründe für Erfolge nennen, Daten zu den Akteuren liefern, epischen Stil wählen, auf den agitativen Stil des Forums verzichten (2,62–64).

Das oratorische Grundprinzip der Angemessenheit

Bevor Antonius im 2. Buch zu seinen grundlegenden Ausführungen über die inhaltliche Seite der oratorischen Textproduktion ausholt, formuliert Crassus gleich zu Beginn das Angemessenheitsprinzip. Es hat für den fortgeschrittenen, vom Systemzwang entbundenen Orator als oberstes Arbeitsregulativ zu gelten (2,17–25). Nicht nur alle kognitiven Arbeitsschritte bei der Ausarbeitung einer Oratio, um die es im 2. Buch geht, unterstehen diesem rezeptionstheoretisch begründeten Aptumprinzip. Später wird dieses pragmatische Gesetz auch für die sprachliche Gestaltung als verbindlich erklärt (3,210–212). Seine Reflexionen über ein Wortspiel erweisen Crassus als typisch römisch: Er greift den semantischen Gegensatz der verwandten Wörter *ineptus* und *aptus* (›unpassend‹ und ›passend‹) auf. Den Bedeutungsumfang des Wortes *ineptus* bzw. *ineptum* (›unpassender Unfug‹) habe er im Vergleich zu allen anderen lateinischen Wörtern immer für den größten gehalten. In diesem Wort habe sich begrifflich das Empfinden der Römer für situationsgerechtes kommunikatives Verhalten niedergeschlagen, das in Rücksichtnahme auf Zeit, Ort und beteiligte Personen bestehe. Das fehle den Griechen, die etwa ihre Philosophiererei überall, vor allem auch in den ›Fitness-Centern‹, den Gymnasien, betrieben. »Denn was wir Unfug (*ineptum*) nennen, leitet seinen Namen doch wohl daher, daß es sich nicht fügt (*non sit aptus*), und dieser Ausdruck ist in unserem Sprachgebrauch sehr weit verbreitet. Denn wer nicht sieht, was die Umstände fordern, wer zu viel redet, wer sich aufspielt, wer keine Rücksicht auf den Rang oder das Interesse der Leute nimmt, mit denen er zu tun hat, ja wer überhaupt in irgendeinem Punkt Takt oder Maß vermissen läßt, von dem sagt man, er treibe Unfug. Besonders ausgeprägt ist dieser Fehler bei dem so gelehrten Volk der Griechen, und weil die Griechen die Bedeutung dieses Übels nicht erkennen, haben sie ihm auch nicht einmal einen Namen beigelegt. Denn mag man alles untersuchen, einen griechischen Ausdruck für das Unpassende, den Unfug, wird man nicht entdecken.« (2,17 f.) Crassus geht von der Vorstellung aus, die Römer beachteten, im Gegensatz zu den Griechen, inneres und äußeres (wie man vielleicht mit einer Anleihe beim heutigen rhetorischen Sprachgebrauch sagen könnte) Aptum, wenn sie zugleich nach dem Niveau des Themas und dem der beteiligten Personen fragten (*rerum et personarum dignitas*; 3,53).

Inventivik von Textinhalten und Topik

Das ist die Basis für die nun von Antonius entwickelten Gedanken zu allen wesentlichen Aspekten der traditionellen Findungs- und Dispositionslehre. Auch er habe es nicht darauf abgesehen, betont er, »irgendein System der Rede« zu entwickeln, sondern Menschen von besonders hoher Bildung aus seiner praktischen Erfahrung gleichsam den einen oder anderen Wink zu geben (2,175). Dabei scheint bei der Erörterung der Inventivik als Organisationsmuster die aristotelische Trias von Logos, Ethos und Pathos durch: »So konzentriert sich die gesamte oratorische Methodik (*ratio dicendi*) auf drei Faktoren, die der Überzeugung dienen (*ad persuadendum*): [1] den rationalen Beweis der Wahrheit dessen, was wir vertreten (*probare*), [2] den Gewinn der Sympathie unseres Publikums (*conciliare*) und [3] die Beeinflussung seiner Gefühle im Sinne dessen, was der Fall jeweils erfordert (*movere*).« (2,115)

Der Orator auf dem Forum hat es mit Problemen der Konsensfindung zu tun. Er muss den schwankenden Hörern bei der Urteilsfindung in Angelegenheiten zu Hilfe kommen, die sich nicht auf objektives Wissen stützen können, sondern meist nur auf Meinungen. Die Fälle wechseln und die Meinungen schwanken. Was empfiehlt Antonius dem Orator aus seiner Erfahrung heraus? Zunächst geht es um den Entwurf einer passenden Argumentationsstrategie. Wichtig ist, sich über den anstehenden Fall intensiv und sehr genau kundig zu machen, immer den springenden Punkt zu finden, die Statuszuordnung vorzunehmen und dann alle denkbaren Argumente abzuwägen. Zu den ›klassischen‹ Fragen der Inventivik gehört, wie sich die Argumente finden lassen. Antonius setzt zunächst auf Recherche. Er empfiehlt: Befrage die Betroffenen und prüfe alle Aussagen auf ihren argumentativen Wert hin. Aber er will auch nicht die von der rhetorischen Theorie an dieser Stelle verhandelte Topik umgehen, selbst wenn Crassus ihm dies wegen deren Anspruchslosigkeit nahe legt (2,127). Man kann nämlich nicht immer alle schlagkräftigen Sätze, die argumentativ verwendbar sind, aus dem konkreten Fall beziehen. Es sollten schon im Voraus bestimmte Fundstellen aus der Topik verfügbar sein (*oportet habere certos locos*; 2,130). Später wird in diesem Punkt ausdrücklich auf die Topikschrift des Aristoteles Bezug genommen (2,152). Der Redner sollte eine Ausrüstung an allgemeinen und grundsätzlichen Aspekten (*instrumentum causarum et generum universorum*) mit auf das Forum bringen, statt jeweils erst im konkreten Fall die Topik (*loci*) zu durchmustern, aus der man Argumente gewinnen kann. Dabei handelt es sich um Hauptgedanken und Fundstellen (*capita et loci*), die für jede Oratio dienlich sind (2,146). Wenn man etwa einen Beweis in der Sache führen will, dann sollte man bei der Suche nach glaubhaften Aussagen »gedankliche Stützpunkte und Fundstellen für Argumente« (*argumentorum sedes ac loci*) folgender Art prüfen: Zusammenhänge, Gattungen, Untergliederungen, Ähnlichkeiten, Unterschiede, Gegensätze, Folgerungen, Übereinstimmungen usw. (2,166). Natürlich gilt auch bei der Topik das Aptumprinzip, dem der Orator mit Vernunft zur Geltung verhelfen muss: »Doch welche Art von Argumenten jeweils am besten zu einer Art von Fällen paßt, dafür braucht man nicht die Vorschriften eines ausgeklügelten Systems, sondern das Urteil eines gewöhnlichen Verstandes« (2,175). Crassus nimmt im 3. Buch die Frage der *loci communes* noch einmal auf und vertieft sie (3,106–125).

Das Gleiche gilt für die syntagmatische Betrachtungsweise der Argumentation. Antonius verschiebt ihre Erörterung in den Dispositionsteil (2,181). Dort formuliert er gleich zu Beginn als Angemessenheitsregel, es sei zwar auf die übliche Tektonik der Redeteile zu achten, doch gleichermaßen dem persönlichen Situationskalkül Raum zu geben: »Daß wir jedoch entscheiden, wie wir das anordnen, was wir, um zu beweisen und zu informieren, sagen müssen, das ist die ureigene Aufgabe oratorischer Klugheit.« (2,308)

Inventivik der Affekte

Das oratorische Situationskalkül steht auch im Vordergrund bei der Erörterung von Ethos und Pathos. Cicero bezieht die Affektenlehre, anders als der *Auctor ad Herennium*, in die Rhetorik mit ein. War es Aristoteles bei seiner Einführung von emotionspsychologisch gedachten Rhetorikkategorien um die generelle Klärung der an sie geknüpften Befindlichkeiten gegangen, so stehen bei Cicero die praktischen Implikaturen im Vordergrund. Sein Protagonist Antonius geht von den Bedingungen agonaler Kommunikationssituationen im Parteienstreit aus, wo es gilt, persuasiv erfolgreich mit Emotionen zu arbeiten. Ausgangspunkt sollte auch hier jeweils eine konkrete Analyse sein. Starke Gefühle zu erzeugen, lohnt sich ja nur in gewichtigen Fällen (2,205). Vorrangig ist eine Stimmungsanalyse der Agitierten, also im Normalfall der Richter, ähnlich wie ein Arzt den Zustand von Heilungsbedürftigen taxiert: »So richte auch ich, wenn ich darangehe, bei einem ungewissen, problematischen Fall auf die Richter einzuwirken, mein ganzes Sinnen und Trachten auf das Ziel, daß ich mit möglichst feiner Witterung erspüre, was sie denken, was sie glauben, was sie erwarten, was sie wünschen und in welche Richtung sie wohl durch die Oratio am leichtesten zu lenken sind.« (2,186) Davon hängt dann einerseits ab, welches Ethos, also welches Bild vom Sprechercharakter bzw. seiner Verhaltensdisposition (*mos oratoris*), man in einer Oratio zum Vorschein zu bringen hat (2,184). Was andererseits beim Hörer an Affekt hervorzurufen ist, hängt von der Lage des Falles und vom Verhalten der gegnerischen Partei ab. Antonius schildert ausführlich einen Fall, der das belegt. Die rhetorischen Techniken müssen dabei immer auf den affektiven Assimilationsmechanismus als Grundtechnik setzen: Nur wenn der Orator sich glaubwürdig als selbst affektiv ergriffen darstellt, springt der Affektfunke aufs Publikum über (2,188–193). Antonius teilt abstrakte Regeln mit, gibt Hinweise zu Techniken und Mitteln der Affekterzeugung, etwa wie man geschickt Neid hervorruft. Bei all dem ist der manipulative Charakter der Affekttechniken für ihn selbstverständlich: »Das aber, was die Gegenseite, um Sympathien zu gewinnen, ruhig und gelassen oder, um Eindruck zu machen, leidenschaftlich vorbringt, muß man durch die Erregung gegenteiliger Gefühle um seine Wirkung bringen, damit die Sympathie durch Haß, der Neid durch Mitleid aufgehoben wird.« (2,216)

Inventivik des Witzes

Zu den Erfolg versprechendsten Mitteln der Hörerbeeinflussung zählt Cicero Witz und Humor (*iocus* oder *lepos* und *facetiae*), die in zwei textlichen Varianten vorkommen: zum einen als durchgängige Launigkeit (*cavillatio*), zum anderen als auf den Punkt konzentrierter Witz (*dicacitas* oder *sal*). Schon Aristoteles hatte dem Esprit in seiner Rhetorik längere Ausführungen gewidmet, und zu Ciceros Zeit kursierten offenbar zahlreiche griechische Werke über das Lächerliche (*libri de ridiculis*; 2,217). Cicero legt mit seinen Ausführungen den Grund für eine römisch-rhetorische Witztheorie. Er konzentriert sich auf den pointierten Witz (*sal*), den er als scharfe oratorische Waffe sieht, vor allem wenn er als Schlagfertigkeit im Rededuell hervortritt (2,230). Das zeigen nicht nur seine zahlreichen, aus agonischen Prozesssituationen bezogenen Beispiele. Er bezweifelt, dass es eine erlernbare Witztechnik geben könne (*nullam esse artem salis*; 2,231), aber er lässt seinen Protagonisten Caesar doch ausführlich über rhetorische Rolle und Charakteristika des Witzes nachdenken. Dazu formuliert er fünf Fragen (2,235): 1. Woher kommt das Lachen? 2. Was löst das Lachen aus? 3. Soll der Orator Heiterkeit auslösen? 4. Wie weit kann er gehen? 5. Welche Arten des Lächerlichen gibt es? Die erste physiologische Frage wird ausgeklammert. Bei den anderen geht es um die Pragmatik, die Topik und die Struktur von Witzen. Dazu nimmt Caesar Stellung.

Natürlich wird auch die Pragmatik des Witzes vom oratorischen Grundprinzip der Angemessenheit reguliert (2,237 und 247). Unter dieser Voraussetzung kommt es beim Witz darauf an, Überraschung zu erzeugen. Der Witz ist dem Orator als gezielt eingesetzte Waffe nützlich. Er darf darum nicht, wie ein Spaßmacher, alles lächerlich machen, sondern muss den Witz durch gezielte Kontrainduktion in einen Kontrastrahmen stellen. Auf Seiten des Hörers entstehen dann – wenn der Witz gelungen ist – immer neue Varianten des Erwartungsbruchs auf der Basis von Neuigkeit oder Unerwartetheit des Vorgebrachten, »denn unwillkürlich amüsiert uns, wie ich vorhin sagte, unser Irrtum. Darum müssen wir lachen, weil wir uns gleichsam in unserer Erwartung getäuscht sehen« (2,260). Dem Orator steht bei all dem keine spezielle Topik des Witzes zur Verfügung, die Fundstellen (*loci*) sind die alltäglichen. Es kommt nur darauf an, aus dem Gewöhnlichen den Stoff des Witzes (*materia ioci*; 2,262) zu isolieren und ihn dann in eine witztypische sprachliche Struktur zu bringen.

Was die *materia* angeht, so beruht sie auf dem Herausarbeiten von Devianz: »Deshalb liegt der gesamte Stoff des Lächerlichen in den Fehlern, die im Leben der Menschen vorkommen [...]. Über solche Dinge lacht man, wenn sie richtig aufs Korn genommen werden.« (2,238) Die Struktur des Witzes kann auf der Textebene einmal nur tiefenstruktural (semantisch), dann aber auch oberflächenstruktural (also phonologisch, syntaktisch, morphologisch) erzeugt werden: »Bei witzigen Bemerkungen steckt der Witz teils in der Sache (*in re*), teils im Ausdruck (*in verbo*); am meisten aber amüsieren sich die Leute, wenn einmal eine Sache und der Ausdruck in ihrer Verbindung Heiterkeit erregen.« (2,248) Entscheidend sind bei alledem der innere und der äußere Kontext, der jene Erwartungshaltung determiniert, auf deren Folie der witzige Bruch stattfinden kann. Doppelsinnige Ausdrücke, die als besonders geistreich gelten (*argutissima*; 2,250), sind hier das beste Spielmaterial. Caesar erläutert all dies an folgendem Beispiel: »Denkt aber daran, daß sich aus allen Fundstellen (*loci*) des Witzes, die ich erwähne, meist auch ernsthafte Gedanken gewinnen lassen. Der Unterschied besteht nur darin, daß Ernsthaftigkeit in ehrenhaften und ernst zu nehmenden, Witz in verschrobenen und gleichsam mißgestalteten Dingen liegt. So können wir uns mit denselben Worten über einen braven Sklaven lobend und, wenn er nichts taugt, scherzhaft äußern. Köstlich ist der allbekannte Ausspruch Neros [des Konsuls] über einen diebischen Sklaven: Er sei der einzige, für den im Hause nichts verriegelt noch verschlossen sei. Dasselbe sagt man gewöhnlich auch bei einem guten Sklaven; dabei bedient man sich hier auch derselben Worte. Die Fundstellen (*loci*), aus denen man schöpft, sind aber in allen Fällen dieselben.« (2,248)

4. Theorieaspekte im dritten Buch

Das 3. Buch hat nach der herkömmlichen Systematik der *ars rhetorica* die noch ausstehenden Theoriesektoren der Stilistik (*elocutio*) und Vortragslehre (*actio*) zu behandeln. Dieser Teil ist Crassus vorbehalten. Doch wiederum ist er nicht geneigt, einfach das entsprechende Schulwissen zu repetieren oder eine neue Systematik zu entfalten. Natürlich ist von den rhetorischen Figuren die Rede (3,149–170 und 200–208), und auch die Hauptgesichtspunkte der Vortragslehre, deren große Bedeutung er ausdrücklich betont, werden am Schluss kurz dargestellt (3,213–230). Wichtig ist ihm aber vor allem, nochmals einige bereits erörterte Aspekte zum Bildungsideal des Orators und zur Inventivik zu vertiefen. Wenn es speziell um die *elocutio* geht, konzentriert er sich auf Grundsatzfragen. So kommt er etwa bei seiner Besprechung der Stilarten zu dem Schluss, dass es letztlich nur Personalstile gibt (3,27–37). Die traditionelle Dreistillehre ist ihm nur eine Nebenbemerkung wert (3,199).

Inhalt und Form, Ästhetik und Funktionalität bei der Kunstprosa

Die für den Leser zunächst irritierende Tatsache, dass Crassus im 3. Buch nochmals auf bereits Erörtertes zurückkommt, hat programmatische Gründe. Crassus will auf diese Weise den von Antonius hervorgerufenen Eindruck vermeiden, man könne Fragen der sprachlichen Ausgestaltung getrennt von inhaltlichen Fragen behandeln: »Was freilich die Aufteilung unserer Erörterung betrifft, bei der er sich das, was der Orator inhaltlich mitzuteilen hat, aussuchte, mir indessen die Erklärung übrigließ, wie man diese Mitteilung textlich ausgestalten muß, so hat er dabei etwas aufgeteilt, das sich nicht trennen läßt. Denn da sich jede Oratio aus der Sache (*res*) und der Formulierung (*verba*) zusammensetzt, kann einerseits die Formulierung keine Basis haben, wenn man die Sache wegnimmt, andererseits fehlt der Sache die Erhellung, wenn man die Formulierung von ihr trennt.« (3,19)

Crassus hat ein Konzept qualitativer Differenz zwischen elaborierter oratorischer Kunstprosa und gewöhnlicher Alltagsprosa. Er muss dies herausstellen, weil nur so der Abstand zur alltäglichen Prosa klar wird. Gleichzeitig erhebt er den Anspruch auf ästhetische Gleichberechtigung oratorischer Prosa mit den hoch geschätzten Verstexten der Dichter. Das Kunstvolle und der Glanz einer Oratio, erzeugt durch den Prozess des *ornare* und *inluminare*, beginnt nicht erst beim Figurenschmuck, sondern schon beim Aufbau einer raffinierten Bedeutungsstruktur auf textsemantischer Ebene. Schon in der Inventivik also beweist sich der Orator als Künstler (*artifex*). Bei der Textproduktion ist das der erste Schritt, auch wenn es bei der konzeptionellen Einheit von Inhalt und Form bleibt: »Die bloßen Regeln für den Schmuck der Rede (*ad ornandum praecepta*) sind ja so, daß jeder Orator, selbst der schlechteste, sie zu entwickeln wüßte. Man muß darum, wie ich vorhin bemerkte, zuerst die ganze Fülle interessanten Materials (*silva rerum*) zusammenstellen« (3,103). Die nächsten Schritte sind dann ganz auf die Vertextung im engeren Sinn konzentriert. Es sind Superstrukturregeln zu realisieren und dabei ästhetische und semantische Varianten anzubringen, damit ein hohes Niveau an Artifizialität herbeigeführt wird. Es gilt, fährt

Crassus fort, »diesen Stoff nach Strukturmuster und Art der Oratio in die rechte Form zu bringen (*formare*), ihn mit den Mitteln des Ausdrucks kunstvoll zu schmücken (*inluminare verbis*) und mit variantenreichen Inhaltselementen abwechslungsreich zu machen (*variare sententiis*)«. Die Sprache stellt für alle Gelegenheiten ihre Ausrüstung und ihren Schmuck zur Verfügung; insofern sind die Quellen des Flusses der oratorischen Textgestaltung immer dieselben, während die Textarten, wie Flussarme, variieren (3,23).

Die Rhetoriktheorie hat früh versucht, den bei verschiedenen Gelegenheiten immer wieder gebrauchten Fundus an sprachlichen Mitteln taxonomisch zu systematisieren. Crassus hält sich in dieser Hinsicht zurück. Ihm kommt es darauf an, die Grundaspekte der Textgestaltung zu thematisieren. Das immer wieder ins Spiel gebrachte rhetorische Grundprinzip der Angemessenheit wird nun als fundamentale Vertextungsmaxime spezifiziert. »Man muß die Art zu reden auswählen, die das Publikum am meisten fesselt und die nicht nur gefällt, sondern auch ohne Übersättigung gefällt« (*genus igitur dicendi est eligendum, quod maxime teneat eos, qui audiant, et quod non solum delectet, sed etiam sine satietate delectet*; 3,97). Darin stecken einerseits das rhetorische Überzeugungspostulat, andererseits ein am Rezeptionsverhalten der Hörer orientierter ästhetischer Grundsatz. »Ein Teil besteht darin, sich kunstvoll, der andere, sich angemessen auszudrücken (*dicere ornate et apte*). Das soll bewirken, daß eine Oratio möglichst angenehm klingt, in die Sinne der Hörer gut einfließt und in der Sache so gehaltvoll wie möglich wirkt.« (3,91) Um Missverständnisse zu vermeiden, fügt Crassus eine ausführliche Schwulstwarnung unter dem Stichwort ›Übersättigung‹ ein. Sie setzt auf kontrollierte und maßvolle Textgestaltung und lässt auf ein attizistisches Stilideal schließen (3,98–103).

Für die Praxis ergeben sich eine Reihe konkreter Vertextungsregeln, etwa: den Text stets mit Bedacht überzustrukturieren, immer differenziert und abwechslungsreich zu formulieren, den Text als Einheit zu betrachten und rhetorische Mittel nur treffend und ganz gezielt einzusetzen: »Der Schmuck der Rede also liegt grundsätzlich zunächst gewissermaßen in ihrer Farbe (*color*) und in ihrer Frische (*sucus*). Denn daß sie eindrucksvoll, anziehend und gebildet wirkt, edel, bewundernswert und elegant, daß sie so viel Empfindung und Bewegung wie erforderlich ausdrückt, bewirken nicht einzelne Glieder; das tritt an ihrem ganzen Organismus in Erscheinung. Damit sie ferner gleichsam von Formulierungs- und Gedankenblitzen sprüht, muß ihr Aufleuchten nicht gleichmäßig über die ganze Rede ausgebreitet, sondern so differenziert sein, daß sich gleichsam gewisse Höhepunkte und Glanzlichter in ihrem Schmuck verteilen.« (3,96)

All diese Überlegungen gehen von einem bestimmten ästhetischen Konzept aus. Es ist das Konzept einer aus Naturanalogien gewonnenen Funktionalästhetik. Wie im Sternenkosmos oder im menschlichen Körper alles seinen Sinn hat und in seinen Funktionen und Zusammenhängen aufeinander abgestimmt ist, so ist es auch in einer kunstvollen Oratio. Das kann man in gleicher Weise bei den nichtsprachlichen Künsten und Handwerken sehen: »Was ist bei einem Schiff so unerläßlich wie die Seiten, der Rumpf, der Bug, das Heck, die Rahen, Segel, Masten? Und trotzdem bieten sie ein Bild von solcher Schönheit (*venustas*), daß es scheint, als seien sie nicht nur zum Zweck der Sicherheit, sondern auch zum Genuß (*voluptas*) erfunden. Tempel und Hallen stützen sich auf Säulen, doch liegt in ihnen ebensoviel Nützlichkeit wie würdevolle Schönheit (*utilitas et dignitas*). Nicht Schönheit, sondern zwingende Notwendigkeit (*necessitas*) schuf den berühmten Giebel des Kapitols und der übrigen Tempel. Denn als man der Erwägung, wie das Wasser von beiden Seiten des Dachs abfließen könnte, Rechung getragen hatte, da stellte sich die würdige Schönheit als Folge der Nützlichkeit ein« (3,180). Dem liegt ein weltharmonisches Gesetz zugrunde. Alles ist letztlich zu einer Einheit durch eine Kraft und Harmonie in der Natur verbunden (*omnia unum esse et una vi atque consensione naturae constricta esse*). Darum gibt es auch ein gemeinsames Band und eine Harmonie zwischen allen Wissenszweigen und Künsten der Menschen (3,20 f.).

Für die Rhetorik folgt daraus, dass auch die mit ästhetischem Anspruch ausgearbeitete Kunstprosa als Einheit von Inhalt, Form und Funktion anzusehen ist. Was für die anderen Artefakte des Menschen gilt, gilt hier genauso: »Das trifft eben auch auf alle Bestandteile einer Oratio zu, daß Nützlichkeit und fast Notwendigkeit eine gewisse Art von Reiz und Anmut im Gefolge hat.« Unter dieser Voraussetzung kann sich für das ästhetische Zusammenspiel von Inventivik und Elocutio, für Ciceros integratives Konzept der Textproduktion nur die Schlussfolgerung ergeben: »Fülle des Sachinhalts bringt Fülle des Ausdrucks hervor (*rerum copia verborum copiam gignit*), und wenn in der Sache, von der die Rede ist, selbst würdevolle Schönheit (*honestas*) liegt, so tritt im Ausdruck auf Grund seines Inhalts auch ein ganz natürlicher Glanz in Erscheinung.« (3,125) Damit geht Crassus auf Distanz zur Applikationstheorie, nach der die rhetorischen Mittel nur aufgesetzter Schmuck sind. Mit seinem häufig verwendeten Begriff Farbe (*color*; z. B. 3,96–100) verbindet er nicht die Vorstellung rein äußeren Zierrats, sondern die eines bewusst funktionalisierten Ausdrucksmittels.

Prosarhythmik und Ästhetik des mündlichen Vortrags

Für Cicero ist die Prosarhythmik ein besonders wichtiges Ausdrucksmittel. Was er zu diesem Thema sagt, gehört, wie etwa auch seine Ausführungen zur Jurisprudenz, zur Historiographie oder zum Witz, zu den innovativen Bestandteilen seiner Rhetoriktheorie. Er lässt seinen Protagonisten Crassus entsprechend deutliche Worte der Wertschätzung für die Prosarhythmik finden und sie in Kritik an der so beliebten Metaphorik münden: »Wenn ihr doch nur den Wunsch geäußert hättet, daß über diese und ähnliche Probleme gesprochen würde, statt über diese kindischen Ausdrücke in übertragener Bedeutung!« (3,197) Hatte es der *Auctor ad Herennium* bei wenigen Bemerkungen zum Kapitel *compositio* belassen, so geht Cicero ausführlich und mit besonderem Engagement auf das noch nicht lange unter römischen Rhetorikern diskutierte Thema Satzgestaltung ein. Als Meister der rhythmisierten Kunstprosa hebt Cicero vor allem die Novität der lateinischen Prosarhythmik hervor (»erst seit kurzem haben wir die Fähigkeit oder den Mut dazu entwickelt«; 3,198). Dass das Thema heikel ist, unterstreicht ein Zwischendialog mit Catulus, bei dem Crassus sich bestätigen lassen will, keinen Unfug (*ineptum*) zur Sprache zu bringen (3,187–189). Crassus befindet sich in der Position der Metriker aller Zeiten, die den Vorwurf des L'art pour l'art zu gewärtigen haben. Geht es hier nicht auch um ein völlig verselbständigtes Kunstprinzip? Sind die Finessen der Prosarhythmik nicht ein völlig selbstbezügliches Sprachspiel? In Rom gilt für viele noch die Maxime des alten Cato: »Beherrsche die Sache, die Worte folgen dann« (*rem tene, verba sequentur*), und auf den ersten Blick scheint beim Prosarhythmus auch Crassus' eigene Funktionalästhetik nicht mehr zu gelten.

Crassus kann solchen oder ähnlichen Bedenken mit rezeptionstheoretischen und damit genuin rhetorischen Überlegungen begegnen. Ausgangspunkt ist die Mündlichkeit als zeitgenössische kommunikative Bedingung. Schon bei der Erörterung der rhetorischen Sprachgebrauchsprinzipien hatte er auf diese Bedingung rekurriert. Korrekt, klar, kunstvoll und angemessen zu sprechen heißt nicht zuletzt, phonetisch korrekt zu sprechen, um so die Verständlichkeit im akustischen Wahrnehmungsprozess bei den Hörern zu sichern (3,40–43 und 48 f.). Das kann aber nur als generelle Voraussetzung jeglichen kommunikativen Erfolgs gelten.

Darin liegt noch kein wirkliches Erfolgsgeheimnis. »Bei wem erschauern dann die Menschen? Wen blicken sie als Orator starr vor Staunen an? Bei wem erhebt sich ihr Beifallsgeschrei? Wer ist in ihren Augen sozusagen ein Gott unter Menschen? Es sind diejenigen, die ausgewogen, klar, wortreich, mit wirkungsvoller Stilisierung des Inhalts und der Formulierung reden und beim Vortrag selbst gewissermaßen eine Art von Takt und Rhythmus finden. Das ist es, was ich kunstvoll nenne.« (3,53) Man soll sich nicht wundern, dass auch der Durchschnittshörer die Differenz zwischen der Kunstprosa und seiner eigenen genau bemerkt, wie die Erfahrung zeigt. »Denn die Voraussetzungen dafür sind dem allgemeinen Empfinden eingeprägt, und niemand sollte nach dem Willen der Natur ganz frei von ihnen sein. So machen nicht nur Worte in kunstgerechter Stellung, sondern auch Rhythmen und Töne auf alle Leute Eindruck. Wie groß ist denn der Anteil derer, die die Kunst der Rhythmen und Harmonien kennen? Doch wenn in diesem Punkt nur ein klein wenig gesündigt wird, so daß entweder durch Zusammenziehung eine Kürzung oder durch Ausdehnung eine Längung eintritt, so protestiert das ganze Theaterpublikum.« (3,195 f.) Dies gilt für die Versdichtung im Theater ebenso wie für den Gesang, wie für die vorgetragene Kunstprosa. Bei der Rezeption derartiger Texturen unterscheiden sich Fachmann und Laie im Urteil erstaunlich wenig (3,197). Hochachtung als Bedingungen rhetorischen Erfolgs erwirbt sich deshalb nur derjenige Orator, der vor dieser kritischen Hörerinstanz mit seiner Textur bestehen kann.

Worin besteht die Grundstruktur des Prosarhythmus? Crassus charakterisiert sie, indem er von der Alltagsprosa ausgeht, die der Laie in ununterbrochenem Strom hervorsprudelt. Sie findet ihr Maß nur in den natürlichen individuellen Atempausen. »Die längste Satzperiode ist also die, die man in einem Atemzug zu Ende bringen kann. Mit diesem Maß mißt freilich die Natur, die Kunstlehre mit einem anderen.« (3,182) Der Orator geht von künstlichen Maßeinheiten bei den syntaktischen Pausen und den gesamten Satzkonstruktionen aus, orientiert sich an den Takten, Metren und Rhythmen der Musik oder der Versdichtung. Dabei darf er aber nicht in ein festes Metrum wie beim Vers fallen. Das gilt als Fehler. Trotzdem ist ein rhythmischer Tonfall erwünscht, der gleichermaßen den Eindruck von Bindung und Freiheit erweckt. »Denn wenn er [einem Gedanken] die Fesseln einer ausgewogenen, harmonischen Form angelegt hat, lockert er sie wiederum großzügig durch eine Änderung der Reihenfolge, so daß die Worte weder, wie durch irgendein bestimmtes Versgesetz, gebunden noch so frei sind, daß sie keine Regel kennen.« (3,176) Nach dem Vorbild anderer Klangtexturen gilt als Faustregel: ein Prosarhythmus ist, »was eine Art von Takt enthält und in gleichmäßigen Abständen gemessen werden kann« (3,185). Dabei gelten nicht die strengen Maßstäbe der Musiker, aber bei der Textproduktion ist doch Sorgfalt angezeigt. So kommt die Schriftlichkeit ins Spiel. Die Prosarhythmik ist zwar auf die Bedingungen der Mündlichkeit eingestellt, doch lässt sich ihre konkrete Ausgestaltung und Verfeinerung meist nicht ohne schriftliche Kontrolle verwirklichen (3,190).

In einer Zeit, in der die Schulgrammatik noch keine Syntax- oder Texttheorie kennt, muss die Rhetorik einspringen. Die Rhythmustheorie will die Prosarede zähmen, will dazu beitragen, dass ein Text mit längeren Periodenkonstruktionen »nicht zerfließt, nicht regellos abschweift«, Abschnittsgliederungen in Form regelmäßiger Perioden aufweist (3,190). Angestrebt sind syntaktisch wohlproportionierte Gefüge (3,186). Wichtigstes Segment ist dabei der Ausgang der Periode (die *clausula*). Auf sie achten die Hörer ganz besonders als Verstehenshilfe. Darum müssen die Satzausgänge mit Sorgfalt nach metrischen Äquivalenzen gearbeitet werden. »Man muß ja ungefähr zwei oder drei Versfüße am Ende beachten und betonen, vorausgesetzt daß das Vorhergehende nicht zu kurz ist und nicht jäh abbricht. Die fraglichen Versfüße müssen nun entweder aus Trochäen [– ◡] oder Daktylen [– ◡ ◡] oder ihrer abwechselnden Verbindung bestehen, entweder mit der letzten Variante des Päons [◡ ◡ ◡ –], den Aristoteles empfiehlt, oder dem Creticus [– ◡ –], der ihm entspricht.« (3,193)

Dem anspruchsvollen Orator kann all das ohne weiteres gelingen. Besser als der formbare Ton des bildenden Künstlers und die Farbenvielfalt des Malers ist die menschliche Sprache sein unvergleichliches Gestaltungsmittel: »Es gibt nichts, was so elastisch, so geschmeidig, so folgsam gegenüber jeder Lenkung wäre wie die Sprache [...] Wenn wir das Material, das offen daliegt, aufgegriffen haben, dann formen und gestalten wir es wie das weichste Wachs nach unserem Gutdünken.« (3,176 f.)

4

Marcus Fabius Quintilianus

Ausbildung des Orators

(um 96 n. Chr.)

Die Summe der antiken Rhetorik

Beim Verfassen seines letzten großen Werkes sieht der Rhetorikprofessor Quintilian (um 35 – um 100 n. Chr.) am Ende des 1. Jahrhunderts n. Chr. sein Fach vor sich. Die *Institutio oratoria* soll das gesamte zeitgenössische theoretische Wissen der Disziplin Rhetorik zusammenfassen und zugleich Lehrplan und didaktische Konzeptionen mitliefern. Quintilian betrachtet sein Buch nicht nur als deskriptive Bestandsaufnahme des rhetorischen Regelwerks, sondern auch als programmatische Zusammenfassung der pädagogischen und wissenschaftlichen Grundlagen der Disziplin Rhetorik. Seine *Institutio* lässt sich nicht einfach in die Reihe der seit Jahrhunderten in Griechenland und Italien üblichen Handbücher stellen. Sie ist ein anregender Traktat über Menschenbildung, geschrieben mit philosophischem Anspruch, pädagogischen Ganzheitlichkeitsvorstellungen, rhetoriktheoretisch kritischem Bewusstsein und hochreflektierter Sachkompetenz.[1] »Niemand aber verlange von mir die Art von Vorschriften, wie sie die meisten Verfasser rhetorischer Lehrbücher vermittelt haben, als sollte ich

1 Die nachfolgende dt. Übers. folgt im Wesentlichen der Ausgabe: Marcus Fabius Quintilianus, *Ausbildung des Redners*, lat./dt., hrsg. und übers. von Helmut Rahn, 2 Bde., 2., durchges. Aufl., Darmstadt 1988. Im Einzelfall wurden abweichende Formulierungen gewählt.

gleichsam für die, die sich der Redekunst widmen, eine Reihe von unveränderlichen zwangsläufig verbindlichen Gesetzen erlassen.« (2,13,1)

Quintilian will all jene fachlichen Dinge untersuchen und aufzeichnen, die künftig jungen Menschen mit guten Geistesgaben Nutzen bringen (2,12,12) und dabei lediglich ein Bild (*imago*) des perfekten Orators (*orator perfectus*) entwickeln, das ihn auf allen Gebieten meisterhaft zeigt (1,10,4). Die *Institutio* hat also den Charakter einer Summe des rhetorischen Wissens der römischen Kaiserzeit. Das Werk kann den Rhetorikschulen als umfassendes Handbuch dienen. »Ich begnüge mich«, sagt Quintilian, »das Gebiet zu kennzeichnen; denn ich lehre ja nicht, sondern gebe nur Hinweise für künftige Lehrer.« (1,4,17) Das 1. Buch enthalte, was der Aufgabe des Lehrers der Rhetorik (des Rhetors) vorausgeht, sagt Quintilian in der selbst formulierten Werksystematik (1, praef., 21–23); das 2. Buch erläutere, was die Anfangsgründe des Unterrichts beim Rhetor seien und was an Fragen über das Wesen der Rhetorik bestehe. Fünf weitere Bücher gingen auf die Findungslehre und die Dispositionslehre ein. Vier beschäftigten sich mit der Formulierungskunst, der Gedächtnis- und der Vortragslehre. Ein Buch werde hinzukommen, in dem das Bild des Orators selbst angesprochen sei, seine Lebensführung, Gesichtspunkte für die Übernahme, Vorbereitung und Durchführung von Prozessen; sodann Überlegungen zu den wirkungsvollsten Stilarten, wann der praktischen Arbeit bei Gericht ein Ende zu setzen ist und welche Studien sich zeitlich anschließen. Bei all dem würden immer die nötigen Hinweise zur Lehrmethode gegeben.

Im systematischen Grundriss des rhetorischen Theoriegebäudes folgt Quintilian in vielerlei Hinsicht den gängigen Lehrbüchern. Doch zeigt sich bei der Vollständigkeit und der in den Einzelkapiteln zum Vorschein kommenden methodischen Sorgfalt ein anderer, wissenschaftlicher Zugriff. Alle Bestandteile sollen hergeleitet, geprüft, erklärt und in

Antiker Orator. Statue des Aulus Metelus,
genannt *l'arringatore*,
aus der Nähe von Perugia (um 100 v. Chr.)

einen sinnvollen Zusammenhang gebracht werden. Jeder Rhetoriklehrer soll seinen Unterricht auf dieses fundierte Wissenskompendium stützen können.

1. Grammatik und Rhetorik als Schwesterdisziplinen (Buch 1)

Quintilian denkt am Anfang seines Werkes über einen sinnvollen Basisunterricht als Propädeutikum für die höhere Rhetorikerausbildung nach (1,12,19). Er tut dies unter drei Gesichtspunkten: 1. allgemeine pädagogische Prinzipien der Schulung von Kindern, 2. Inhalte und Methodik der sprachlichen Fächer, insbesondere der Grammatik, 3. Einbeziehung weiterer Schulfächer, vor allem der Musik und Geometrie. Quintilians Ausführungen zur Tätigkeit des *grammaticus* sind rhetorikhistorisch besonders interessant, weil sie einen Eindruck vom Umfang des rhetorischen Basiswissens geben, das Grammatiker bis in die frühe Neuzeit hinein – im Mittelalter mangels höherer Rhetorikstudien meist ausschließlich – vermitteln konnten. Quintilian kritisiert, dass die Grammatiker zu seiner Zeit bereits alle wichtigen Grundlagenfächer, einschließlich rhetorischer Fachgebiete, an sich gezogen haben und dem höheren Rhetorikunterricht letztlich nur noch die Deklamationslehre bleibt (2,1,1–6).

Die eigentliche Grammatik gliedert sich in zwei Teile: Sprachlehre und Dichtererklärung (*recte loquendi scientia et poetarum enarratio*; 1,4,2). Oberstes Lernziel ist die Sprachkorrektheit, die die Rhetoriker unter dem Sprachgebrauchsprinzip der *latinitas* fassen. Hieraus ergibt sich die rhetorische Relevanz grammatischen Wissens. Quintilian betont dies und verweist auf die bei Cicero vorgetragene strenge Forderung nach Sprachrichtigkeit (1,7,34). Dabei geht es um korrektes Sprechen und Schreiben zugleich (1,6,1). Quintilian legt eine entsprechende Rumpfgrammatik vor, die von phonologischen bis hin zu orthographischen Regeln reicht. Als grammatikalische Prinzipien stellt er *analogia* (1,6,3) und *etymologia* (1,6,28) heraus. Mit ihrer Hilfe kann der *grammaticus* in allen Korrektheitsfragen zu einem Urteil kommen (*iudicium*; 1,4,3). Rhetorisch interessant sind hier besonders die Fehler in Einzelwörtern (Barbarismen) oder in Wortgruppen (Solözismen), weil sie zur Erzeugung besonderer Wirkungen manchmal lizenziert sind (1,5,5). All diesen Erscheinungen muss der Grammatiker mit einem eigenen *iudicium* beikommen. Während er sich den Phänomenen im Elementarunterricht unter der Perspektive des richtigen Sprechens und Schreibens nähert (*emendate loquendi scribendique partes*), konzentriert sich der Rhetor später auf die Bereiche des angemessenen, treffenden und schönen Ausdrucks (*significanter ornateque dicendi partes*) (1,7,30–32). Hinsichtlich der beim *iudicium* geltenden Sprachnorm hat Quintilian eindeutige Vorstellungen. Seiner Meinung nach kann es keine präskriptive Norm geben. Wie er immer wieder betont, gelten weder Antiquität noch Autorität, sondern nur der herrschende Sprachgebrauch (*consuetudo*; 1,5,63; 1,6,20 u. ö.). Für den *grammaticus* folgt daraus: Es gibt kein unabhängiges Sprachgesetz, sondern nur Sprachbeobachtung, sodass nichts anderes die *analogia* selbst geschaffen hat als der Sprachgebrauch (*nec lex est loquendi, sed observatio, ut ipsam analogiam nulla res alia fecerit quam consuetudo*; 1,6,16). Dies ist Quintilian so wichtig, dass er eine Definition seiner Auffassung der *consuetudo sermonis* formuliert, die vom Standard elaboriert redender Sprecher ausgeht: »Also werde ich das Gebräuchliche in der Sprache die Übereinstimmung der Gebildeten (*consensus eruditorum*) nennen, so wie im Leben die Übereinstimmung der Guten.« (1,6,45)

Quintilian unterscheidet einen sprachlich-methodischen Teil der Grammatik, der von den Regeln handelt (die *methodice*), von einem textlich-interpretierenden Teil, bei dem Texte inhaltlich erklärt werden (die *historice*); der Grammatiker hat sowohl Sprachmethodik als auch Historik zu betreuen (1,9,1). Die Historik besteht aus der Autoren-Lektüre (*lectio*), aus der Autoren-Interpretation (*enarratio auctorum*) und aus praktischen rhetorischen Textübungen (Progymnasmata). Jede Art von Schriftstellern müsse man durcharbeiten, nicht nur wegen ihrer Wissensinhalte (*historiae*), sondern auch wegen ihres Wortschatzes (*verba*), weil Wörter häufig erst ihre Rechtfertigung von anerkannten Schriftstellern gewännen (1,4,4). Das grammatische Analyseverfahren besteht bei der Lektüre in Folgendem: Der Lehrer wird verschiedene Arten von Worten aus dem Vers lösen und bestimmen lassen, er wird die Versfüße erläutern, er wird herausgreifen, was unlateinisch, was nicht im eigentlichen Sinn und was gegen die grammatischen Regeln gebraucht wird. Dabei wird das Verhältnis von Norm und Lizenz erläutert. Vieles, was unter Verszwang entstand, muss nämlich Nachsicht finden und als Figuration betrachtet werden, »daß sogar die eigentlichen Fehler in einem Gedicht andere Namen erhalten: wir nennen sie nämlich *Metaplasmen*, *Schematismen* und [...] *Schemata* und machen bei ihnen aus der Not sogar eine Tugend« (1,8,14). Was die Wissensinhalte betrifft, so setzt sich Quintilian vor allem für eine moralische Lektüre ein. Die zarten Gemüter »sollen nicht nur lernen, was sprachlich gut, sondern noch viel mehr, was sittlich gut ist« (1,8,4). Die Autorenauswahl hat das zu berücksichtigen. Hinzu muss aber auch die erklärende Sachkunde treten (*enarratio historiarum*; 1,8,18).

2. Was ist Rhetoriktheorie? (Buch 2)

Ab dem 13. Kapitel des 2. Buchs setzt sich Quintilian mit den wissenschaftlichen Grundlagen des Fachs Rhetorik auseinander. Er nutzt die Chance, dass ihm die wesentliche Fachliteratur der ersten fünfhundert Jahre Rhetorikgeschichte vorliegt. Diese Literatur stellt er später auch in einem knappen Überblick vor (3,1). Schrittweise erörtert Quintilian die Auffassungen seiner Vorgänger, um einen eigenen Standpunkt zu gewinnen.

Wichtig ist ihm zunächst einmal, den Status des rhetorischen Lehrgebäudes zu diskutieren. Es handelt sich weder um ein starres dogmatisches System noch um ein Regelwerk mit einfachen technischen Kunstgriffen. Wenn man die Rhetorik vorläufig als Handlungswissenschaft betrachtet – dabei allein wird es nicht bleiben –, dann gilt, dass der jeweilige Fall das Handlungsmuster diktiert (Variabilitätsprinzip und Systemrelativismus). Der Orator soll »bei jeder seiner Handlungen berücksichtigen, was passend und was förderlich ist« (*res duas in omni actu spectet orator, quid deceat, quid expediat*; 2,13,8). Die Rhetorik würde eine recht leichte, unbedeutende Angelegenheit, ließe sie sich in stets gültigen, kurzen Anweisungen zusammenfassen: »Vielmehr ändert sich fast alles je nach dem Fall, den Zeitumständen, der Gelegenheit und dem Zwang der Verhältnisse. Deshalb ist die Hauptsache beim Orator die Überlegung, weil sie Spielraum läßt und sich dem jeweiligen Schwerpunkt der Lage anpaßt.« (2,13,2) Rhetorisches Handeln ist dem Handeln eines Feldherrn vergleichbar, der die jeweils günstigste strategische Möglichkeit finden muss (2,13,3 f.). Das war schon Ciceros Grundsatz. Die rhetorische Textproduktion ist auch mit der Tätigkeit eines bildenden Künstlers vergleichbar, der die jeweils beste Ausdrucksform zu finden hat (2,13,8–13). Die gängigen Rhetoriklehrbücher bieten also nur fakultative Techniken.

Quintilian konzentriert sich nun auf die Ausarbeitung einer Rhetorikdefinition unter der Leitfrage: »Was ist die Rhetorik?« (*quid sit rhetorice?* 2,15,1) Dabei geht er wissenschaftstheoretisch überlegt vor: Er führt zunächst einen Terminus als Prädikator ein; dabei bekommt der ursprünglich griechische Ausdruck *rhetorice* gegenüber lateinisch *orato-*

ria oder *oratrix* den Vorzug (2,14,1). Dann folgt die Definition des Terminus. Sie lautet in Quintilians Kurzformel: »Rhetorik sei die Wissenschaft, gut zu reden« (*rhetorice est bene dicendi scientia*; 2,15,38). Quintilian diskutiert gründlich, wie das aufzufassen ist. Er geht von drei Kategorien aus: 1. Fachdisziplin/*ars*, 2. Fachmann/*artifex* und 3. fachliches Produkt oder Werk/*opus*:

1. Im Zusammenhang mit der Rhetorik »soll *ars* soviel heißen wie Lehrfach (*disciplina*), das heißt also: sie ist die Wissenschaft (*scientia*) vom guten Reden« (2,14,5). Hier wird Quintilians Zugangsweise zur Rhetorik deutlich. Für ihn stellt sie sich vorrangig als wissenschaftliche Disziplin dar, auf die er die drei wichtigsten, im Lateinischen zur Verfügung stehenden Termini *ars* (der ganze Fachsektor und seine Theorie), *disciplina* (Lehre, schulisches Unterrichtsfach) und *scientia* (das Wissen eines Fachsektors) gleichzeitig anwendet. Die seit Platon geführte Diskussion über Eigenständigkeit und Disziplinarität der Rhetorik hält Quintilian angesichts des inzwischen so fest etablierten Faches eigentlich für überflüssig (2,17,1–4). Es geht dabei nach wie vor um den Nutzen der Rhetorik, die Position gegenüber anderen Disziplinen und die Frage des Verhältnisses von natürlichen Voraussetzungen (*natura*) und Fachtheorie (*ars*). Quintilian will der Debatte nicht ausweichen, zumal auf diese Weise die Eigenart des Faches deutlicher wird. Er kommt zu der Feststellung, dass sich die Rhetorik durch ein spezifisches Fachwissen definiert, so wie es in der *Institutio oratoria* systematisch zusammengefasst ist. Quintilian tritt dafür ein, dass nur derjenige die Berufsbezeichnung *orator* als Ausweis der Professionalität tragen darf, der eine entsprechende Fachausbildung im Sinne der *artificiosa eloquentia* Ciceros genossen hat. Natürlich nehme alles, was durch die Fachtheorie zur Vollendung gebracht werde, seinen Anfang in natürlichen Vorgängen, im Naturtalent und in vorwissenschaftlicher Praxis. Das könne man zum Vergleich auch in der Entwicklung der Medizin beob-

achten (2,17,9). Der Titel eines Fachmanns komme aber nur einem fachlich Ausgebildeten zu. Folglich könne nicht jeder als professioneller Orator gelten, der eine natürliche Redebegabung habe (2,17,9–13). Wie alle Künste hat auch die Rhetorik ein bestimmtes Ziel im Auge. Dieses Ziel besteht darin, immer »gut« zu reden. Diese Auffassung richtet sich gegen jene, die wie die Sophisten ausschließlich »das Überreden als Ziel betrachtet haben« (*qui persuadere finem putaverunt*). »Unser Orator aber und seine Kunst, wie wir sie definiert haben, ist nicht vom Erfolg abhängig: zwar strebt nach dem Sieg, wer redet, doch wenn er gut geredet hat, hat er, auch wenn ihm der Sieg nicht vergönnt ist, geleistet, was die Kunst ausmacht.« (2,17,23) Damit ist der oratorische Fachmann in Hinblick auf seine fachliche Kompetenz der praktischen Erfolgskontrolle enthoben; zugleich ist eine autonome Beurteilungsebene für die fachspezifischen Aspekte der Rhetorik gewonnen.

Die Einschätzung dessen, was als spezifische Leistung und als Produkt des Orators aufzufassen ist, entscheidet nach Quintilian darüber, welchem Disziplintyp das Fach Rhetorik zuzurechnen ist. Dabei werden Wissenschaften und Künste noch nicht grundsätzlich im modernen Sinn getrennt, sondern heißen alle *artes*. Die vom Orator hervorgebrachte mündliche Rede ist zunächst eine reine Handlung, ein transitorischer performativer Akt, der wie ein Tanz nach der Aufführung keine materiellen Spuren mehr hinterlässt. Insofern muss die Rhetorik vornehmlich als praktische Disziplin, als Handlungswissenschaft gesehen werden, in der sich der Orator theoriegeleitet verwirklicht: »Da nun aber einige Künste auf der Betrachtung, das heißt der Erkenntnis und Bewertung der Dinge beruhen, etwa die Astronomie, die nicht zum Handeln aufruft, sondern schon mit dem Verständnis des Gegenstandes zufrieden ist, dem sie sich widmet, weshalb sie *theōrētikē* (betrachtend) heißt; andere im Handeln, deren Ziel darin besteht, sich in der Handlung selbst erfüllt und nach der Handlung nichts von ihrer Aufgabe übrigläßt, weshalb sie *praktikḗ* (handelnd) heißt, z. B. die Tanzkunst; andere wieder im Ergebnis, die in der Vollendung des Werkes, das sich den Augen darbietet, ihr Ziel erreichen, weshalb wir sie *poiētikaí* (bildend, erschaffend) nennen, etwa die Malerei: so kann man wohl zu dem Urteil kommen, die Rhetorik bestehe im Handeln; denn sie vollzieht das, was zu ihrer Aufgabe gehört, und so ist es denn auch von allen gesagt worden.« (2,18,1 f.) Quintilian will es dabei nicht belassen. Die rhetorische Fachdisziplin kann sich nämlich auch auf die Betrachtung ihres theoretischen Wissens konzentrieren. Dabei denkt Quintilian wohl nicht zuletzt an Theoretiker wie Aristoteles und Cicero. Außerdem können die Oratoren ihre Reden und Historien auch schriftlich fixieren und veröffentlichen. Nimmt man beides zusammen, lässt sich die Rhetorik auch als theoretische und zugleich Werke hervorbringende *ars* betrachten.

2. »Der rhetorische Fachmann (*artifex*) ist der Mann, der diese Fachtheorie (*ars*) aufgenommen hat, das heißt also der Orator, dessen Ziel es ist, gut zu reden.« (2,14,5) Spätestens seit Cicero war der römische Orator auch theoretisch eine fest umrissene rhetorische Instanz. Das theoretische Konstrukt des vollkommenen Orators (*orator perfectus*; 2,15,33) ist auch bei Quintilian Gegenstand der Diskussion. Er kritisiert die Gelehrten, die den theoretischen Rang des Orators als zentraler rhetorischer Handlungsinstanz einschränken wollen. So etwa Ariston, der vom Orator ganz abstrahiert und die Rhetorik definiert als »Wissenschaft theoretischer Besinnung und praktischer Behandlung öffentlicher Fragen mittels der Rede, die das Volk überredet«. Quintilians Kommentar: »Er nennt sie, weil er Peripatetiker ist, eine Wissenschaft (*scientia*) und gibt ihr nicht, wie die Stoiker, die Stellung einer Befähigung (*virtus*).« (2,15,19 f.) Auf die Befähigungsqualität legt Quintilian aber in alter römischer Tradition großen Wert. In einem eigenen Kapitel untersucht er die Frage, ob die Rhetorik eine wertneutrale

Disziplin ist, und kommt mit Cicero zu dem Schluss, dass die Beredsamkeit ihren festen Platz unter den höchsten Befähigungen des Menschen hat (2,20,9).

Die römischen Rhetoriktheoretiker denken von der konkreten sozialen Verankerung der Disziplin her. Die starke Position des Orators im republikanischen öffentlichen Leben verlangte eine auch theoretisch formulierte sozialethische Bindung, die Catos Formel vom Orator als »Ehrenmann, der reden kann« (*vir bonus dicendi peritus*; 12,1,1), klassisch verdichtet zum Ausdruck brachte. Das Prädikat »gut«/*bonus* bezeichnet hier eine sozial-ethische Qualität, ursprünglich in diesem Sinn auf den Adel gemünzt, die mit der Redefähigkeit in Verbindung gebracht wird. Quintilian sieht in diesem Sinne ganz selbstverständlich eine Brücke zwischen den sozial wirksamen und sozial verbundenen Disziplinen der Rhetorik, Staatskunst und praktischen Philosophie: »Von der Rhetorik haben manche geurteilt, sie sei zugleich ›Staatskunst‹, Cicero nennt sie einen Teil der ›Staatswissenschaft‹ (*scientiae civilis pars*) – Staatswissenschaft aber ist dasselbe wie Weisheit –, manche – darunter Isokrates – zugleich ›Philosophie‹. Diesem Wesen der Rhetorik wird am meisten die Definition gerecht: ›Die Rhetorik sei die Wissenschaft, gut zu reden‹; denn sie umfaßt mit einem Wort alle Vorzüge der Rede und zugleich auch die sittlichen Lebensgrundsätze des Orators; denn gut reden kann nur ein guter Mensch.« (2,15,33 f.)

3. »Das Werk (*opus*) ist das, was von dem Fachmann (*artifex*) hervorgebracht wird, das heißt also die gute Oratio.« (2,14,5) Die öffentliche Rede in forensisch-juristischen und politisch-administrativen Angelegenheiten ist für Quintilian nach wie vor das *opus oratoris* schlechthin. Die Prosarede wird so zum Organ der Rhetorik als Kunst praktischer Betätigung oder politischer Lenkung (*ars activa vel administrativa*; 2,18,5). Ihr Stoff (*materia*) sind alle Sachverhalte, die sich ihr zum Reden darbieten (2,21,4). Wie es Antonius in Ciceros *De oratore* 2,51–65 reklamiert hatte, rechnet

Quintilian aber auch das Abfassen von Historien zu den genuin oratorischen *opera* (2,18,5).

Im Zusammenhang der Erörterung dieser rhetorischen Textsorten bezeichnet das Prädikat »gut« eine Textqualität, sei der Text nun mündlich oder schriftlich realisiert. Quintilian war beim Herausarbeiten seiner Rhetorikdefiniton von den in der Fachliteratur vertretenen Positionen ausgegangen, die die Rhetorik in erster Linie als »Meisterin der Überzeugung« (*persuadendi opifex*; 2,15,4) sehen. Dagegen bringt er diverse Einwände vor, z. B.: Überzeugung könne auch durch alle möglichen außersprachlichen Mittel (etwa Geld, Einfluss, Schönheit) bewirkt werden, in der Rhetorik sei jedoch die Oratio das entscheidende Medium; durch Reden überreden könnten aber auch Schmeichler und Lügner. Das Güte-Merkmal muss sich nach Quintilian aber gleichrangig auf Textur und Autor beziehen. Der professionelle Orator muss sowohl alle von der rhetorischen Kunstlehre geforderten Textqualitäten (*orationis omnes virtutes*) als auch die geforderten ethischen Grundsätze des Orators (*mores oratoris*) zusammenführen. Quintilian kann daher älteren Definitionen zustimmen, die es als Sache der praktischen Rhetorik ansehen, »richtig zu empfinden und zu sprechen« oder zu »sprechen unter Berücksichtigung besonderer Textqualität« (2,15,34–37).

3. Stofffindungs- und Anordnungslehre (Buch 3–4)

Nach den grundsätzlichen Erwägungen zum Fach, also »was die Rhetorik sei und worin ihr Ziel bestehe« (3,1,1), geht Quintilian daran, das gesamte theoretische Lehrgebäude der Rhetorik ausführlich abzuhandeln. Er bereitet seine Leser zu Beginn des 3. Buchs auf einen streng wissenschaftlichen Überblick, eine nüchterne und trockene Stoffvermittlung und auf umständliche Auseinandersetzungen mit der Fachliteratur vor: »Auch weiß ich sehr wohl, daß die Studierenden besonders die Arbeit, mit der dieses Buch beginnt, dringend verlangt haben, wiewohl sie durch die kritische Prüfung der Auffassungen (*inquisitio opinionum*), die weit auseinandergehen, bei weitem die schwerste, wahrscheinlich auch für die Leser die am wenigsten genußreiche Partie bilden wird, weil sie fast nichts als die nackten Tatsachen der rhetorischen Lehrmeinungen zu übermitteln verlangt (*nuda praeceptorum traditio*).« (3,1,2)

Quintilian geht überlegt und gründlich vor. Zunächst stellt er die wissenschaftlichen Erkenntnisquellen in Form eines historischen Überblicks über die rhetorische Fachliteratur vor. Dann diskutiert er die Möglichkeiten einer Systematik, mit deren Hilfe sich das gesamte fachliche, speziell auch technische Wissen gliedern lässt. Er kommt zu dem Schluss, dass die klassischen fünf Teile von Findung (*inventio*), Anordnung (*dispositio*), Formulierung (*elocutio*), Sicheinprägen (*memoria*) und Vortrag bzw. Aufführung (*pronuntiatio/actio*) nach wie vor auch die besten Theorieabteilungen sind. Weitere Untergliederungsvorschläge (Urteil/*iudicium*, Ordnung/*ordo* und *oeconomia*) oder eine andere Reihenfolge der fünf Teile lehnt er ab. Historisch wurden sie produktionstheoretisch aufgefasst, als fünf Arbeitsstadien. Quintilian sieht sie nunmehr als systematische Wissensgebiete des Faches Rhetorik, als Makrobereiche, die man Systemteile nennen kann: »Darin aber gingen die Meinungen verschiedentlich auseinander, ob dies Teile (*partes*) der Rhetorik seien oder ihre Aufgaben (*opera*) oder, wie Athenaeus glaubt, ihre Elemente (*elementa*), die sogenannten *stoicheīa*. Aber weder könnte man sie zu Recht Elemente nennen; sonst bezeichneten sie ja nur das Anfängliche, wie im Kosmos die Feuchtigkeit, das Feuer, der Grundstoff oder die unteilbaren Körper (Atome); noch können sie zu Recht Aufgaben heißen, weil sie nicht von anderen ausgeführt werden, sondern selbst etwas ausführen: Teile (*partes*) sind es also. Denn da aus ihnen die Rhetorik besteht, kann es nicht sein, daß sie, da ein Ganzes aus Teilen besteht, nicht Teile des Ganzen sind, aus denen es besteht.« (3,3,13 f.)

Wie üblich, widmet auch Quintilian die kürzesten Abschnitte dem zweiten Systemteil (*dispositio*; 7,1,1–64), dem vierten (*memoria*; 11,2,1–51) und dem fünften (*pronuntiatio/actio*; 11,3,1–184). Diese relative Kürze besagt aber keineswegs, dass er die Inhalte nicht sorgfältig ausgearbeitet hätte.

Die Findungslehre des ersten Systemteils, die *inventio*, war für die Rhetoriker immer eine Herausforderung ihrer Darstellungskunst. Dieser Teil ist stets umfangreich, stofflich vielfältig angereichert und enthält zahlreiche systematische Verschränkungen. Quintilian muss ihn in fünf Büchern abhandeln (Buch 3–7), und es gelingt ihm dabei eine verhältnismäßig übersichtliche Aufteilung mit geringem Verschachtelungsgrad. Sein Prinzip ist es, an die Hauptsystemstellen nur wenige Unterabteilungen zu hängen. So lässt er etwa auf die Behandlung des stark mit Gefühlen arbeitenden Redeschlusses die Affektenlehre als selbständiges Kapitel folgen. In der Anordnung der Stoffteile geht Quintilian wie folgt vor: Er beginnt mit den auf die drei rednerischen Grundsituationen bezogenen Redegattungen (*genera causarum*; 3,4–11), wobei er die Vorzeigerede (*genus demonstrativum*) voranstellt. Damit betont er ihre Rolle als Zentralgattung der kaiserzeitlichen Deklamationskultur. Es folgen Beratungsrede (*genus deliberativum*) und Gerichtsrede (*genus iudiciale*). Die Schlussposition der Gerichtsrede ist für die Darstellung günstig, weil in ihrem Rahmen traditionell die Teile einer Rede (*partes orationis*) abgehandelt werden. Diesen Redeteilen widmet Quintilian die Bücher 4 bis 6, wobei sich das 5. Buch als Exkurs ganz auf die Beweismittel (*probationes*), insbesondere die Topik, konzentriert. Es gehört zu Quintilians reflektiertem Umgang mit solchen aus der Tradition stammenden Taxonomien, dass er sie erklärt und auf ihren Stellenwert befragt. So kommt es, dass er das dreigliedrige Funktionalgattungsschema relativiert. Inzwischen sei völlig klar, betont er, dass es – entsprechend der Vielzahl von Sprechakten oder Textakten, wie man heute sagen würde – eine Vielzahl an Gattungen gebe: »Denn wenn wir die Aufgabe, zu loben und zu tadeln, als dritten Teil annehmen, in welcher Gattung werden wir uns dann wohl befinden, wenn wir klagen, trösten, besänftigen, anfeuern, erschrecken, bestärken, lehren, unklar Ausgedrücktes erklären, erzählen, abbitten, danken, beglückwünschen, Vorwürfe machen, schmähen, beschreiben, empfehlen, mitteilen, wünschen, vermuten und so vieles andere?« (3,4,3)

Wie methodisch Quintilian in all diesen verästelten und traditionsgeladenen Theoriesektoren arbeitet, lässt sich etwa am Beispiel seiner Einführung der Vorzeigerede (*genus demonstrativum*) darstellen. Wir sehen folgende methodischen Schritte:

a) Sachliche Herleitung aus der kommunikativen Praxis und Abgrenzung von Funktionalgattungen: »Wenn ich alles durchmustere, bietet sich mir etwa auch folgendes Einteilungsprinzip an: der gesamte Wirkungsbereich der Rede ist entweder vor Gericht (*in iudiciis*) oder außerhalb des Gerichtshofes. Für die, über die vor Gericht entschieden wird, ist die Gattung deutlich faßbar. Bei dem, was nicht vor den Richter kommt, handelt es sich entweder um Vergangenes oder um Künftiges: Vergangenes loben oder tadeln wir (*laudamus aut vituperamus*), über Künftiges beraten wir (*deliberamus*).« (3,4,6 f.)

b) Philologisch-etymologische Herleitung des Terminus: »Es gibt also, wie gesagt, eine Gattung, die Lob und Tadel enthält, doch heißt sie nach der besseren Hälfte die lobende (*laudativum*). Andere nennen sie die vorzeigende (*demonstrativum*). Beide Namen stammen offenbar aus dem Griechischen; denn da sagt man *enkōmiastikón* oder *epideiktikón*. Jedoch scheint mir *epideiktikón* nicht so sehr die Bedeutung von ›Vorführung‹ (*demonstratio*) als von ›Schaustellung‹ (*ostentatio*) zu haben und sich stark von dem *en-*

kōmiastikón zu unterscheiden; denn es enthält zwar die Gattung der Lobrede in sich, beschränkt sich aber keineswegs nur auf sie.« (3,4,12 f.)

c) Historische Einordnung (mit etymologischem Bezug): »Diese Gattung hat offenbar Aristoteles und ihm folgend Theophrast aus dem Tätigkeitsbereich der Gemeinschaft – das heißt *pragmatikḗ* – entfernt und sie ganz den Einzelhörern zugewiesen – und dieser Eigentümlichkeit entspricht ja auch die Bezeichnung, die von Schaustellung abgeleitet wird.« (3,7,1)

d) Verortung in der eigenen sozialen Welt: »Doch die römische Art hat auch diese Aufgabe in den Bereich öffentlicher Geschäfte eingereiht. Denn einmal hängen die Lobreden am Grabe häufig mit einer Aufgabe für die Öffentlichkeit zusammen und werden auf Senatsbeschluß oft Amtsträgern übertragen; sodann gehört einen Zeugen zu loben wie auch das Gegenteil zu den wesentlichen Dingen vor Gericht, und sogar dem Beklagten selbst kann man Lobredner stellen.« (3,7,2)

e) Herausstellen der Differentia specifica: Das rhetorische Beweisverfahren ist bei dieser Gattung ganz speziell zu interpretieren, denn »ich will nicht leugnen, es gebe in dieser Gattung auch Stoffe, die lediglich als Kunstleistungen zur Schau gestellt worden sind (*materiae compositae ad solam ostentionem*), z. B. die Lobreden auf Götter und auf Helden, die frühere Zeiten hervorgebracht haben.« (3,7,3) Der bloße Vorzeigegestus hat letztlich immer auch eine meinungsbildende Funktion.

f) Diskussion von Positionen der Fachliteratur: »So löst sich die Frage, die oben [3,5,3] berührt worden ist, und es zeigt sich handgreiflich, daß die Lehrer im Irrtum sind, die der Meinung waren, ein Orator werde ausschließlich über eine zweifelhafte Frage reden.« (3,7,3)

g) Produktionshinweise und Angaben zu Topiken und Strukturfragen: Für Götter, Menschen, Städte und sonstige lobenswerte Dinge gelten jeweils eigene Schemata. »Das

Lob für den betreffenden Menschen selbst muß man aus seinem Geist, seinem Körper, von den äußeren Gegebenheiten gewinnen. Hierbei ist, was der Körper und die Glücksumstände bieten, zwar von geringerem Gewicht, aber auch nicht nur in einer Art zu behandeln.« (3,7,12)

Die traditionell im Rahmen der Inventio abzuhandelnde juristische Stasis- oder Statuslehre brachte auch für Quintilian das Problem einer sinnvollen systematischen Integration mit sich. Seine Lösung besteht darin, den ganzen Komplex auf das 3. und 7. Buch aufzuteilen. Die allgemeinen, mit der Feststellung einer Verhandlungs- bzw. Streitsache (*status*) zusammenhängenden Erörterungen gehören seiner Meinung nach in das 3. Buch (3,6), weil sie alle drei Redegattungen betreffen, nicht nur die Gerichtsrede. Diese Überlegungen schließen sich gut an die Quaestionen-Lehre an (welche Frage wird in der Rede verhandelt? usw.; 3,5). Kennzeichnend ist auch hier wieder die ausführliche Diskussion von Standpunkten der Fachliteratur.

Der verbleibende Hauptteil der Statuslehre steht systematisch angemessen unter der Rubrik »Gerichtsrede«, bildet den Schluss der Inventio und füllt fast das gesamte 7. Buch (7,2–10). Quintilian leitet die so positionierte Erörterung der klassischen *status* (d. h. *coniecturalis, finitionis, qualitatis* usw.) aus dem vorgeschalteten *dispositio*-Kapitel (7,1) her. *dispositio* ist für ihn – ganz im Sinne der Gerichtsrede – das für die eigene Partei gerade günstigste, sich aus dem Prozessverlauf ergebende Aufwerfen von Statusfragen. Die Kontroversien im rhetorischen Deklamationsunterricht sollten analog disponiert werden. Zumindest schult das juristische Quaestionen-Denken sehr gut: »Angenommen, ein Held wünscht sich als Belohnung die Frau eines anderen. Die letzte Spezialfrage ist, ob er die Frau eines anderen wünschen kann. Allgemein lautet die Frage: ob er alles erhalten muß, was er sich wünscht. Weiter dann: ob aus Privathand? ob eine Ehe? ob mit einer Frau, die einen Gatten hat?« usw. (7,1,24)

4. Topik – Argumentationslehre (Buch 5)

Das 5. Buch ist ganz der Beweisführung (*probatio*) gewidmet. Quintilian hält es für nötig, im Proömium kurz auf den Stellenwert des von vielen pathosfeindlichen Theoretikern vertretenen Rationalitätspostulats (gefasst im Begriff *docere*; 5, praef.,1), einzugehen. Im Streit der Fachleute will er eine mittlere Position einnehmen. Die Erregung des Gefühls (*animi perturbatio*), also Pathoserzeugung, kann man durchaus zu den Fachtechniken zählen. Kein Zweifel aber sollte darüber bestehen, dass das sachbezogene vernünftige Argumentieren immer gefordert ist, und zwar innerhalb der Redeteile, die die eigene Position stützen (*confirmare*) und gegnerische Argumente widerlegen (*refutare*). Deswegen erklärt Quintilian das 5. Buch mit den hierauf bezogenen Vorschriften im Proömium auch für besonders wichtig als Basiswissen der Gerichtsrhetorik. Die ganze folgende Beweislehre ist entsprechend auf die Argumentation im juristischen Prozessalltag eingestellt, wo der Parteierfolg ganz wesentlich von der Schlagkraft sachlicher Beweisführung abhängt. Die großen Rubriken sind aristotelischer Herkunft: außerrhetorische Beweise (*extra artem*: Folter, Zeugen usw.), innerrhetorische Beweise (*in arte*: Topik), ähnliche Fallbeispiele (*exempla*), Anwendung der Beweise, Widerlegung, das Epicheirem und seine Widerlegung (5,1–14).

Die wichtigste Grundlage für die rhetorische Argumentation bilden juristisch verwertbare und glaubwürdige Ausgangssätze. Aristoteles nennt sie »Örter« (Topoi), Quintilian spricht von »Sitzen« oder »Plätzen, auf denen Argumente beruhen« (*sedes* oder *loci argumentorum*; 5,10,20), offensichtlich eine Analogiebildung zu dem in Ciceros *Topica* 2,8 gebrauchten Ausdruck »Sitz des Arguments« (*sedes argumenti*). Quintilians Argumentationsplätze basieren logisch generell auf den aristotelischen Kategorien (3,6,24). Hier, im 5. Buch, will er sich aber nicht mit Allgemeinplätzen (*loci communes*) befassen, d. h. mit Ausgangssätzen, die im Prozess von beiden Parteien in ihrem Sinne benutzt werden können (5,1,3). Mit Hilfe von Allgemeinplätzen könne man zum Beispiel gegen die Laster ohne Bezug auf bestimmte Personen reden (5,10,20). Im Prozess brauche man aber konkret verengte Spezialtopoi als fallbezogene Gesichtspunkte (2,4,22). Wenn der Jurist vermeiden wolle, in die Irre zu gehen, müsse er wissen, welcher Topoi er sich in so einem Fall genau bedienen kann. Daher ist es nützlich, dass Quintilian ihm jetzt eine Topik als Findesystematik an die Hand gibt (5,10,21 f.). Sie geht von juristisch verwertbaren Aspekten der Person aus (Abstammung, Vaterland, Körperbeschaffenheit usw.) und geht dann zu Aspekten der Sache über (Grund, Zeit, Ort, Gelegenheit, Werkzeug, Art und Weise usw.). Bei allen Fragen zu den Taten kann man auf die Formel *quare? ubi? quando? quo modo? per quae facta sunt?* zurückgreifen, also: Warum, wo, wann, wie und mit welchen Mitteln ist es getan worden (5,10,32)? Quintilian lässt eine lange Reihe weiterer Topoi oder *loci* folgen, deren Findekriterien er, ähnlich wie Aristoteles, auf unsystematische Weise teils konkret, teils abstrakt-formal bestimmt.

Am Ende werden auch die traditionellen Schlussformen dargestellt, in denen die Ausgangssätze (*loci*) ihren argumentativen Platz finden: das Epicheirem, das Enthymem und ihr außerrhetorisches Vorbild, der Syllogismus. »Das Epicheirem unterscheidet sich durch weiter nichts vom Syllogismus als dadurch, daß der Syllogismus zum ersten mehrere Erscheinungsformen besitzt und zweitens Wahres durch Wahres erschließt, während die Verwendung des Epicheirems häufiger bei nur Glaubhaftem sich findet.« (5,14,14) Während Cicero für das Epicheirem fünf Teile ansetzt (Behauptung/*propositio*, Begründung/*ratio*, Stützung/*adsumptio*, deren Beglaubigung / *eius probatio*, verknüpfende Folgerung / *conplexio*), hält Quintilian drei Schlusselemente für ausreichend: 1. Ansatz (*intentio*), d. h. worauf die Frage geht, 2. stützende Annahme (*adsumptio*), d. h. Begründung, und 3. Verknüpfung (*conexio*), d. h. Ergebnis des Übereinkommens (5,14,5 f.). Ein Enthymem ist ein Beweis, der eine Tatsache zum Erweis einer anderen in Anspruch nimmt. Es tritt in zwei Formen auf. Die erste ist die der Abfolge (*ex consequentibus*): »[...] dann besitzt es eine Feststellung und gleich mit ihr verbunden eine Begündung, so etwa in der Rede für Ligarius: ›Die Sache war damals zweifelhaft, weil es für beide Seiten etwas gab, was anerkannt werden konnte; jetzt muß man die für die bessere erklären, die auch die Götter unterstützt haben.‹ Dieses Beispiel hat nämlich Behauptung und Begründung, hat aber keine Schlußfolgerung: so bildet es also den unvollständigen Syllogismus.« (5,14,1) Die zweite Form des Enthymems ist die aus dem Gegensatz (*ex pugnantibus*); Cicero gibt ein Beispiel in der Rede gegen Milo: »Für den Tod dessen also sitzt ihr als Rächer, dessen Leben ihr, wenn ihr glaubtet, es könne durch euch wiedergegeben werden, nicht wiedergeben wolltet.« (5,14,2)

Die ganze Schlusslehre bekommt am Ende eine absichtsvoll ironische Wendung, indem sich Quintilian von dieser ganzen Mysterienweisheit distanziert (5,14,27). Er möchte zu guter Letzt doch davor warnen, die Syllogistik zu übertreiben und die Reden zum bloßen Exerzierfeld trockener Argumentationsabfolgen zu machen. In der strengen philosophischen Beweisführung ist dies erwünscht, in der öffentlichen Rede jedoch kontraproduktiv. Dem rationalen Beweis muss in vielen Kommunikationssituationen das oratorische Feuer helfend zu Seite stehen. »Wir müssen unsere Reden nach dem Urteil anderer einrichten, ja wir müssen dabei öfters vor ganz Ungebildeten und jedenfalls mit dieser Art von Wissenschaft Unbekannten reden. Wenn wir solche Menschen nicht mit Unterhaltsamem (*delectatio*) anlocken, mit Macht mitreißen und zuweilen mit Gefühlswirkungen in Verwirrung versetzen, können wir auch das, was gerecht und wahr ist, nicht festhalten.« (5,14,29) Die Rede muss auf breitem Feld dahinstürmen und darf sich nicht kleinlich an das armselige Regelwerk der Beweisführung klammern. Natürlich müssen die nötigen Beweise »deutlich gegliedert und durchsichtig« (*distincta et perspicua*) sein, aber sie dürfen nicht pedantisch erscheinen und keinesfalls auf den angebrachten ästhetischen Aufwand verzichten. So nämlich wirkt die Beweisführung weniger verdächtig, weil sie überdeckt wird, und zugleich »trägt das Vergnügen des Zuhörers viel zur Glaubwürdigkeit der Sache bei« (5,14,33–35).

5. Affektenlehre (Buch 6)

Quintilian hält einen vollständigen Überblick über das rhetorische Wissen seiner Zeit für wünschenswert. Er kann jedoch nicht alle inzwischen schon historisch gewordenen Aspekte berücksichtigen, versucht aber wenigstens, alle in systematischer Hinsicht für das Fach Rhetorik relevanten Aspekte einzubeziehen. Sie lassen sich nicht immer günstig im Schema der fünf *partes* unterbringen, und so stellt er bisweilen einige Spezialfragen exkursartig an das jeweilige Ende der Bücher. So finden sich etwa am Ende des 6. Buches knappe Ausführungen zum Wortwechsel (*altercatio*) und zu den spezifischen Fähigkeiten des Orators. Diese Fähigkeiten müssen sich auf drei Komponenten stützen: angeborene Geisteskraft (*ingenium*) sowie theoriegeleitetes Urteil (*iudicium*) und situationsgerechte Überlegung (*consilium*). Besonders wichtig ist aber rhetorikhistorisch, dass Quintilian im 6. Buch nach Abschluss der Darstellung aller Redeteile (6,1), also nach dem *conclusio*-Kapitel, ein gesondertes Kapitel zur Affektenlehre einfügt (6,2). Er installiert damit für diesen Theorieteil in der lateinischen Rhetoriktradition gewissermaßen einen eigenen Systemplatz, der Schule machen wird. Weniger originell ist dann das an Cicero orientierte folgende Kapitel zum Lachen und zum Witz (6,3).

Quintilian spricht in seiner Affektenlehre auch von Einzelaffekten (Furcht/*metus*, Neid/*invidia*, Hass/*odium*, Zorn/*ira*, Erweckung von Mitleid / *miseratio*, Empfehlung/*commendatio*), im Gegensatz zu Aristoteles entwickelt er aber keine psychologische Phänomenologie der Einzelaffekte. Sein Interesse ist vor allem rhetorisch-technisch auf die Wirkungsfrage konzentriert. Zunächst erläutert Quintilian das affektive Wirkungsziel: »Das Gefühl der Richter zu beeinflussen« (*movere iudicum animos*), ist natürlich ein klassisches Oratorenziel. Für Quintilian kommt es aber auf genaue und zielgerichtete Seelenführung an (man denke an das *psychagogía*-Konzept Platons, das allerdings anders orientiert ist). Es ist eben »von ausschlaggebender Bedeutung«, wenn wir unser Ziel erreichen wollen, und viel schwieriger, das Gefühl des Adressaten »so zu gestalten, wie wir es wünschen, und es gleichsam umzuformen« (*formare et transfigurare*; 6,2,1). Natürlich kommt es auch auf die rationale Beweisführung an, aber letztlich ist es die Gabe der Affekterzeugung, die vor Gericht das Zepter schwingt; sie macht die Beredsamkeit zur Herrscherin (*haec eloquentia regnat*; 6,2,4). Die sachlichen Beweise ergeben sich notwendig aus dem Fall, die alles entscheidende Gefühlslenkung jedoch folgt aus der Kunst des Orators. »Wo es aber gilt, dem Gefühl der Richter Gewalt anzutun und den Geist selbst von dem Blick auf die Wahrheit abzubringen, da liegt die eigentliche Aufgabe des Orators. Das lehrt ihn keine Prozeßpartei, das steht nicht in den Prozeßakten. Denn Beweise bringen es ja freilich zustande, daß die Richter unsere Sache für die bessere halten, die Gefühlswirkungen leisten es, daß sie das auch wollen; doch das, was sie wollen, glauben sie auch. Denn wenn sie Zorn, Vorliebe, Haß und Mitleid zu spüren begonnen haben, sehen sie die Dinge schon so, als ginge es um ihre eigene Sache.« (6,2,5 f.)

Als zweiten Punkt erläutert Quintilian die intrinsischen affektiven Wirkungsbedingungen. Sie gründen auf zwei Arten von Gefühlsregungen, nämlich Ethos und Pathos.

Quintilian diskutiert die Sichtweisen dieser Begriffe unter den Fachleuten und kommt dann selbst zu folgenden Definitionen: »Das *ēthos*, das wir meinen und in der Rede verlangen, ist ein Gefühl, das sich vor allem durch seine Lauterkeit und Güte empfiehlt, nicht nur sanftes und gefälliges, sondern meist auch liebenswürdiges und recht menschliches Wesen, das auch für die Zuhörer einnehmend und angenehm wirkt und dessen Hauptvorzug, den es auszudrücken gilt, darin besteht, daß es so wirkt, als ströme alles unmittelbar aus dem natürlichen Wesen der Dinge und Menschen; die sittliche Haltung des Orators soll durch seine Worte hindurchleuchten und sich so bemerkbar machen.« (6,2,13) – »Verschieden hiervon ist das sogenannte *páthos*, das wir im eigentlichen Sinn als Affekt bezeichnen, und zwar – um den Unterschied zwischen beiden durch einen besonders naheliegenden Vergleich zu bezeichnen – ist das erstere mehr der Komödie dienlich, das zweite der Tragödie: um Zorn, Haß, Furcht, Abscheu und Mitleid geht es auf diesem Gebiet fast durchweg.« (6,2,20)

Der dritte Punkt ist der affektive Wirkmechanismus. Quintilian stellt seinen Überlegungen hier eine Vorbemerkung voran: Die Fachliteratur sei mit dem bisher zum Affekt Gesagten ausgeschöpft. Um in die geheimsten Bezirke dieses Gebiets einzudringen, müsse er jetzt auf eigene Erfahrung und Naturbeobachtung zurückgreifen (*experimentum meum ac natura*; 6,2,25). Was er dann mit Stolz als selbst gefundenen fundamentalen Wirkmechanismus mitteilt, ist ein emotionspsychologisches Assimilationskonzept: Erregungs-Simulation auf Seiten des Sprechers führt zu Erregungs-Assimilation auf Seiten des Hörers. »Das Geheimnis der Kunst, Gefühlswirkungen zu erregen, liegt nämlich, wenigstens nach meinem Empfinden, darin, sich selbst der Erregung hinzugeben.« – »Das erste ist es also, daß bei uns selbst die Regungen stark sind, die bei dem Richter stark sein sollen, und wir uns selbst ergreifen lassen, ehe wir Ergriffenheit zu erregen versuchen.« (6,2,26 und 28)

Alles hängt davon ab, dass es der Orator versteht, sich in derartige Erregungszustände versetzen zu können; die mentale Umsetzung beruht auf dem, was die Griechen *phantasía* nennen (lat. *visio*), also der Fähigkeit, im Geist Bilder zu vergegenwärtigen (6,2,29–31). Wer dies kultiviert, kann auch in der Redesituation alle möglichen Erregungszustände simulieren. Für die wirkungsvollen rhetorischen Techniken der *enárgeia* (Verdeutlichung), *illustratio* (Ins-Licht-Rücken) oder *evidentia* (Anschaulichkeit) ist dies unabdingbar. Quintilian weist darauf hin, dass seine Simulationstechnik auch von Schauspielern und Komödianten gepflegt wird und auf jeden Fall zu den Schulübungen hinzugenommen werden muss.

6. Formulierungs- und Textgestaltungslehre (Buch 8–10)

Mit dem Proömium zum 8. Buch, das in den *elocutio*-Teil einführt, setzt Quintilian eine deutliche Zäsur. Schon Cicero habe den bisher dargestellten Stoff als schwierige Leistung eines klugen Menschen angesehen. Was jetzt komme, sei aber das Schwierigste und zugleich das Eigentliche der rhetorischen Leistung. Gemeint ist die Formulierungskunst des Orators, seine Beredsamkeit (*eloquentia*), die Quintilian in den Büchern 8 bis 10 abhandelt. Gegen Ende seines Werkes wird er feststellen, dass die Formulierungslehre (*ratio eloquendi*) nicht nur als letzter Theorieteil des Faches entdeckt, sondern auch nur von ganz wenigen Fachleuten gründlich untersucht wurde; selbst Cicero habe dieses Gebiet nicht so umfassend abgehandelt, wie es hier geschehe (12, praef., 3 f.).

Zu Beginn des 8. Buchs leitet Quintilian seine Definition, wie üblich, begrifflich her: »ausdrücken (*eloqui*) heißt nämlich: alles, was man in Gedanken erfaßt hat (*quae mente*

Wichtigste Handschrift von Quintilians *Institutio oratoria*
Codex Bernensis (9. Jahrhundert)

conceperis), zum Vorschein bringen und es den Hörern übermitteln«. Konzeptionell schließt Quintilian sich damit Aristoteles an, der im 19. Kapitel seiner *Poetik* der Rhetorik bereits als Proprium die *diánoia*, die »Gedankenführung« per Text, zugewiesen hatte. Der Grad niveauvoller sprachlicher Gestaltungsfähigkeit ist das maßgebliche innerfachliche Unterscheidungskriterium für den rhetorischen Qualitätsstandard (8, praef., 15 f.). Der aus diesem Grund auftretenden Neigung mancher Oratoren zur reinen Sprachspielerei gebietet Quintilian aber Einhalt. Für ihn gilt, wie schon für Cicero, das Funktionalitätspostulat: »Niemals läßt sich, was wirklich schön aussieht, trennen von der Zweckmäßigkeit.« (8,3,11) Dieses Postulat beherrscht Quintilians *ornatus*-Lehre. Sie geht davon aus, dass im oratorischen Produktionsprozess auf der Stufe von *inventio* und *dispositio* zunächst eine kognitiv verankerte einfache Textversion entsteht. Bei der rhetorischen Formulierungskunst (*elocutio*) geht es dann generell um Varianten der Überformung dieses Einfachtextes, also um mehr oder weniger »Sprachschmuck«. Hierzu entwickelt die *ornatus*-Theorie allgemeine Prinzipien der Qualität, die Quintilian mit Prädikaten wie ›männlich‹, ›ehrenhaft‹, ›glänzend‹, ›eigentlich‹, ›übertragen‹, ›variabel‹ usw. belegt. Es schließen sich Überlegungen zu zwei speziellen Überformungsverfahren an: die Verminderung (*minutio*), bei der ein Sachverhalt abgeschwächt wird, und die Steigerung (*amplificatio*), bei der ein Sachverhalt mit sprachlichen Mitteln hervorgehoben wird.

Die vom *Autor an Herennius* und von Cicero (in *De oratore*) an den Beginn ihrer *elocutio*-Erörterungen gestellte Stilartenlehre (*genera dicendi*) trägt Quintilian erst im 12. Buch nach (12,10). Dort referiert er im Wesentlichen die Grundpositionen der Fachliteratur. Für Quintilian ist das rhetoriktheoretische Kernstück der *elocutio* die Figurenlehre. Für den weiteren Verlauf der Rhetorikgeschichte legt er die trichotomische Taxonomie von 1. Tropen (*tropi*), 2. Inhaltsfiguren (*figurae sententiae*) und 3. Ausdrucks- oder

Wortfiguren (*figurae verborum*) endgültig fest. Quintilian stellt Überlegungen an, wie der Generierungsmechanismus bei der Figurenbildung beschaffen ist. In seiner Ausdrucksfigurenlehre greift er die schon früher (1,5,38 f.) eingeführten Änderungskategorien (Hinzufügung, Wegnahme, Umstellung und Austauschung) wieder auf. Er teilt die Ausdrucksfiguren (*schēmata léxeōs*) in zwei Arten (9,3,2): Die eine Gruppe, die der grammatischen Figuren, beruht auf sprachlicher Kreativität in Hinsicht auf die Sprachnorm; hier sind Sprachfehler aus rhetorischen Gründen lizenziert. Die andere Art von Ausdrucksfiguren, die man eher die rhetorische nennen kann, beruht auf Anordnung bzw. Stellung der Wörter. Bei dieser zweiten Art gibt Quintilian für die Entstehungsoperationen folgende Änderungskategorien an (9,3,28–86): a) Hinzufügung (*adiectio*), wodurch etwa *geminatio* (Wortwiederholung), *reduplicatio* (Wiederholung des letzten Gliedes einer syntaktischen Gruppe) oder *gradatio* (fortschreitende Weiterführung einer *reduplicatio*), aber auch Anapher, Epipher und andere Figuren entstehen; b) Auslassung (*detractio*), worunter Ellipse (Weglassen bestimmter Satzbestandteile), Zeugma (Auslassen eines Teilgliedes in einer mehrgliedrigen Koordination) oder Asyndeton (Weglassung der Konjunktion) fallen; c) Verbindung von Gleichklingendem, Klangähnlichem oder sprachlich bzw. gedanklich Entgegengesetztem (*similitudo* oder *contentio* bzw. *contraposita*), womit vor allem die Formen von Paronomasie/*adnominatio* oder Antithese gemeint sind. Für den Bereich der Tropen ist bei Quintilian die *immutatio* (Austauschung) die zentrale Entstehungskategorie. Dementsprechend heißt es in 8,6,1 definitorisch: »Ein Tropus ist die kunstvolle Vertauschung der eigentlichen Bedeutung eines Wortes oder Textbestandteils mit einer anderen« (τρόπος *est verbi vel sermonis a propria significatione in aliam cum virtute mutatio*).

Eine einheitliche oder geschlossen und explizit formulierte Theorie zur Erklärung der rhetorischen Tropen und

Figuren findet sich in Quintilians Werk nicht. Die theoretische Basis, auf der seine Verwendung der Änderungs- bzw. Entstehungskategorien ruht, muss vielmehr aus den wenigen veranschaulichenden, mit Analogien und Bildern arbeitenden Äußerungen erschlossen werden. Die Hauptfrage, auf die sich das theoretische Problem zuspitzt, ist die Frage, wie man sich das Zustandekommen der *figurae* erklären kann, d. h. was eigentlich bei Anwendung der genannten sprachlichen Operationen geschieht. Im Fall der als *vitia* aufzufassenden (un)grammatischen Figuren war klar, dass es sich bei den Verstößen gegen die Korrektheitsregeln der Sprachnorm um Deviation handelte. Bei den als *virtutes* gesehenen artifiziellen Figuren liegen keine Verstöße gegen sprachliche Korrektheitsregeln vor, und eine Figur kann durchaus mit Worten in ihrer eigentlichen Bedeutung und Wortstellung zustande kommen (9,1,7). Es geht um wirkungsvolle Sprachgestaltung oberhalb der Ebene der Grammatikalität. Quintilian drückt das mit der Feststellung aus, dass Figuren den Sprachgebrauch wandeln, weshalb sie auch Bewegungen (*motus*) heißen (9,1,2). Mit der Kategorie der Bewegung bezieht Quintilian sich auf das von ihm im 2. Buch eingeführte Bild eines die Haltung verändernden menschlichen Körpers. Er kommt auf dieses Bild, verstanden als Analogie zu den sprachlich-figuralen Operationen, durch die Semantik des griechischen Terminus Schema (griech. *schēma*, lat. *figura* ›Körperhaltung‹). Für die Textverfassung gelte im Interesse der Wirkung, was wir bei Statuen und Bildern von Körpern sehen (*ut in statuis atque picturis videmus*), nämlich, dass auf ihnen Haltung, Miene und Stellung abwechseln (*variari habitus, vultus, status*; 2,13,8). Die auf Wirkung bedachten Künstler zeigen keinen Körper in Ruhestellung, sondern unterschiedliche Laufhaltungen, Bewegungen und Körperstellungen. Ebenso müsse es bei einem effektiven Text darum gehen, an bestimmten Stellen den üblichen, wenig abwechslungsreichen Sprachgebrauch zu ändern. Eine Figur sei folglich, wie es ja der

Name *figura* erkennen lasse, eine Gestaltung der Rede, die entfernt ist von der allgemeinen und sich zunächst anbietenden Art und Weise (9,1,4). Zweifellos liegt dieser Auffassung eine Deviationstheorie zugrunde. Das bestätigt sich im Bild des Weges, wenn es heißt, Figuren bieten eine Veränderung gegenüber dem geraden Weg und haben ihren Vorzug darin, dass sie von dem in der Sprache Gewöhnlichen abgewichen sind (2,13,11).

Auch die für die Tropen reservierte Operation der Austauschung (*immutatio*) beruht auf Deviationsvorstellungen. Der *tropus* kann mittels *immutatio* ein »fremdes« Wort an die Stelle des *verbum proprium* setzen. Dahinter steht die Auffassung, dass jeder Sache der Dingwelt (*res*) auf der Ebene der Zeichen ein ganz bestimmter Ausdruck (*verbum proprium*) zugeordnet ist, der dieses Ding bezeichnet. Nach Cicero sind diese gewissermaßen als Eigennamen aufzufassenden Wörter (*verba propria*) gleichsam auf natürliche Weise zugleich mit den nur ihnen zugehörigen Referenten (*res*) entstanden (*verba quae propria sunt et certa quasi vocabula rerum, paene una nata cum rebus ipsis*; *De oratore* 3,149). Durch *immutatio* kann ein *verbum proprium* auf der Ebene der Zeichen verdrängt und durch ein anderes Wort mit anderer Referenz ersetzt werden, das nunmehr die Sache bezeichnet. Das heißt, ein Sachverhalt (z. B. die Person Achill) wird mit einem eigentlich an einen anderen Sachverhalt gebundenen Ausdruck, z. B. |Löwe| für den Löwen, bezeichnet. Das ist allerdings nur dann möglich, wenn irgendwelche »Gleichheiten« zwischen den Sachverhalten auszumachen sind, also Verwandtschafts-, Ähnlichkeits- oder Analogiebeziehungen.

Quintilian scheint sich mit den genannten Auffassungen als eindeutiger Deviationist zu erweisen. Doch ist an dieser Stelle vielleicht der Hinweis angebracht, dass er, anders als viele seiner Interpreten es sehen wollen, äußerst vorsichtig gegenüber allgemein gültigen Gesetzen (*universalia vel perpetualia*) war, weil man sie seiner Ansicht nach gerade auf diesem Feld nur selten findet (2,13,14). So lässt sich denn auch die zweite von ihm angeführte Analogie, bei der es um ein Porträtgemälde geht, durchaus anders bewerten (2,13,12): In einem Gemälde komme zwar am besten das ganze Gesicht zur Erscheinung, doch Apelles sei von diesem Grundsatz abgegangen und habe das Bild des Antigonos nur von einer Seite gezeigt, um den hässlichen Verlust eines Auges zu verbergen. Müsse man so nicht auch bei der Textgestaltung (*in oratione*) verfahren, fragt Quintilian, indem man bestimmte Dinge ausdrücke und andere nicht? – Bei dieser Analogie geht es nicht um Abweichung, sondern um Auswahl aus verschiedenen Möglichkeiten (beim Porträt um solche des Aspekts). Diese Auffassung nun deutet auf eine gleichermaßen im Raum stehende Selektionstheorie hin.

An anderer Stelle versucht Quintilian, seine Position im Meinungsstreit der Sachkenner (*inter auctores dissensio*) bezüglich der Frage, was der Begriff *figura* eigentlich bedeute, weiter zu präzisieren (9,1,10–15). Erneut greift er auf die Analogie zu den menschlichen Körperhaltungen zurück. Dabei kommt er zu folgenden Ergebnissen: 1. Der generalisierende, unrhetorische Figurenbegriff bezeichnet einmal jede Form, in der ein Gedanke gestaltet ist, wie sich ja auch die menschlichen Körper immer in irgendeiner Haltung befinden. Die Zahl der Strukturierungsregeln ist auf diesem Feld nicht zu erfassen, also quasi unendlich (*incomprehensibilia partis huius praecepta*; 9,1,12). 2. Der spezifisch rhetorische Figurenbegriff (*schēma*) bezieht sich auf spezielle sprachliche Gestaltungsweisen, analog zu ganz speziellen Haltungen, die der menschliche Körper einnehmen kann, z. B. sitzen, liegen, zurückschauen. Unter einer rhetorischen Figur ist also nur das zu verstehen, »was eine Veränderung der einfachen, spontanen Ausdrucksweise nach Art des Poetischen oder Oratorischen darstellt« (*quod sit a simplici atque in promptu posito dicendi modo poetice vel oratorie mutatum*; 9,1,13). Das bedeutet nicht Deviation, sondern Erzeugung von zusätzlichen Strukturen, die vorgegebenen, kodifizierten, außergrammatischen Wohlgeformtheitsregeln gehorchen. 3. Bei den rhetorischen Figuren geht es also um Veränderung von Ausdrücken (*verborum mutatio*) nach Gestaltungsprinzipien, die die rhetorische Kunstlehre (*ars*) festlegt. Dementsprechend lautet die Figurendefinition, dass als Figur diejenige Ausdrucksform zu gelten hat, die einen nach den elokutionären rhetorischen Kunstvorschriften überformten Ausdruck darstellt (*ergo figura sit arte aliqua novata forma dicendi*; 9,1,14). Wenn Heinrich Lausberg im *Handbuch der literarischen Rhetorik* (Bd. 1, München 1960) mit Bezug auf diese Definition feststellt, Quintilian charakterisiere in ihr eine Figur als »das ›Abweichen‹ (*novata forma*) von der alltäglichen Redeweise« (§ 499), so wird seine Textinterpretation von der Sicht Quintilians als eines klaren Deviationisten gelenkt. Quintilian wäre damit aber unangebracht vereinfachend auf die Deviationstheorie festgelegt. Zweifellos ergeben sich für ihn die grammatischen Änderungskategorien aus devianten Operationen. Möglicherweise gilt das auch für die durch *immutatio* entstehenden Tropen. Bei den drei rhetorischen Kategorien der Figurenlehre im engeren Sinn kann diese Erklärung aber nicht mehr ausschließlich tragen, denn es fragt sich, inwiefern z. B. *geminatio* oder *adnominatio* tatsächlich deviant sind. Quintilian stand hierfür als Erklärung im Ansatz auch die bereits genannte Selektionstheorie zur Verfügung, nach der die figurative Rede lediglich bestimmte sprachliche Möglichkeiten aus einem breiten Fundus auswählt.

Auf ein ganz anderes Gebiet führt die sich an die Figurenlehre anschließende Satz- bzw. Wortfügungslehre (*compositio*). Quintilian verweist auf Cicero, der vor allem im *Orator* zu dem Thema alles Wichtige gesagt habe, doch will er diesen für die Kultur der römischen Kunstprosa so wichtigen Bereich nicht übergehen: »Wir wollen uns mit dem Versuch zufriedengeben, bei der schriftlichen Ausarbeitung aus den Worten, die sich uns in loser Ordnung anbieten, ein

Gefüge zu machen.« (9,4,15) Natürlich sollen die Prinzipien kunstvoller Wortfügung beim mündlichen Vortrag immer zur Geltung kommen. Bei manchen Oratoren ist das aber anders, wie z. B. bei Lysias, bei dem »das dünne und geglättete Gewebe seiner Sprache nicht durch zu üppige Rhythmen hätte verdorben werden dürfen«; auch zur Textur einer Historia, »die fließen und weitereilen muß«, hätten den »Lauf hemmende stockende Schlußbildungen (*clausulae*) so wenig gepaßt, wie das beim Redevortrag nötige Atemschöpfen und die Technik bestimmter Satzschlüsse und -anfänge. Bei den in ihr vorkommenden Versammlungsreden kann man allerdings auch bestimmte Parallelismen und Antithesen finden« (9,4,17 f.). Quintilians theoretisches Interesse ist ganz auf die rhythmischen Seiten der Periodologie gerichtet und nicht auf das grammatische Verhältnis der Satzglieder zueinander. Hinsichtlich der Wortfolge lehrt die *compositio* unter der Rubrik *ordo*, wie die Wörter kunstmäßig innerhalb einer Periode zusammenzustellen sind, wobei man die rechte Anordnung der Wörter, ihre Verbindung und den Rhythmus beachten muss; angesprochen wird dabei auch das Konzept des *ordo naturalis*, also der natürlichen Aufzählungsabfolge (z. B. Tag vor Nacht, Aufgang vor Untergang) im Gegensatz zur künstlichen Ordnung, zum *ordo artificialis* (9,4,23). Unter der Rubrik *iunctura* geht es um die Frage, wie das unmittelbare Nebeneinander von Silben, Wörtern und Sätzen zu regeln ist (z. B. die Hiatus-Problematik). Dabei sind die syntaktischen Einheiten (Anfang, Mitte, Schluss) zu beachten. Als besonders wichtig wird dann die unter der Rubrik *numerus* geführte Metrik herausgestellt. Ihr schenkt der Rhetoriker große Aufmerksamkeit, weil die Kunstprosa bis zu einem gewissen Grad metrisch sein muss. Wie bei Cicero bekommt der rhythmische Satzschluss (*clausula*) besonderes Gewicht.

7. Angemessenheit, Erinnerung und Aufführung (Buch 11)

Angemessenheit

Es gehört zum besonderen Charakter der *Institutio*, dass Quintilian in die fachtheoretischen Ausführungen immer wieder fachdidaktische Kapitel einflicht. So stehen etwa am Ende des 10. Buches Abschnitte zum Nachahmungsprinzip (*imitatio*), zu schriftlichen Stilübungen, zu den Verbesserungen und den oratorischen Stegreifübungen. Bevor er zu den beiden letzten systematischen Makrobereichen kommt, erörtert Quintilian die Angemessenheit/*aptum* (11,1). Der Vergleich mit Ciceros sehr viel knapperen Ausführungen (*De oratore* 3,210–212; *Orator* 21,70–22,74) macht deutlich, welches Gewicht er auf dieses Thema legt. In diesem Kapitel wird, was den Erfolg betrifft, das für den Orator entscheidende Kommunikationskalkül verhandelt. Die oberste Maxime lautet: passend reden (*apte dicere*). Daraus ergibt sich für den Orator die Aufgabe, eine Vielzahl von Determinanten zu prüfen, um darauf seine Rede und sein ganzes Verhalten abzustimmen. Zu beachten sind die Anforderungen der Sache, der Redegestaltung, des Zielerfolgs im Sinne des Parteinutzens, der sittlichen Grundsätze, der Gesellschaft, der Redesituation, der Person des Orators, der des Klienten, des Publikums usw. Den hierbei notwendig auftretenden Konflikten kann der Orator nur mit bedächtigem Abwägen beikommen, und letztlich muss er das Geziemende dem Nützlichen vorziehen.

Gedächtnislehre

Unvermittelt kommt Quintilian im nächsten Kapitel (11,2) auf die Gedächtnistheorie/*memoria* als vierten systematischen Makrobereich zu sprechen. Wie beim *Autor an Herennius* besteht auch hier das mnemotheoretische Konzept aus drei Aspekten: 1. Ursachen des menschlichen Erinnerungsvermögens, 2. Entfaltungsbedingungen des Erinnerungsvermögens und 3. Technik des Erinnerns.

1. Sowohl der Autor als auch Quintilian werfen zu Beginn die *natura-ars*-Problematik auf. Der Autor will sich hinsichtlich der Frage, ob das Erinnerungsvermögen (*memoria*) ganz von natürlicher Veranlagung ausgeht (*an omnis ab natura profiscatur*), nicht festlegen. Quintilian ist deutlicher. Für ihn hat die Natur den größten Anteil (11,2,1). Und wenn er nach dem Vorbild Ciceros (*De oratore* 2,351–353) ausführlich die Simonides-Ätiologie wiedergibt, dann deutet er – bei allem ausdrücklichen Vorbehalt – mythische Ursprünge an, speziell mit Blick auf die Inhaltsörter-Lehre (11,2,11–16). Den griechischen Dichter Simonides ließen Kastor und Pollux aus einem Festsaal herausrufen. Der Saal stürzte ein, und Simonides konnte die Toten aus dem Gedächtnis nach der Reihenfolge ihrer Sitzplätze identifizieren. Wichtiger sind Quintilian allerdings die natürlichen (biologischen) Voraussetzungen. Er teilt eine Reihe von Beobachtungen mit, die beweisen, dass das Erinnerungsvermögen einerseits vom jeweiligen natürlichen Zustand des Menschen abhängt, andererseits eigenen biologischen Gesetzmäßigkeiten folgt, z. B. beim Kurz- und Langzeitgedächtnis (11,2,4–8). Der Autor streut solche Beobachtungen nur gelegentlich ein, wenn er etwa von den Vorzügen des Kindergedächtnisses spricht (*Auctor ad Herennium* 3,22,35). Einig sind sich der Autor und Quintilian darin, dass eine mnemonische Kunstlehre ihre Berechtigung hat, denn sie vermag die natürlich Begabten zu höheren Leistungen zu bringen. Innerhalb der Rhetoriktheorie kann es nur um diese Kunstlehre gehen. So prägt der *Auctor ad Herennium* die klassische Formel von den zwei Arten der Memoria: »Es gibt zwei Arten des Sicheinprägens: das eine ist von Natur aus gegeben, das andere künstlich erworben« (*sunt igitur duae memoriae: una naturalis, altera artificiosa*; 3,16,28).

2. Die Bedingungen erfolgreichen Erinnerungsvermögens werden unter drei Gesichtspunkten diskutiert: unter den Aspekten des Trainings, der Physiologie und Diätetik sowie der technischen Sorgfalt. Der Autor und Quintilian heben die Notwendigkeit eines regelmäßigen und über lange Zeit andauernden Gedächtnistrainings besonders hervor (*Auctor ad Herennium* 3,24,40; *Institutio* 11,2,40–44). Quintilian zieht ausdrücklich den Vergleich mit sportlichem Krafttraining heran und macht sich Gedanken über den Sedimentierungseffekt, den der Zwischenraum einer Nacht bewirkt (11,2,42 f.). Er gibt darüber hinaus auch noch eine diätetische Vorschrift: »Auswendiglernen und schriftlich Ausarbeiten gemeinsam ist die Forderung, daß für beides guter Gesundheitszustand, geregelte Verdauung und ein von anderen Gedanken freier Kopf äußerst wichtig sind« (11,2,35). Beide Theoretiker halten zu mnemotechnischer Sorgfalt an. Freilich bezieht sich das auf ihr jeweiliges technisches Konzept. Der texttheoretische Ansatz Quintilians etwa verlangt sorgfältige Einrichtung der auswendig zu lernenden Texte; das betrifft die Textgliederung, die Wortfügung bzw. Rhythmisierung und die Verknüpfung des Stoffes im Text (11,2,36–39).

3. Gegenüber der Technik der Inhaltsörter beim Autor oder bei Cicero bietet Quintilian eine ganz eigene Mnemotechnik: die Ganztextmemorierung mit Hilfe einer Technik der Textsegmentierung. Quintilian referiert zunächst die Inhaltsörter-Technik, setzt sich dann aber kritisch mit ihr auseinander. Seiner Meinung nach kann man sie nur in bestimmten Fällen gebrauchen: »vielleicht haben diejenigen darin eine Hilfe gefunden, die nach Beendigung einer Versteigerung anzugeben wußten, was sie jedem Kunden verkauft hatten, entsprechend dem, was auch die Listen der Geldwechsler bezeugten«. Quintilian denkt an die ganze Textoberfläche, d. h. den fertigen Prosatext (*oratio perpetua*), und nicht nur an Inhaltspropositionen. Er muss deshalb einen anderen – aus der Erfahrung gewonnenen – Weg

vorschlagen. Jemand, der eine längere zusammenhängende Oration auswendig lernen muss, kann mit der komplizierten Inhaltsörter-Technik wenig anfangen (11,2,24). Quintilian empfiehlt seine Textsegmentierungs-Technik (11,2,27–32). Sie hat letztlich nur zwei Basiselemente: 1. *Erinnerungsmaterial* ist ein angemessen langes konkretes Textsegment (*pars orationis*); 2. *Sitz der Erinnerung* ist der menschliche Geist bzw. die menschliche Psyche (*mens*, 11,2,3; *animus*, 11,2,4). Quintilian nennt noch auxiliare Elemente: Zunächst gewisse Erinnerungsstützen, d. h. textuelle Grenzpunkte (*termini*), die Abschnittszäsuren markieren, oder irgendwelche Merkzeichen (*aliquae notae*; *signa*) im Text, an die man sich erinnern kann (durchaus nach dem Vorbild der Inhaltsörter-Technik); diese textlichen Erinnerungsstützen werden bei der Repetition miteingeprägt. Erinnerungsörter gibt es nicht in der gleichen Weise wie beim *Auctor ad Herennium*. Als solche können – wenn überhaupt – nur die konkreten Textseiten der Wachstafeln gelten, nach denen ein Orator auswendig lernt, »denn hier findet er gleichsam die Spuren noch vor, denen die Erinnerung folgen kann«, indem er sich den Textseitenaufbau vor Augen stellt (11,2,32).

Der mnemonische Mechanismus beruht bei Quintilian auf einem einfachen Prinzip der Bewusstseinsverankerung. Das Textsegment als Erinnerungsmaterial wird durch ständige Wiederholung (11,2,35) im Sitz der Erinnerung eingeprägt. Quintilian will sich über medizinische Zusammenhänge nicht äußern. Er erwähnt nur kurz seine Spuren-Theorie: Man stelle es sich größtenteils so vor, »daß sich in dem Geist eine Art Spuren (*vestigia*) einprägen so, wie sich im Wachs Abdrücke der Siegelringe erhalten« (11,2,4). Wichtig ist auch das Repetitionsverfahren. Quintilian bevorzugt das eigene Vorsprechen des Textes, also das Sprech-Memorieren gegenüber dem bloßen Hör-Memorieren, bei dem ein anderer vorliest (11,2,33 f.).

Der Körper als Redeinstrument

Quintilian lässt für die sich nun im dritten Kapitel anschließende Vortragslehre die Begriffe *actio* (korporale Aufführung) und *pronuntiatio* (mündlicher Vortrag) gleichberechtigt nebeneinander stehen. Wiederum vereint er das von seinen Vorgängern bereits zusammengestellte Wissen, differenziert und systematisiert es. Dabei knüpft er an Ciceros *De oratore* an, wo die *actio* ein Quasi-Sprechen oder auch eine Art körperliche Beredsamkeit genannt wird (*Cicero alias 'quasi sermonem', alias 'eloquentiam quandam corporis' dicit*; vgl. Cicero, *De oratore* 3,222). Quintilian erklärt die Performanz im Einklang mit allen Theoretikern der Antike zum letztlich kritischen rhetorischen Faktor. Am Ende entscheiden nämlich allein Stimme, Mienenspiel und Haltung des Körpers über den oratorischen Erfolg. Damit wird in Hinblick auf die kommunikative Bedingung der Mündlichkeit der Stellenwert des reinen Textes, dem bislang alle theoretische Aufmerksamkeit galt, deutlich relativiert. Erst durch einen Akt körperlicher Handlung gewinnt der so sorgsam ausgearbeitete Text die gewünschte rhetorische Potenz. Die körperliche Umsetzung stellt im Redeakt etwas ganz Erstaunliches an Kraft und Macht dar (*vis ac potestas*). Jede noch so klug ersonnene Beweisführung muss sich ihre wahre Lebenskraft erst von der körperlichen Darstellung im performativen Akt schaffen lassen (11,3,1 f.).

Wie seine Vorgänger erörtert auch Quintilian den Körper zunächst nicht als Einzelgröße im Aufführungsraum (11,3,65–124): Der Körper ist ein Orchester mit vielen Instrumenten, die einzeln zu würdigen sind. Es geht um das kunstmäßige Ausdrucksrepertoire aller wichtigen Körperteile. Voran steht die Stimme, deren performative Möglichkeiten gründlich untersucht werden, wie es auch schon beim *Auctor ad Herennium* und Cicero der Fall war. Es schließt sich eine Taxonomie körpersprachlicher Wendungen an, die jeden Körperteil von Kopf bis Fuß berücksichtigt. Besonders ausführlich stellt Quintilian die Sprache der Hände und Finger dar.

Im Moment des Vortrags kommt es darauf an, dass alle körperlichen Instrumente zusammenspielen und der Körper damit als eindruckschaffende monumentale Einheit wirkt. Das Grundprinzip der gesamten Vortragskunst ist also das Prinzip der Ausdruckssynchronisation. Dabei sind die ausdrucksbestimmenden Ebenen des Verbaltextes mit den ausdruckschaffenden Mitteln des Körpers in Einklang zu bringen. Quintilian verknüpft die textuellen mit den korporalen Modalitäten. Auf Seiten des Textes geht er die Ebenen der Textmorphologie (Redeteile), der Semantik und der Phonologie durch und erörtert ihre expressiven Bedingungen. Auf Seiten des Körpers handelt er die mit dem Sprachtext zu harmonisierende Gestik, die Intonation und das oratorische Zubehör (Kleidung usw.) ab.

Da das Vortragsvermögen, wie das Erinnerungsvermögen, wesentlich von den natürlichen Anlagen abhängt, flicht Quintilian auch diesmal verschiedene Bemerkungen zur Diätetik ein. So etwa beim Thema Stimmpflege. Orator und Gesangslehrer müssen hier unterschiedliche Verfahren wählen, »wenn auch beide vieles gemeinsam haben, so die feste körperliche Konstitution, damit unsere Stimme nicht zur Dürftigkeit der Stimme von Eunuchen, Frauen und Kranken verkümmere, wogegen Spaziergänge, Salben, Enthaltung vom Geschlechtsverkehr und der Genuß leicht verdaulicher Speisen, also eine einfache Lebensführung, gut sind« (11,3,19). Der Orator ist durch seine Alltagsverpflichtungen im Nachteil. Er kann nicht die gleiche Diät wie ein Sänger einhalten, muss »vieles rauh und erregt vortragen, die Nächte durchwachen, den Qualm der Studierlampen« einatmen, oft im verschwitzten Gewand ausharren, und er kann im Interesse seiner Klienten keine Rücksicht auf die Wetterbedingungen nehmen. Es versteht sich für Quintilian auch von selbst, dass man nicht mit verdorbenem oder überfülltem Magen, betrunken, oder wenn man sich gerade erbrochen hat, deklamiert (11,3,23 und 27).

8. Der auch im Ethischen perfekte Orator (Buch 12)

Im Mittelpunkt des 12. und letzten Buchs steht die von Cicero angestoßene Debatte um den vollkommenen Orator (*orator perfectus*). Quintilian entwirft eine Idealvorstellung, gibt aber auch viele praktische Hinweise, bis hin zu einem Ruhestands-Kapitel (12,11). Als Appendix fügt er dem Buch außerdem die noch fehlende Abhandlung der Stilartenlehre hinzu (12,10); von ihr war oben im Zusammenhang mit der *elocutio* schon kurz die Rede.

In seinen Überlegungen zum Orator geht Quintilian von einer klaren Vorstellung aus: Der Orator ist ein sozial-kommunikativer Praktiker, in seiner gesellschaftlichen Praxis verantwortungsbewusst und zugleich rhetorisch kompetent. Das ist eine Rückbindung an die konkreten Verhältnisse der Zeit. Forumspraxis heißt da, von der Deklamatorik einmal abgesehen, in erster Linie Gerichtspraxis. In mehreren Kapiteln fügt Quintilian darum eine kleine Prozesslehre ein: notwendige Rechtskenntnisse, notwendiges historisches Wissen, Rüstzeug des Prozessorators, Beginn der Tätigkeit vor Gericht, Übernahme von Gerichtsfällen, Einarbeitung in den Fall, Auftreten vor Gericht (12,3–9).

Bei solchen praktischen Unterweisungen und einer rein deskriptiven Darstellung des römischen Oratorwesens will es Quintilian aber nicht belassen. Er nimmt daher im Proömium deutlich Abstand von dem auch von anderen Lehrern umfänglich angebotenen Standardwissen zu diesem Bereich. Er wolle jetzt zu einem ganz eigenständigen und, wie sich dann zeigt, engagierten Teil seines Werkes kommen, in dem es nicht mehr nur ums Reden gehe (*dicere*), sondern um das Verhalten und die Ethik des Orators (*mores*). Ausgangspunkt ist Catos klassische Definition des Orators als »Ehrenmann, der reden kann« (*vir bonus dicendi peritus*), wofür man heute auch ›integrer und sozial verantwortungsbewusster Mensch mit kommunikativer Kompetenz‹ sagen könnte. Quintilians Vorstellung ist von der Tradition hervorragender römischer Politiker, Juristen und sonstiger, öffentlich auftretender Leitfiguren geprägt. Die persönliche Integrität des Orators ist Voraussetzung für das, worauf es ankommt: sich wie ein Soldat im Dienst für die Gesellschaft einzusetzen, nicht wie ein Räuber die Rhetorik als Waffe gegen das Wohl der Sozietät anzuwenden (12,1,1 f.). Der Orator perfectus ist ein Ideal, gibt Quintilian unumwunden zu, aber er ist dennoch eine realitätsbezogene und nötige Leitvorstellung. Das Ideal ist der Maßstab. Wer sich der regulativen Idee des guten und sprachkompetenten Orators nicht verpflichtet fühlt, kann auch nicht zu den wirklichen Oratoren gerechnet werden, selbst wenn er sich etwa machtpolitisch durchsetzen sollte: »Ich sage nämlich nicht nur, daß, wer ein Orator ist, ein Ehrenmann sein muß, sondern daß auch nur ein Ehrenmann überhaupt ein Orator werden kann.« (12,1,3)

Quintilian entwickelt damit am Ende seines Werkes eine moralistische Rhetorik als weitere Dimension des Faches. Ihr liegt der stoische Gedanke des auf dem Weg zur Vollkommenheit eines Weisen fortschreitenden Menschen zugrunde. Das gehört zum Allgemeingut philosophischer Bildung seiner Zeit. Auch wenn die Menschen nicht zu höchster Vollkommenheit gelangen können, sollen sie danach streben. Unabdingbar ist, dass sich der Orator auch wissenschaftlich mit ethischen Fragen befasst und sein moralisches Bewusstsein schärft: »Vor allem wird der Orator seine Sitten durch Studien veredeln und das ganze Gebiet des Gerechten und Guten, ohne das er weder ein Ehrenmann sein, noch sich in der Rede recht auskennen kann, gründlich durcharbeiten müssen.« (12,2,1) Der Orator hat sich daher auch mit dem philosophischen Schulwissen auseinander zu setzen. Dahinter steht aber nicht das inzwischen hinter Schulmauern verborgene traditionelle und kontemplative Philosophenideal. Im Gegenteil, Quintilian verabschiedet es ausdrücklich zugunsten eines Praktikerideals: »Vielmehr soll der Mann, den ich unterweise, ein römischer Weiser (*Romanus sapiens*) sein, der nicht in abgeschiedenen Erörterungen, sondern in praktischen Versuchen und Leistungen (*rerum experimenta ac opera*) sich als ein Mann von echter Bürgerart (*vir civilis*) erweist.« (12,2,7)

Dem alt gewordenen Rhetorikprofessor Quintilian liegt dieses gewissermaßen ethische Vermächtnis besonders am Herzen. Die sozial-kommunikativen Verhältnisse der Kaiserzeit, von ihm wohl als dekadent empfunden, haben ihn darin bestärkt. Darum findet er hier auch zu einem besonderen persönlich-didaktischen Ton, der in einem vor allem an die Jugend gerichteten Appell kulminiert: »Deshalb, liebe Jugend, oder vielmehr jung und alt – denn zum ehrlichen Wollen ist keine Zeit zu spät –: laßt uns mit ganzen Herzen danach streben, auf dieses Ziel hinarbeiten! Vielleicht könnte es doch glücken, zur Höhe zu gelangen; denn wenn es die Natur nicht verwehrt, daß es wirklich Ehrenmänner gibt wie auch solche, die gut reden können, warum sollte dann nicht auch jemand in einer Person beides erreichen können? Warum aber sollte nicht jeder die Hoffnung hegen, selbst dieser ›jemand‹ zu sein?« (12,1,31)

St. Galler Orator in der Pose des *arringatore* aus einem Rhetorikfragment (8. Jahrhundert)

5

Notker Teutonicus
Erneuerte Rhetorik

(vor 1022)

Der erste deutsche Rhetoriker

Notker (950–1022), der erste deutsche Rhetoriktheoretiker, erwähnt in einem Brief vom Anfang des 11. Jahrhunderts, dass ihm die Leihgabe von Ciceros Rhetorik (*De inventione*) und der zugehörige Kommentar des Victorinus besonders wertvoll seien. Beide Werke benutzt Notker als Leitquellen für den ersten Teil seiner Rhetorik. Selbstbewusst erwähnt er im selben Brief die eigenen gelehrten Werke, darunter auch seine lateinische *Nova rhetorica*. Sie ist die wichtigste, eigenständig erarbeitete Rhetorik des Frühmittelalters. Diese vollständige, mit deutschen Glossen versehene lateinische Rhetorik wird ergänzt durch eine kurze Partialrhetorik in althochdeutscher Sprache, die Notker in seine Boethius-Übersetzung einfügte.[1] Beide Rhetoriktexte gehören trotz kleinerer Varianzen inhaltlich zusammen und stellen den Anfang der rhetorischen Theoriebildung in Deutschland sowohl in lateinischer als auch in deutscher

1 Die lateinische Rhetorik (Rhet. lat.) wird im Folgenden, unter Angabe des Kapitels, zitiert nach der von Paul Piper herausgegebenen Ausgabe: *Die Schriften Notkers und seiner Schule*, Bd. 1: *Schriften philosophischen Inhalts*, Freiburg i. Br. / Tübingen 1882, S. 623–684. – Die althochdeutsche Rhetorik (Rhet. ahd.) wird, ebenfalls unter Angabe des Kapitels, zitiert nach der Ausgabe: *Die Werke Notkers des Deutschen*, beg. von Edward H. Sehrt, Neue Ausgabe, Bd. 1/2: *Boethius, »De consolatione philosophiae«, Buch I/II*, hrsg. von Petrus W. Tax, Tübingen 1986, S. 54–61, Kap. 10–14.

Sprache dar. Ihre rhetorikhistorische Bedeutung ergibt sich aus Notkers didaktisch reflektierter Art der Theorievermittlung und seiner gründlich durchdachten und originell ausgearbeiteten Konzeption.

Wie sich der *Auctor ad Herennium* im 1. Jahrhundert v. Chr. vor die Aufgabe gestellt sah, die griechische Rhetoriktheorie in die lateinische Volkssprache zu übertragen, so steht Notker gute tausend Jahre später vor dem Problem, lateinische Theorieüberlieferung für die deutsche Klosterschule aufzuarbeiten. Wie der Autor[2] setzt auch Notker didaktisch bei der abstrakten Terminologie und der konkreten Veranschaulichungsstrategie zugleich an. In die lateinische Rhetorik fügt er immer wieder deutsche Begriffs-Interpretamente ein, die Kurzrhetorik ist ganz in deutscher Sprache abgefasst. Dass dies programmatisch geschieht, belegt der oben erwähnte Brief. Weil er wolle, schreibt er, dass die Schüler Zugang zu diesen Büchern hätten, habe er etwas bis dahin nahezu Unerhörtes gewagt: nämlich lateinische Schriften in die eigene Sprache zu übersetzen und das durch Aristoteles oder Cicero oder einen anderen Gelehrten syllogistisch, figürlich oder dialektisch Ausgedrückte aufzuhellen. In seiner Rhetorik zieht Notker zur Veranschaulichung regelmäßig vertraute literarische, vor allem auch biblische Exempel heran, und er bezieht sich auf die zeitgenössische (Rechts-)Praxis. Hinzu kommt das didaktische Prinzip des Verweises auf die Fachliteratur (d. h. auf Cicero), wenn eine Detailerörterung zu weit führen würde (in den Kapiteln 10, 11 und 37).

Am bemerkenswertesten ist aber Notkers wohl überlegte Ausarbeitung der Rhetoriktheorie. Das beginnt bei der Anlage des Traktats und endet bei seiner inhaltlichen Konzeption, auch wenn er es an besonderer Ausgefeiltheit fehlen lässt. Stilistisch folgt er seiner eigenen Maxime und schreibt

2 Er hatte (*Rhetorica ad Herennium* 4,9 f.) bereits darüber nachgedacht.

im Traktat einfach und klar. Der auf den ersten Blick unübersichtliche Aufbau des Werkes erweist sich bei näherem Hinsehen als überlegte Durchführung von Ciceros Darstellungskonzept der Doppelerörterung bzw. als vertiefende Wiederaufnahme bereits eingeführter Themen.[3] Cicero hatte es in seiner zweigeteilten rhetorischen Erstlingsschrift *De inventione* vorgeprägt. Nach diesem Schema gestaltet Notker den Hauptteil seiner *Nova rhetorica*. Die Tektonik des Werks lässt sich demnach wie folgt angeben:

I. Proömium und Partitio:
Unterscheidung der drei Themenkomplexe des folgenden Werkes (1. *materia*, 2. *ars*, 3. *opus*);
Topik-Exkurs.

II. Hauptteil[4]:
a) 14 Kapitel einführender Erörterung der drei Themenkomplexe 1. *materia*, 2. *ars* und 3. *opus*;
b) 44 Kapitel detaillierterer Wiederaufnahme der drei Themenkomplexe 1. *materia*, 3. *opus* und 2. *ars*.

III. Epilog.

1. Quid sit rhetorica? Die epistemologische Position der Rhetorik

Als Lehrer und als Übersetzer von Wissensliteratur kennt Notker die zeitgenössische Episteme sehr genau. Mit Bedacht sucht er seinem Zeitalter das alte kulturelle Wissen nahe zu bringen. Im Fall der Rhetorik handelt es sich sogar – wie der Rhetorik-Prolog deutlich macht – um eine Wiederentdeckung und Neubelebung von verschüttetem Wis-

3 Notker nimmt dazu in einem eigenen Kapitel Stellung (Rhet. lat. 37).

4 *materia* (etwa 37 % des Gesamttextes): Rhet. lat. 1–7 und 14–37; *ars* (etwa 43 % des Gesamttextes): Rhet. lat. 8 und 45–58; *opus/oratio* (etwa 12 % des Gesamttextes): Rhet. lat. 9–13 und 38–44.

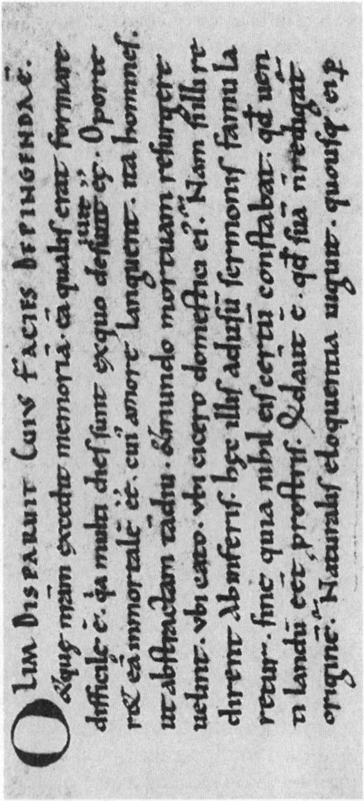

Münchner Notker-Handschrift
(11. Jahrhundert)

sen. Notker will das Proprium der Disziplin Rhetorik möglichst trennscharf herausarbeiten. Zu diesem Zweck nimmt er eine epistemologische Verortung vor und untersucht dann, was genau zum disziplinären Wissen gehört.

Er beginnt mit einer historisch dimensionierten Analyse der Beredsamkeitskultur seiner Zeit, die in einer emphatischen Forderung nach einer neuen Kultur der Eloquenz gipfelt. Nicht zufällig lautet das erste – in der handschriftlichen Überlieferung fehlende – Wort des Proömiums *eloquentia*. Die Beredsamkeit, um deren Beschaffenheit es im Folgenden gehe, sei schon vor langer Zeit verschwunden, sagt Notker einleitend, und es sei schwierig, ihr, die aus dem kulturellen Gedächtnis (*nostra memoria*) verschwunden ist, wieder solch eine Gestalt zu geben wie einst, denn viele Tage seien vergangen, seit sie aufhörte zu existieren. Aber letztlich ist dasjenige unsterblich, was sich die Menschen zurückwünschen und von dem sie hoffen, dass es als so lange Vorenthaltenes und für die Welt Abgestorbenes wiedererstehen möge. Wo ist Cato? Wo Cicero? fragt Notker. Wo sind die, die zu ihnen gehören? Wenn sie aus der Unterwelt zurückkehrten, so würden sie wieder in den Dienst der Beredsamkeit treten. Ohne Beredsamkeit konnte es für sie nichts Gewisses bei den konsensabhängigen Fragen geben, also jenen Dingen, die man auf der Rednerbühne (*rostra*) erörtern musste. Was aber gibt es auf der Welt, das man nicht wieder auf seinen Ursprung zurückbringen könnte?

Notker will den Versuch einer Wiederbelebung der Rhetorik wagen. Seine althochdeutsche Kurzrhetorik begründet dies Anliegen wie folgt: »Gibt es den, der die Süße (*dulcedinis*) der Redekunst kennte und nicht begierig dorthin eilte, wo er sie hören könnte? Als zwei in dieser Kunst aufs beste Bewanderte, Aischines und Demosthenes, einen Tag abgesprochen hatten, um sich vor Gericht gegeneinanderzustellen, kamen da nicht deswegen – wie Cicero sagt – aus ganz Griechenland viele Tausende? Weswegen sollten denn wir in einer so begehrenswerten Wissensdisziplin (*so lústsámes lístes*) gänzlich unbewandert sein?« (Rhet. ahd. 10)[5]

Damit ist der Wert des Wissensgebiets Rhetorik unterstrichen. In der einleitenden Rhetorikdefiniton seiner kleinen althochdeutschen Rhetorik, der ersten deutschsprachigen Rhetorikdefinition überhaupt, weist Notker diesem Bereich des Wissens seinen epistemologischen Platz zu: Rhetorik ist eines der sieben klassischen Fächer. Allerdings macht er eine für den Schulunterricht wichtige Unterscheidung: Kinder lernen die Sprachkompetenz in der Grammatik, Erwachsene die Textkompetenz in der Rhetorik. Zugleich gibt Notker ihren dreifältigen praktischen Sitz im Leben an (vgl. auch Abb. S. 181):

> *Rhetorica íst éin dero septem liberalium artium. dáz chît tero síben bûohlísto. dîe únmánige gelírnêt hábent. únde áber mánige genémmen chúnnen. Téro síbeno íst grammatica diu êrista. díu únsíh lêret rectiloquium. dáz chît réhto spréchen. táz íóh chínt kelírnên múgen. sô uuír tágoliches hôrên. Tiu ánderíu íst rhetorica. tíu únsih férrôr léitet. uuánda sî gíbet úns tîa gesprâchi. déro man in dínge bedárf. únde in sprâcho. únde so uuâr dehéin éinúnga íst geméinero dúrfto. Tára zû diu chínt nehéin núzze sínt. núbe frûote líute.*

Rhetorik ist eine der sieben freien Künste, das heißt der sieben Buchgelehrsamkeiten (*bûohlísto*), die nur wenige gelernt haben, aber viele nennen können. Von diesen sieben Disziplinen ist die erste die Grammatik, die uns Sprachkorrektheit (*rectiloquium*) lehrt, das heißt richtig sprechen, was sogar die Kinder lernen können, wie wir täglich feststellen können. Die zweite

5 Übers. nach: Stefan Sonderegger, »Rechtssprache in Notkers des Deutschen Rhetorik«, in: *Sprache und Recht. Beiträge zur Kulturgeschichte des Mittelalters. Festschrift Ruth Schmidt-Wiegand*, hrsg. von Karl Hauck [u. a.], Bd. 2, Berlin / New York 1986, S. 870–895, hier S. 874 f.

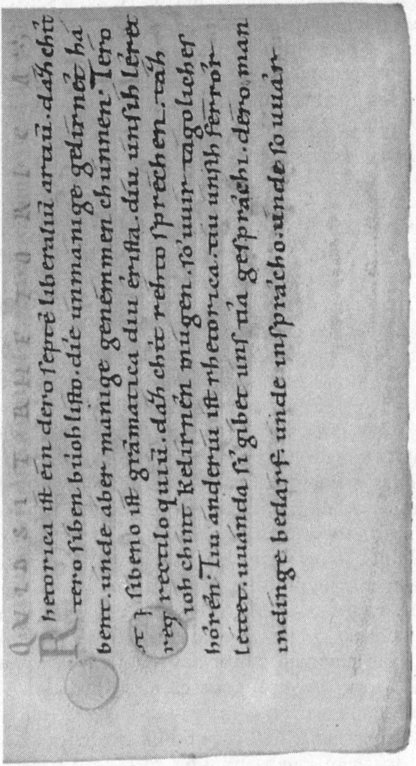
Rhetorica ist ein dero septē liberaliū artiū. daz chit
tero sibeno buohlisto. die un manige gelirnot ha
bent. unde aber manige genemmen chunnen. Tero
sibeno ist grāmatica diu ērista. diu unsih lēret
rectiloquiū. daz chit rehto sprechen. taz
ioh chint kelirnēn mugen. so uuir tagoliches
hōren. Diu anderiu ist rhetorica. diu unsih ferrōr
lēret. uuanda si gibet uns tia gesprāchi. dero man
in dinge bedarf. unde in sprācho. unde so uuār

Notkers Boethius-Übersetzung
mit der inserierten althochdeutschen Rhetorik
Handschrift der St. Galler Stiftsbibliothek
(um 1025)

> ist die Rhetorik, die uns weiter führt, denn sie vermittelt uns die Beredsamkeit (*gesprâchi*), derer man vor Gericht (*in dínge*) bedarf und in der Beratung (*in sprâcho*) und wo immer keine Übereinstimmung besteht in gemeinschaftlichen Interessen, wozu man die Kinder nicht brauchen kann, nur erfahrene Leute.[6]
>
> (Rhet. ahd. 10)

Die Rhetorik hat ihren Sitz im Leben überall dort, wo im gesellschaftlichen Zusammenhang Konsens herbeigeführt werden muss und öffentliche Kommunikation stattfindet. Wer für solche Zwecke rhetoriktheoretisch geschult ist, darf sich im antiken Sinn einen rhetorischen Fachmann, einen Orator nennen. Allerdings lehrt die Praxis, dass es viele gibt, die von Natur aus begabte Kommunikatoren sind: »Beratungen und Rechtssachen (*sprâchâ unde díng*) können ohne Auseinandersetzung (*strît*) nichts werden. Wo ist ein solches Streiten mit Worten wie vor Gericht und wie in der Beratung? Deshalb bedarf man nirgends der Beredsamkeit des Mannes mehr als dort. Wo immer einer ist, der eine Auseinandersetzung mit der Rede (*mít rédo*) beseitigen kann und das *in rhetorica* gelernt hat, der ist ein *orator*, in dessen Mund findet man die rhetorische Süße. Ist er aber darin ungelehrt und besitzt dennoch Redegewandtheit (*kesprâche*), so kann er die Aufgabe des Redners (*officium oratoris*) ausführen, wenn er auch nicht eigentlich *orator* sei, denn dies kommt von Natur aus (*ex natura*), das ist nicht aus der Theorie (*ex arte*) erwachsen.« (Rhet. ahd. 10)[7]

Die hier aufgeworfene *natura-ars*-Debatte führt Notker in der lateinischen Rhetorik mit Überlegungen zur Frage der rhetorischen Theoriebildung fort. Wie Cicero in *De oratore* will auch Notker die Theorie aus der Empirie ableiten. Beredsamkeit ist ein natürliches Vermögen, das Theore-

6 Vgl. Sonderegger (s. Anm. 5), S. 874 f.
7 Vgl. ebd.

tiker aus der Beobachtung von Praxis zu Lehrsätzen abstrahieren und systematisieren können. Bei Verlust des theoretischen Wissens – und Notker geht davon offenbar für sein Zeitalter aus – bleibt immer noch die natürliche Rhetorik, an die man dann wieder anknüpfen kann. Im weiteren Verlauf des Proömiums betont Notker zudem ausdrücklich die wechselseitige Abhängigkeit von Sprache und Denken, von Beredsamkeit und Weisheit. Die natürliche Beredsamkeit (*naturalis eloquentia*) war so lange lebenskräftig, sagt er, bis ihr durch ein theoretisches Lehrgebäude (*doctrina*) eine kunst- bzw. theoriegeleitete Tochter nachfolgte (*artificialis eloquentia*), die man später *rhetorica* nannte. Nachdem diese artifizielle Rhetorik, alt geworden, ausstarb, lebte jene natürliche wieder auf. Deswegen sehe man in der Gegenwart so viele, die in Streitfällen (*causae*) allein aufgrund ihres natürlichen Antriebs (*instinctus*) so mit dem Reden (*sermo*) umzugehen wüssten, dass sie scheinbar jeden von jeglichem leicht zu überzeugen vermögen, und das ohne Rückgriff auf irgendeinen theoretischen Lehrsatz (*regula doctrinae*). Diesen gleichgestellt seien all jene, die vom Beginn der Welt an viel durch ihr natürliches Redevermögen bewirkt hätten. Andere, die sie bewunderten und es mit ihnen aufnehmen wollten, hätten später versucht, indem sie sie beim Reden beobachteten, sich etwas von ihrer Art der Methodik anzueignen und schriftlich niederzulegen, um es für sich und zur Schulung für die Nachwelt aufzubewahren. Folglich ist jedes theoriegeleitete kunstvolle Handeln Nachahmung der Natur (*ergo omnis ars imitatio est naturae*). Hier fügt Notker ein Beispiel an: Wer weiß nicht, wenn er zu jemandem als Bote gesandt ist, eine Grußformel (*salutatio*) voranzustellen, durch die er sich und seine Gesandtschaft beliebt macht? Dieses Verhalten erweist sich zunächst einmal in der Praxis als wertvoll. Wenn es dann aber in der Rhetorik unter den Lehrsätzen (*praecepta*) überliefert wird, geht man dazu über, es Theorie (*ars*) zu nennen. Daher wird die Weisheit der Alten (*antiquorum sapientia*), wie Augustinus (*De doctrina christiana* 4,7,12) sagt, von der Beredsamkeit (*eloquentia*) nach Art eines Führers begleitet. Aus diesem Grund konnte es der Weisheit auch nie an Beredsamkeit fehlen, denn beide entspringen demselben Quell der Natur.

Bevor Notker mit der Erörterung der Rhetoriktheorie beginnt, teilt er das gesamte Wissensgebiet in drei Bereiche ein, die dann auch seinen Text strukturieren. Dabei handelt es sich um eine reflektierte und ausgesprochen originelle Makrogliederung, die nur entstehen konnte, weil Notker das Bestreben hatte, die Spezifik der Disziplin und die Charakteristik ihrer systematischen Bestandteile klar und deutlich herauszuarbeiten. »Du aber, lieber Leser, bist ein wahrer *rhetor*, wenn du dich auf drei Dinge konzentrierst«, ruft Notker im Proömium seinen Rezipienten zu. Es sind jene Sachverhalte, von denen im Folgenden abwechselnd die Rede ist: 1. Zuerst der Gegenstandsbereich (*materia*) sowie 2. die Theorie der Technik (*ars*), die von jenem Bereich abstrahiert, dann 3. der ausgearbeitete Text (*oratio*). Im letzten Satz des Werkes (Rhet. ahd. 59) bestätigt Notker diesen Theoriegrundriss noch einmal, wenn er feststellt, dass das ganze Betätigungsfeld der Rhetoren, das zugleich die Disziplin Rhetorik selbst darstelle, mit dem Problem des Gegenstandsbereichs (*materia*) beginne und mit dem Text (*oratio*) aufhöre.

2. Quid sit materia? Der Gegenstandsbereich der Rhetorik

Cicero hatte in *De inventione* bereits zwischen dem fachlichen Gegenstand (*materia*), der auf ihn bezogenen Kunstlehre bzw. Theorie (*ars*) und der darauf beruhenden praktischen Fertigkeit (*facultas*) unterschieden: »Wir nennen diejenigen Dinge den Gegenstandsbereich oder Stoff der rhetorischen Theorie, mit dem sich die Theorie und die erworbene Fertigkeit Reden zu halten befaßt.«[8] Notker greift dies auf und will zunächst untersuchen, wann das fachliche Wissen der Rhetorik überhaupt zu aktivieren ist. Seine Antwort lautet in Übereinstimmung mit der Tradition, dass die Rhetorik als kommunikative Technik dann »ihre Arbeit, ihr Werk« aufnimmt, wenn als Voraussetzung ein soziales Handlungsbedürfnis in Form einer *causa* vorliegt, d. h. ein klärungs- oder entscheidungsbedürftiger Fall. Zur Erläuterung des Begriffs *causa* zieht Notker das schon in der Antike übliche Beispiel von Orest heran: »Was ist der Gegenstand?« fragt er im ersten Kapitel der lateinischen Rhetorik. Antwort: Das, was man für die fachmännische Arbeit braucht (*taz man haben scal ze uuerche*), wie etwa eine *causa*, die die Rhetorik verlangt, und ohne die sie als solche keine Betätigung hat. Sachverhalte und Angelegenheiten, die Anlass für Kontroversen sind, nennt man *causae*, d. h. *machunga dis strîtes.* Nehmen wir das Beispiel Orests, über den man in der trojanischen *historia* liest, dass er seine Mutter Klytaimnestra deshalb tötete, weil sie selbst seinen Vater Agamemnon getötet hatte. Das nennt man eine *causa*, d. h. Wirkursache. Wessen? Der Kontroverse in beiderlei Hinsicht. Inwiefern? Weil Orest und seine Verteidiger es eine berechtigte Tat, seine Gegner aber eine unberechtigte Tat nennen. Hierin ist nach Notker also eine *causa* zu sehen, die man deshalb eine Auseinandersetzung (*strît*) nenne, weil sie deren Urheberin sei.[9]

Nun erläutert Notker die drei klassischen Fall-Sektoren (*genera causarum*), in denen die Rhetorik aktiv wird. Die

8 Cicero, *De inventione* 1,5,7.

9 An anderer Stelle vermerkt Notker, dass er *strît* für die Begriffe *causa* (d. h. rhetorikrelevanter, sozial-kommunikativer Fall), *status/constitutio* (konkrete Streitpunktbestimmung unter den Parteien) und *quaestio* (Untersuchung der Streitfrage vom ganzen Gerichtshof bzw. *díng*, vgl. Rhet. ahd. 14) verwende (Rhet. lat. 7).

althochdeutsche und die lateinische Rhetorik, die auch hier in der Aussage übereinstimmen, spezifizieren wie folgt (Rhet. lat. 2 und 3; Rhet. ahd. 11): Erst wenn eine Auseinandersetzung zur Klärung drängt, wird das der Rhetorik eigene theoretische Wissen abgerufen. »Ohne *strît* hat sie [die Rhetorik] nichts zu tun, wie ja auch die Medizin dann müßig ist, wenn eine Krankheit fehlt oder eine Wunde.« (Rhet. ahd. 11) Notker hat keine Schwierigkeiten, die drei klassischen sozial-kommunikativen Grundsituationen in den Verständnishorizont seiner Zeit einzufügen. Streitet man um Recht oder Unrecht, wie man das im *dínge* tut, dann heißt diese Art der Auseinandersetzung *causa iudicialis* oder die gerichtliche (*dinchlicha*). Streitet man um eine Amtsstellung, etwa wer zum König tauge oder zum Bischof, dann liegt die *causa demonstrativa* oder vorzeigende *(zéigonta)* bzw. feststellende *(chîesenta)* Auseinandersetzung vor. Man muss bei ihr die Fähigkeiten und Eigenschaften des Bewerbers vorzeigen, also sein Ansehen oder seine Mängel, und ihn loben oder tadeln. Streitet man darum, was nützlicherweise zu tun oder zu lassen sei, heißt die Auseinandersetzung *causa deliberativa* oder beratende (*sprâchlicha*). Beispiele sind die römischen Debatten über den Krieg mit Karthago oder die der biblischen Ältesten in Bethulia bezüglich der Übergabe der Stadt an Holofernes.

Für alle drei kommunikativen Fälle gilt immer eine doppelte Unterscheidung hinsichtlich der strittigen Sachlage oder des Streitpunkts (*status/stata* oder *strît*): 1. Wenn es um den Gesetzestext geht (*lex*), aus dem unterschiedliche Interpretationen entstehen, dann liegt der *status legalis* vor. 2. Wenn es aber um Vernunftgründe geht (*ratio*), also um die Frage, wie vernünftig (*redolih*) eine Handlung oder ein Ratschlag ist, dann liegt der *status rationalis* vor. In beiden Rhetoriken erläutert Notker nun mit teils varianter Nomenklatur Details der antiken Statuslehre. Sie liefert den Parteien ein Schema für Argumente zur genauen Tateinschätzung. Für Notker gehen hieraus regelrechte Einzelkämpfe (*bella*) der widerstreitenden Parteien hervor. Es ergibt sich ein inzwischen von der Forschung gut aufgearbeitetes Ableitungssystem,[10] wie die Übersicht zu Notkers Statuslehre deutlich macht (vgl. S. 188).

Notker versteht es, durch die Wahl der Beispiele dieses in seiner Systematik ganz juristisch gedachte Modell der Entscheidungs- und Urteilsfindung zu einem auch für seine Zeit praktikablen allgemeinen Dezisionsinstrument zu machen. Typisch ist die Erörterung der vier rationalen Status- oder Begründungsformen (*status uel constitutiones rationales*; Rhet. lat. 5):

1. Beim Vermutungsstatus (*coniectura*) alludiert er zunächst auf den biblischen Fall Susanna, in dem Daniel Mutmaßungen über Susanna anstellte. Daniel untersuchte den Fall sorgfältig, verglich Fakten, überzeugte sich von ihrer Unschuld und fand einen Weg zur Untermauerung seiner Schlussfolgerungen. Nun kommt Notker auf die Rechtspraxis seiner Zeit zu sprechen: Gemäß dieser Art prüft man einen Freien und einen Ritter durch Zweikampf, einen Sklaven aber durch Feuerprobe.

2. Beim Status der Begriffsbestimmung (*diffinitio*) verweist Notker auf einen Pferdediebstahl, den man entweder als Diebstahl oder, schwergewichtiger, als Raub bezeichnen kann.

3. Die Begründungsform Qualität (*qualitas*) sagt, ob eine Tat gut oder schlecht, gerecht oder ungerecht ist.[11]

4. Überführung oder Wechsel (*translatio*) bezieht sich auf Personen, Örter, Zeiten, Verbrechen oder Strafen; z. B. wie

10 O. A. L. Dieter, *The Rhetoric of Notker Labeo*, Diss. [masch.] State University of Iowa 1939, S. 14–19, 236–259 und 266–298; Gerhard Köbler, *Stadtrecht und Bürgereinung bei Notker von St. Gallen*, Göttingen 1974; Sonderegger (s. Anm. 5).

11 In der tabellarischen Übersicht zur Statuslehre (S. 188) sieht man, dass sich bei den Debatten über den *status qualitatis* (unter den Punkten 3.1 bis 3.2.2.4.bc) nach einem äußerst differenzierten Argumentationsschema um die genaue Einschätzung der Tatqualität, am Schluss sogar um Milderungsgründe (ba: Unwissenheit, bb: Unglück oder bc: Notlage) ringen lässt.

Übersicht zu Notkers Statuslehre

Jede der drei Arten von rhetorischen Fallsituationen (*causae*)
iudicialis (gerichtlich)
deliberativa (beratend)
demonstrativa (vorzeigend)
berührt entweder

den *status rationalis* (Rhet. lat. 5) oder den *status legalis* (Rhet. lat. 4)

den *status rationalis* (Rhet. lat. 5)

1. *coniectura / ratisca*
2. *diffinitio / námen*
3. *qualitas* (Rhet. lat. 5 f.)
   - 3.1 *negotiale / strît umbe daz quoneheite*
   - 3.2 *iuridiciale / strît umbe das tietreht*
     - 3.2.1 *absolutum / táz pára*
     - 3.2.2 *assumptivum / taz ántseidiga*
       - 3.2.2.1 *conparatio criminis*
       - 3.2.2.2 *remotio / abenemunga*
       - 3.2.2.3 *relatio / uuirderuuerfunga*
       - 3.2.2.4 *concessio / keiicht*
         - a) *deprecatio / gnadonfleha*
         - b) *purgatio / unsculdigunga*
           - ba) *imprudentia / únuuizenheit*
           - bb) *casus / úngeuuandiu gesciht*
           - bc) *necessitas / nôt*
4. *translatio / uuehsal* (Rhet. lat. 5)

den *status legalis* (Rhet. lat. 4)

1. *scriptum et sententia / scrift unde uuillo*
2. *ambigue leges*
3. *contrarie leges*
4. *diffinitio / rechtsaga uuaz iz si*
5. *ratiocinatio / éinis dinges irrateni fone andermo*

es einst bei der Taufe Streit gab, ob sie bei den Arianern oder den Katholiken stattfinden solle.

Bei der Wiederaufnahme des Themas *translatio* vertieft Notker die exemplarische Anbindung an Entscheidungssituationen seiner Zeit, speziell aus der kirchlichen Praxis: Beim Status der Translation wird kaum um eine Handlung als solche oder ihre Bezeichnung gestritten, sondern man stellt fest, dass sie nicht dort hätte geschehen dürfen, wo sie geschehen ist: Wie etwa, dass auf der Straße eine Messe zelebriert wird, dass ein Erzbischof an einem gewöhnlichen Tag das Pallium trägt, dass Häretiker taufen, dass einer als Häretiker geführt wird, wenn er ein Schismatiker ist, oder dass jemand mit dem Tode bestraft wird, der mit Peitschen zu züchtigen ist (Rhet. lat. 16).

Wozu all diese Erörterungen des *materia*-Teils, zudem auch noch doppelt? Notker bleibt die Antwort nicht schuldig: Über die Begründungsformen und Status musste ein zweites Mal gesprochen werden, damit sie durch Beispiele deutlicher werden, denn der Stoff (*materia*), der immer vor dem handwerklichen Zugriff bzw. der theorieumsetzenden Technik (*artificium*) gegeben ist, darf nicht unklar bleiben. Und es ist auf der anderen Seite für den Orator auch nicht möglich zu wissen, welche Textform (*oratio*) sein Material verlangt, es sei denn, er hat sich selbst mit dem vorliegenden Stoff oder Gegenstandsbereich beschäftigt. Auf Grund dessen werden nämlich die Einleitung (das *exordium*) und alle anderen Textteile festgelegt (Rhet. lat. 37). Kurz, die Gestaltung der Textteile ergibt sich aus der Analyse der Gegenstands- und Sachlage.

Wer sich über das Proprium der Rhetorik klar werden will, der muss nach Notker zu genauer Unterscheidung der Grundkategorien fähig sein. So wichtig wie die Kategorie *materia* ist die der *quaestio*, denn bei ihr geht es um die sich aus dem Gegenstandsfeld ergebende spezifische Art rhetorischer Fragestellungen. In einem eher allgemeinen Sinn, stellt Notker fest, kann man den Begriff *quaestio* verwenden, um eine ganze *causa* oder deren Teile zu bezeichnen. Man nennt sie die bürgerlichen Fragestellungen (*quaestiones civiles*), weil sie unter Stadtbürgern (*cives/purchliute*) ausgetragen werden; daher werden sie auch zivile Angelegenheiten (*púrchlîche strîte*) genannt. Man kann *cives* auch die nennen, die auf dem Land (*in agris / in demo geuue*) leben. Der Rhetorik ist damit eine klare soziale Prärogative eingeräumt. War die Statuslehre noch als allgemeine Entscheidungs- und Beurteilungslehre formuliert, die sich auch auf kirchliche Fragen rational anwenden lässt, so nimmt Notker jetzt unter dem Einfluss seines Hauptgewährsmannes Cicero eine deutliche Verengung vor.

Diese Eingrenzung setzt sich mit der Konzentration des Oratorengeschäfts auf konkrete zivile Kontroversfragen fort. Dem Orator wird der Philosoph entgegengestellt: *Quaestiones* eines ganz anderen Typs sind nämlich die philosophischen Fragestellungen. Hier muss man deutlich unterscheiden. Philosophische Quaestionen sind im Reden aufgeworfene Kontroversien, ohne Einbeziehung konkreter Personen, wie z. B., dass der Himmel gewölbt, dass der Himmel nicht gewölbt ist. Sie gehen den Orator nichts an. Die rhetorisch interessanten zivilen Quaestionen aber sind im Reden aufgeworfene Kontroversien unter Einbeziehung ganz bestimmter konkreter Personen (*táz sind dîe strîte dîe éinliche quísse menniscin ánagant*). So z. B., ob Susanna es tat, ob sie den Beischlaf mit einem jungen Mann ausführte, oder ob er es mit Recht tat, nämlich Orest, als er seine Mutter tötete (Rhet. lat. 35). Die philosophische Quaestion nennt man *thesis*, das ist eine gewissermaßen aus der Distanz und *in absentia* getroffene Aussage, weil die Philosophen nicht die Erscheinungsform (*aspectus*) der Dinge untersuchen, über die sie reden. Man denke an Themen wie die Beschaffenheit der Welt, Gott oder die Sitten usw. Die für die Rhetorik relevante zivile Fragestellung nennt man *hypothesis*, das ist – so Notker – etwas Untergeordnetes,

Unterworfenes, weil die Person, um die es bei der *quaestio* geht, gewissermaßen den Augen des Urteilenden unterworfen ist. Philosophen stellen die Wahrheitsfrage, Oratoren aber die Evaluationsfrage bei sozial relevanten Handlungen. Jene, so Notker, betrachten bei den ihnen vorgelegten Dingen, was wahr, was falsch sei. Diese aber bei Handlungen, die geschehen sind oder noch auszuführen sind, was gut, was schlecht, angemessen oder unangemessen, gerecht oder ungerecht, nützlich, ehrenwert oder übel, möglich oder unmöglich, notwendig oder nicht notwendig sei. Jene, um zu wissen, was zu bestätigen, was zu verwerfen ist. Diese, um zu wissen, welcher Sache zuzuraten, welcher abzuraten ist. Jene in der Disputation. Diese aber im Redevortrag. Jene fliehen Menschenansammlungen. Diese tun nichts ohne Versammlung und ohne Menschenmenge (Rhet. lat. 36). Natürlich geht auch Notkers Unterscheidung zweier gegensätzlicher Typen, die dennoch beide die Auseinandersetzung mit Sprache pflegen, auf antike Ursprünge zurück. Doch unverkennbar setzt er hier den Typus des Klostergelehrten als Vertreter der *vita contemplativa* in Kontrast zum Typus des Weltmanns der *vita activa*, ohne irgendeine Wertung vorzunehmen.

Notker kommt es darauf an, die Rhetorik genau zu konturieren. Darum differenziert er weiter: *quaestio* und *causa*, *thesis* und *hypothesis* sind also verschieden; zu unterscheiden ist dasjenige, was philosophisch ist, von demjenigen, was zum zivilen sozialen Leben gehört. Gerade die letztgenannte *causa*, also die zivile Fragestellung, ist aber der Gegenstandsbereich der Rhetorik (*ars rhetoricae*) und damit des Orators selbst, um sein Fachwissen (*scientia*) zutage treten zu lassen: beim Urteilen und Herausfinden, was billig und gerecht ist, in der Gerichtsgattung; beim Zuraten des Nützlichen in der Beratungsgattung, also bei Planungen und Beschlussfassungen des politischen Gemeinwesens (*res publica*); beim Aufweisen des Ehrens- und Lobenswerten bzw. des Würdigen und bei seinem Gegenteil im Fall von

Einzelpersonen in der Vorzeigegattung, d. h. bei Wahlen, Ernennungen und Einsetzungen von Regierungen (Rhet. lat. 36).

3. Quid sit ars? Die Theorie der Rhetorik

Cicero wirft in den *Partitiones* (1,3) die Frage auf: »In wie viele Teile muß man die gesamte Rhetoriklehre (*omnis doctrina dicendi*) einteilen?« Er nennt dann drei disziplinäre Bereiche: zuerst die spezielle Fähigkeit des Orators (*vis oratoris*), dann den Text (*oratio*), schließlich die Untersuchung der Problemlage (*quaestio*). In der Rhetoriktradition wird die von Notker unter dem Stichwort *materia* subsumierte Lehre von der Situations- und Gegenstandsanalyse in die rhetorische Inventivik integriert. Notker ist da anderer Ansicht, und so gelingt ihm eine sehr viel klarere Ausarbeitung der spezifischen rhetorischen Arbeitsprozesse. Für ihn ist die Fallanalyse vorgängig. Erst dann folgt, wie die Oratoren, die die beiden Parteien (z. B. Orest und seine Gegner) für sich engagiert haben, der Meinungsverschiedenheit ein Ende machen können, indem sie den anderen und vor allem den Richtern zuraten, dass der Täter Strafe oder Straffreiheit verdiene (Rhet. lat. 8).

Das ist die eigentliche rhetorische Tätigkeit: Im gesellschaftlichen Rahmen die Stimme erheben und in einem orientierenden kommunikativen Akt das Denken und Handeln der Menschen lenken. Gemäß römischer Tradition zentriert auch Notker die Rhetorik in letzter Instanz auf die Vorstellung vom kommunikativ Handelnden: Jeder Orator handelt also so, dass er seine Gegner bezwingt, Richtende und Zuhörende an sich zieht und, wie Cicero sagt, mit dem Reden überzeugt (Rhet. lat. 43).

Die Rhetorik hat folglich auch für Notker ihren Sitz *in* den Oratoren; ihre Kompetenz ist die Manifestation der *ars rhetorica.* Jene Theorie (*ars*), sagt er, und jene im Wissen verankerte Kompetenz (*scientia*), aufgrund derer sie ihr Überzeugungshandeln vernunftgeleitet (*rationabiliter*) ausführen können, nennen wir *rhetorica.* Sie hat ihren Sitz in der Seele des Orators (*in anima*). Der Sachgegenstand aber, auf den sich die Theorie bezieht (die *materia*), ist nicht in ihm selbst, sondern außerhalb seiner Person (*exterius*) angesiedelt, also in der gesamten Auseinandersetzung Orests mit seinen Gegnern. Immer ist der stoffliche Gegenstandsbereich schon vorgegeben, erst dann erwartet man die Technik oder den theoriegeleiteten Umgang (*artificium*) mit dem Stoff (Rhet. lat. 8).

Die fachliche Tätigkeit des Orators ist auf sein Hauptinstrument gerichtet: den Text (*oratio*), vor allem in Form mündlich vorgetragener Reden. In Übereinstimmung mit Cicero widmet Notker dem Text eine eigene Theoriesektion unter dem Stichwort *opus*, Werk bzw. Leistung. Die oratorische, textproduzierende und reproduzierende Technik verdient aber ebenfalls eine eigene Abteilung. Traditionell steht sie unter der Rubrik der fünf Aufgaben des Orators, der Officia oratoris, aus denen sich die fünf Theoriebereiche der *ars* ergeben: *Partes eius sunt quinque. Inventio. dispositio. memoria. elocutio. pronuntiatio* (Rhet. lat. 46). Notker erläutert, warum die Kenntnis dieser Arbeitsvorgänge so wichtig ist. Sie gehören zur Grundausstattung eines jeden, der Texte produziert, und damit zum Grundwissen aller literarisch Tätigen seiner Zeit: Nicht nur der Orator, schreibt er, sondern auch der Prediger (*praedicator*), und wer eine Botschaft überbringt sowie jeder, der mit seiner Stimme etwas berichten will, braucht diese *partes.* Es ist unabdingbar, dass sich die Verfasser von Büchern (*scriptores librorum*) auf mindestens vier dieser Bereiche stützen. Und wo die sechs schon genannten Teile jener Textsorte vorhanden sind, mit der ein Orator in Streitfällen arbeitet – nämlich Einleitung, Untergliederung, Sachverhaltsbericht, Argumentstützung, Widerlegung und Schluss –, kann keiner dieser Teile ohne die genannten fünf Arbeitsgänge ausgeführt werden. Was immer man auch in irgendeiner Form des sprachlichen Ausdrucks rhetorisch zurückweist oder lobt, es gehört zu einem dieser Bereiche (Rhet. lat. 46).

Bemerkenswert ist, dass Notker auch dichterische Belege anführt, um einen eventuellen Mangel an rhetorischer Theorieumsetzung zu belegen. So verweist er etwa bezüglich kritikwürdiger Inventivik auf Terenz und bezüglich der Disposition auf Vergil: Viele kreideten Vergil nämlich Fehler der *dispositio* an, wenn er die Wanderungen des Aeneas nicht vom Beginn, sondern von der Mitte des Weges an erzählt (Rhet. lat. 47).

Der bewusste und kundige Umgang mit der rhetorischen Textproduktionstheorie – und eine andere sieht Notker zu seiner Zeit nicht – führt zur Kompetenz im Ausarbeiten elaborierter Texte. Daraus ergibt sich eine spezifizierte Rhetorikdefinition, die Notker für seine Schüler auch in ihrer Terminologie genau erläutert: »Rhetorik ist die im Wissen verankerte Kompetenz, sprachlich gut zu formulieren (*Rhetorica est bene dicendi scientia*). Das ist die Definition (diesen Begriff *diffinitio* übersetzt man mit ›genaue Merkmalszumessung‹ *gnotmezunga*, d. h. nicht mehr, nicht weniger; man kann es auch anders nennen, wie vorher gezeigt [in Rhet. lat. 5]). Was heißt nun gut formulieren? Geeignet, d. h. etwas angemessen oder passend ausdrücken, um zu überzeugen oder abzuraten. Woher kann man das? Die Natur verhilft dazu, die Ausbildung aber nährt es und läßt es wachsen.« (Rhet. lat. 45)

Nun erläutert Notker die fünf genannten Bereiche, die die Produktionsstadien bei der Textverfertigung darstellen. Zunächst die kognitiven Prozesse der Gedankenfindung und -anordnung (Rhet. lat. 48): Die *inventio* ist wichtiger als alle anderen Bereiche der Rhetorik, betont er. Seine Beispiele stammen vor allem aus der biblischen Literatur und machen deutlich, dass sich die Findung nicht nur auf Argumente bezieht (Susanna im Bade, Petrus in der Apostelgeschichte usw.), sondern auch auf Handlungsideen (salomonisches Urteil). Da Notker die gesamte *materia*-Erörterung aus der rhetorischen Technik ausgegliedert hat, fällt die *inventio* dann doch relativ kurz aus. Auffällig ist, dass sich die Argumentations- und Beweislehre im engeren Sinne für Notker auf die Statuslehre der *materia*-Kapitel beschränkt. Bei Erörterung der Redeteile wird sie nur kurz berührt. Offenbar gehörte dieses Gebiet für ihn zur Dialektik, die er ja in eigenen Schriften behandelt. Allerdings finden sich die Rudimente einer Topik (Schema des Personenlobs) unorganisch in den Schlussteil des Proömiums eingearbeitet (prooem., S. 644, Z. 4–645, Z. 27). Vielleicht ein späterer Nachtrag?

Das auf die Inventivik folgende Dispositionskapitel ist traditionell knapp bemessen. So auch bei Notker. Es ist originell und hebt sich von den Inhalten der benutzten antiken Quellen ab. Zum entscheidenden Darstellungsprinzip wird der *ordo naturalis* erklärt: Die *dispositio* ist die geordnete Einteilung der gefundenen Tatsachen und der Gedanken. Das heißt: Aufbau und Einteilung der Rede (*táz chît scáfunga vnte órdenúnga des kechôsis*). Eine gute Disposition besteht darin, eine Sache in der Reihenfolge zu erzählen, in der sie geschehen ist. Dies ist nicht in den letzten Büchern der Könige beachtet worden, wo in umgekehrter Reihenfolge zuerst der Tod der Könige erzählt wird, dann erst, was sie während ihres Lebens taten. Eine vernünftige Disposition macht einen Text klar (Rhet. lat. 49).

Nun zu den performativen Arbeitsstadien. Auf die Gedächtnislehre (*memoria*) will Notker nicht näher eingehen (Rhet. lat. 50).[12] Bei der ganz am Schluss behandelten Vor-

12 Zu seinen wenigen Bemerkungen und ihrer historischen Einordnung siehe Joachim Knape, »Memoria in der älteren rhetoriktheoretischen Tradition«, in: *Zeitschrift für Literaturwissenschaft und Linguistik* 27 (1997) H. 105, S. 6–21.

tragslehre (*pronuntiatio*) ist das anders. Relativ ausführlich teilt er praktische Richtlinien zum Redevortrag auf Grundlage der *Rhetorica ad Herennium* und des Martianus Capella mit. Bei der Stimme hebt Notker besonders die Notwendigkeit von Sprechübungen hervor; beim Gesichtsausdruck konzentriert er sich auf das Augenspiel. Übernahme der Mimik von Schauspielern ist auf jeden Fall zu vermeiden. Das gilt auch für die gestische Körpersprache, sie soll kontrolliert, nie wie die von Frauen sein. Im Gegensatz zur antiken Tradition sind die mitgeteilten Regeln auf Normativität hin ausgewählt und betonen die körperliche Selbstbeherrschung. Generell gilt, dass die intellektuelle Leistung (*prudentia*) mehr zählt als die aufs Körperliche bezogenen Lehrsätze der klassischen Rhetorik. Bemerkenswert am *pronuntiatio*-Kapitel ist die große Zahl althochdeutscher Begriffe, mit denen Notker seine Definition erläutert. *Pronuntiatio est ex rerum et verborum dignitate vocis et corporis moderatio.* Notker gibt dazu folgende Erklärungen (Rhet. lat. 58):

- *pronuntiatio*: *dáz ist tíu gerértida dero stímma ióh tis lîchamin nâh tero geríste déro uuórte únde déro díngo* (»das ist die Ausgewogenheit der Stimme wie des Körpers gemäß der Würde der Worte und der Sachverhalte«);
- *item quid est pronuntiatio? kerértida* (Ausgewogenheit), *kebárda* (Gebaren), *kehába* (Haltung), *keuúrftîgí* (Verhalten), *kezâmi* (Anstand), *síntsâmi* (Ausgewogenheit), *zúhtîgi* (Würde);
- *pronuntiare*: *férrenân ságên* (vorzüglich sprechen);
- *gestus*: *ántpâra* (Gebärde), *tâtuuîchúnga* (Geste), *ánterúnga* (Nachahmung), *uuérbida* (Bewegung);
- *moderatio*: *scáfunga* (Ordnung), *mézunga* (Maßhalten), *métenscáft* (Ausgewogenheit).

Von den fünf rhetorischen Arbeitsschritten bleibt jetzt noch der für Notker zweitwichtigste: die kunstvolle Ausformulierung (*elocutio*). Er rahmt diesen umfangreichen

Theorieteil mit einer einleitenden Definition und einer abschließenden Diskussion seines Stellenwertes, den ihm die kontroverse Einschätzung in der christlichen Tradition nahe legte. Die Eingangsdefinition stammt von Cicero: *Elocutio est idoneorum verborum ad inventionem accomodatio*. Das erläutert Notker wie folgt (Rhet. lat. 51): *Elocutio. daz chit reht kesprache. vel reht kechose ist* (»kunstvolle Ausformulierung, das bedeutet gute Rede, oder es ist eine gute Redeweise«). *Idoneorum verborum accomodatio ad inventionem. Dero sculdigon uuorto legida ze dinen gedanchin. ze demo so du sprechen uuellest* (»Die passende Ordnung der Worte zu deinen Gedanken, wozu du sprechen willst«). *Elocutio* bedeutet außerdem, sich vollständig auszudrücken.

Hatte sich Notker bei *materia* und *inventio* wesentlich auf Ciceros *De inventione* stützen können, so dient ihm jetzt Martianus Capella als Hauptquelle, auch wenn er im Text (Rhet. lat. 57) darauf hinweist, dass man für diese Fragen auf die damals ebenfalls Cicero zugeschriebene *Rhetorica ad Herennium* zurückgreifen müsse. Inhaltlich werden alle üblichen Aspekte der rhetorischen Formulierungslehre berücksichtigt: Formulierungsprinzipien, Tropen- und Figurenlehre, Satzgestaltungslehre (*compositio*), insbesondere auch Klausellehre. Auffallend ist Notkers klar strukturiertes Aufbauschema. Von Martianus Capella inspiriert, entwickelt er für den gesamten *elocutio*-Sektor ein aus binären Oppositionen bestehendes Ableitungssystem, das hier nur stichwortartig abgebildet werden soll (Rhet. lat. 52):

- Arbeitsebenen beim niveauvollen Formulieren (*ratio elocutionis*): Einzelwort und Satz/Text.
- Fundamentale Formulierungsprinzipien (*fundamenta*): korrekt und klar.
- Glanzleistungen des Formulierens (*fastigia*): wortreich und schmückend.
- Wortwahlvarianten (*verba*): eigentlich und uneigentlich.

- Formulierungsvarianten (*locutiones*): einfach und figuriert.
- Figurationsvarianten (*figurae*): Ausdrucksfiguren und Inhaltsfiguren.
- Bewertungsvarianten von Formulierungen: virtuos und vitiös.

Dass die letztgenannte Abteilung zu den sprachlichen *virtutes* und *vitia*, den Vorzügen und Fehlern bei der Textgestaltung (Rhet. lat. 53–56), länger als die gesamte Figurenlehre ist, hängt gewiss mit dem didaktischen Impetus des Werkes zusammen. Die Darstellung der Barbarismen (*barbara*, d. h. *éndírskiu álder froemidiu*, also fremd oder ausländisch) gibt Notker Gelegenheit, erste Ansätze philologischer Kritik zu betreiben. Donat führe in seiner Grammatik Beispiele an (z. B. ein Wort wie *mastruga*), solche unzulässigen Ausdrücke könne man auch in der »Lex Alemannorum« finden, z. B. *ueregeldum* oder *fredum* (Rhet. lat. 53).

Die Figurenlehre (Rhet. lat. 52) ist insofern von besonderer Bedeutung, als wir hier die ältesten deutschsprachigen Beispiele für poetische Figurenanwendung in einer Rhetorik haben. Das erste Beispiel findet sich in der Erläuterung zu den Ausdrucksfiguren. Jede sprachliche Formulierung, sagt Notker, ist entweder einfach oder figuriert (*simplex vel figurata*). Sie kann entweder inhaltlich oder in einzelnen Ausdrucksformen (Sprachoberfläche) zu dem jeweils in der *inventio* sachlich Gefundenen passend gestaltet werden. Die einfache dient der Einsicht in die Sache und bedient sich der Eigentlichkeit von Worten. Diese schlichte Ausdrucksweise werde in der christlichen Tradition gegenüber der auf darstellerische Erhabenheit (*sublimitas*) setzenden Sprachkunst zumeist höher geschätzt. Doch Notker gibt zu bedenken, daß selbst der Herr je nach Gelegenheit teils einfach, teils figuriert gesprochen habe. Die figurierte Ausdrucksweise ist nicht selten leistungsfähiger, wie ja überhaupt das Angemessenheitspostulat stets zu beachten ist.

Figurierte Rede macht sich beliebt durch die artifizielle Schönheit der Komposition oder das Ungewöhnliche einer Bedeutung, wie etwa das Beispiel Vergils zeigt:

»Marsa manus peligna cohors festina virum vis«.

Die lautähnlichen Silben ***Ma*** und ***na***, ***gna*** und ***sa***, ***ors*** und ***ars***, ***vis*** und ***vi***, die von den unähnlichen getrennt wahrgenommen werden, bilden hier einen anmutigen Zusammenklang und eine harmonische Variation. Und mit Anstrengung kann man eine derartige Wortverbindung (*compositio*) in jeder Sprache schaffen, um Wohlgefallen (*delectatio*) zu erzeugen, so wie in diesen deutschen Versen:

Sóse snél snéllemo
pegágenet ándermo.
sô uuírdet slîemo
firsniten sciltrîemo.

Wenn ein Held
Einem anderen Helden begegnet
So wird schleunigst
Zerschnitten der Schildriemen.

Und ebenso:

Der heber gât in lîtun
trégit spér in sîtun.
sîn báld éllin
nelâzet in uéllin.

Der Eber geht auf der Berglehne
Er trägt den Speer in der Seite
Seine große Kraft
Läßt ihn nicht fallen.

Im Griechischen nennt man diese Figuren *figurai lexeos* (Ausdrucksfiguren), d. h. *figurae dictionis,* bei denen allein die Wortkomposition wohlgefällt. Die andere Gruppe ist die der Inhaltsfiguren, die im Griechischen *figurae dianoeos*, so Notkers Schreibweise, also Gedankenfiguren genannt werden. Man sagt mit ihnen etwas anderes, als man meint. Notker führt dazu ein lateinisches Sprichwort an (Rhet. lat. 52):

Porcus per taurum sequitur vestigia ferri.
Das Schwein folgt den Spuren des Eisens durch den Stier.

Hier spricht einer, so Notker, per Synekdoche von der Arbeit des Schusters, bei der jeweils das Ganze genannt (die Tiere, das Eisen), aber nur ein Teil gemeint ist (der Borstenfaden vom Schwein, das Rindsleder und die Eisennadel). Notker wendet sich jetzt der mit Übertreibungen spielenden Hyperbel zu, weil sich hier gut deutsche Verse anschließen lassen, die die oben bereits präludierten Eber-Verse fortsetzen. Bei ihnen handelt es sich um sachlich nicht eigentlich zugehörige, aber dennoch nahe liegende Worte (*aliena sed propinqua*):

Imo sínt fûoze
fûodermâze.
ímo sínt búrste
ébenhô fórste.
únde zéne sîne.
zuuélifélnîge.

Ihm sind Füße
Groß wie ein Fuder
Ihm sind Borsten eigen
Hoch wie ein Forst
Und seine Zähne
Sind zwölf Ellen lang.

Notker behandelt abschließend nochmals die Frage, wie die rhetorische Formulierungskunst zu beurteilen ist (Rhet.

lat. 57). Inventivik und sprachliche Elaborierung gehören seiner Meinung nach untrennbar zusammen. Die Elokution verlangt aber besonders aufwendiges Training, und so rechtfertigt sich auch ihre ausgefächerte Theorie. Gedanken wirken nur, wenn sie entsprechend formuliert auftreten. Bei den größten *ingenia* bewundere man entweder die Meisterschaft in der Findungskunst oder in der Formulierungskunst. Augustinus etwa hebt Varro als fachlichen Kenner, Cicero dagegen als Beherrscher des Wortes hervor. Natürlich weist Notker auch auf die Gefahr der Überschätzung hin. Nach dem Zeugnis von Hieronymus haben manche die Elokution so vorgezogen, dass sie sogar von der Bibellektüre Abstand nahmen, weil sie vor der wenig anmutigen äußeren Schale dieser Schriften zurückschreckten. Und auch Augustinus macht einen deutlichen Unterschied in der Bewertung zwischen den sich inhaltsleer geziert ausdrückenden Manichäern und dem schlicht aber gehaltvoll redenden Ambrosius. Dennoch ist zu bedenken, dass antike Denker wie Cicero demgegenüber klare Präferenzen hatten. Wer seine Überlegungen nämlich nicht auch entsprechend ausformulieren konnte, der missbrauchte nach Ansicht Ciceros lediglich das Schreiben.

4. Quid sit opus? Der Text als Werk des Orators

Notker hatte einleitend das gesamte Wissen der Rhetorik in die drei aufeinander aufbauenden Bereiche 1. der fachlichen Gegenstände, 2. der technischen Theorie und 3. des instrumentell einsetzbaren Produkts gegliedert. Im 44. Kapitel sagt er entsprechend, zuerst komme der Gegenstand, d. h. der Fall, über den bereits gesprochen wurde. Dann der Text – das, worüber wir gerade sprechen –, der zeigt, von welcher Art diese *causa* ist. Der Text selbst geht aus dem fachlichen Wissen (*scientia*) des Orators hervor, das wir *rhetorica* nennen. Der Fall des Muttermörders Orest gibt das Beispiel ab. Eine *causa* solcher Art wird zum fachlichen Gegenstand, mit dem sich der Orator nach Maßgabe der rhetorischen Theorie auseinander zu setzen hat. Die oratorische Tätigkeit besteht darin, einen Text auszuarbeiten, mit dem er als Hauptinstrument die *causa* lösen kann. Notker erklärt dazu kurz und bündig: Beachte, der Orator rüstet sich aus, um mit seinem Text (*oratio*) Orest verteidigen zu können. Er hat als Thema (*materia*) seines Textes den Fall des vorgeworfenen Verbrechens. Nun muss er seine Technik (*artificium*) der Verteidigung beweisen. Je stärker sein Text ist, desto unschuldiger wird Orest erscheinen (Rhet. lat. 9).

Der Orator schafft als Produkt oder Werk (*opus*) eine Oratio. Auch bei Notker verbietet es sich, einfach vom »Redner« und seiner »Rede« zu sprechen. Die modernen eingeschränkten Bedeutungen dieser Begriffe würden nicht klar genug werden lassen, dass Notker, ähnlich wie Cicero, verschiedene Arten von Texten im Auge hat. Daher ist es besser, sich an die lateinische Begrifflichkeit anzulehnen und vom Orator und von der Oratio (oder linguistisch neutral vom »Text«) zu sprechen. Wenn es um den Text geht, nimmt Notker nicht mehr die Perspektive des Vertextungsprozesses ein, sondern die der sedimentierten Textstruktur. Gemäß klassischer Tradition gibt es für die Oratio ein entsprechendes festes tektonisches Schema: *exordium, partitio, narratio, confirmatio, conclusio* und – das ist Notkers Spezialität – die *iudicatio* (Rhet. lat. 10–12); ob Notker das abschließende Urteil des Orators über den Fall (*iudicatio*) als integralen Teil der *conclusio* sieht oder als eigenen Redeteil, wird nicht klar.

Dass er nicht allein an »Reden« im engeren Sinne denkt, sondern auch an andere Textgattungen, wird nicht nur hier deutlich, wo er sagt: Die ersten drei Textteile, die die Oratoren für sich reklamieren, findet man auch bei den Historiographen als *prologus*, *capitula*, *textus*. Der Prolog macht die

Leser aufmerksam und sachlich interessiert. In Historien und Kommentaren ist es allerdings nicht nötig, Wohlwollen zu erzeugen, anders als in rhetorischen *causae*. Kapitelüberschriften (*capitula*) erlauben die Wahrnehmung des Buchaufbaus. Der Text aber berichtet die Sachverhalte als solche. Beim *textus* (bzw. der *narratio*) gelten sowohl in oratorischen Fällen als auch in den Büchern der Historiographen drei Eigenschaften als Vorzüge, so wie das auch für die Einleitung (*exordium*) gilt, nämlich dass der Text *brevis*, d. h. *spûetich* (kurz), sei, *lucida*, d. h. *offin* (deutlich), und *probabilis*, d. h. *keloûplich* (glaubhaft). Bezüglich näherer Hinweise zu diesen Sachverhalten möge sich der Leser auch diesmal an Cicero wenden, rät Notker (Rhet. lat. 11).

Es bleibt aber nicht bei derartigen generalisierten Regeln. Notker weiß um die Dynamik sprachlicher Verhältnisse, und so leitet er am Ende des 37. Kapitels zu seiner Stillehre mit der Bemerkung über, der menschliche Geist (*ingenium*) ersinne für sich täglich neue Verfahrensweisen (*rationes*) des Zuratens und Abratens, und fährt dann in Kapitel 38 fort: In dieser Hinsicht sind einige eher würdevoll (*graviores*), wie etwa die Römer, einige eher scharfsinnig (*acutiores*), wie die Griechen, einige eher kunstvoll (*ornatiores*), wie die Attizisten, und andere wieder weitschweifiger (*copiosiores*), wie die Asianer. Die mit diesen Worten gebotene oratorische Vierertypologie ist ausgesprochen originell. Notker geht von Sprechertypen aus und gelangt dann zu vier entsprechenden Modi loquendi.

Ein Beispiel für die Erhabenheit im Sprechen (*gravitas*) ist, wenn eine Tatsache so berichtet wird, dass niemand sie sich als größer (*maius*) und mächtiger (*gravius/heuigor*) vorstellen kann. Die zweite Art, das scharfsinnige Sprechen, stützt sich auf den rationalen Beweis. Schmuckvolles Sprechen wiederum beruht auf Umschreibung oder Figuration. Das weitschweifige Reden schließlich besteht darin, eine rhetorische Aussage durch zahlreiche Gründe zu unterfüttern (Rhet. lat. 39–42). Diese Arten zu reden (*genera orandi*) sind nicht leicht zu lernen, betont Notker. Man braucht nicht nur die Beherrschung des rhetorischen Methodenarsenals, sondern muss sich auch in den Schwesterdisziplinen auskennen, speziell in der Grammatik und in der Dialektik bzw. Logik (Rhet. lat. 42).

Notkers Resümee lautet: In den fünf unter der Rubrik *ars* abgehandelten großen Produktionssektoren ist letztlich das ganze Wissen der Rhetorik enthalten. Aber es liegt im Verborgenen, wie jedes Wissen, und zwar im Innersten des Herzens, wo sich auch der Sitz der Seele befindet, ohne den die Rhetorik keinen Ort hätte. Aber wenn sich die Gelegenheit bietet, tritt die Rhetorik offen zutage. Und inmitten der Menge, wo die Urteile des Volkes stattfinden und die Beschlüsse der Fürsten zu hören sind, die die Regierungsgeschäfte ausführen, findet sie die größte Anerkennung (Rhet. lat. 59).

Nova Rhetorica

Inhalt

Proömium	1. Soziale Bedeutung und Wert der Rhetorik
	2. Die Wissenssektoren der Rhetorik
	3. Topik der Personendarstellung
	I.
1–7	1. Die rhetorische Gegenstands-Theorie (*materia artis*)
2	1.1 Die kommunikativen Fälle (*genera causarum*)
3–4	1.2 Die Streitpunkte (*status*)
8	2. Die rhetorische Technik-Theorie (*ars*). Einführung
9–13	3. Die rhetorische Werk-Theorie (*opus/oratio*)
10–12	3.1 Die fünf klassischen Redeteile (*partes orationis*)
13	3.2 Der Beurteilungsteil (*iudicatio*)
	II.
14–37	1. Die rhetorische Gegenstands-Theorie (*materia*). Fortsetzung: Wiederaufnahme und Vertiefung der Statuslehre
37	Exkurs: Über den Sinn des Wiederaufnahme-Prinzips
38–44	2. Die rhetorische Werk-Theorie (*opus/oratio*). Fortsetzung
38	2.1 Die vier stilbezogenen Oratorgattungen (*genera oratorum*)
39	2.1.1 Gewichtig (*gravis*)
40	2.1.2 Scharfsinnig (*acutus*)
41	2.1.3 Kunstvoll (*ornatus*)
42	2.1.4 Weitschweifig (*copiosus*)
43	2.2 Leistung eines rhetorischen Textes: Überzeugen
44	2.3 Pragmatischer Ursprung des Textinhalts
45–58	3. Die rhetorische Technik-Theorie (*ars*). Fortsetzung
46	3.1 Die fünf Technikbereiche (*partes rhetoricae*)
47	3.2 In diesen Bereichen auftretende Mängel

48	3.3 Findung (*inventio*)
49	3.4 Aufbau (*dispositio*)
50	3.5 Sicheinprägen (*memoria*)
51	3.6 Ausformulieren (*elocutio*)
52	3.6.1 Bestandteile der Formulierungslehre
53–54	3.6.2 Ausdrucksmängel bei Wortwahl, Figuration und Satzbau
55–56	3.6.3 Über gute und schlechte Satzschlüsse (*clausulae*)
57	3.6.4 Über den Rang des Formulierens (*dignitas elocutionis*)
58	3.7 Vortragen (*pronuntiatio*)
59	Epilog: Rhetorik als Wissen und als Kommunikationsrealität

6

Friedrich Riederer
Spiegel der wahren Rhetorik
(1493)

Mittelalter und Renaissance in der ersten deutschsprachigen Gesamtrhetorik

Im Hochmittelalter entstanden keine neuen herausragenden Gesamtrhetoriken. Die klassische Rhetoriktradition wurde aber seit dem 12. Jahrhundert zum Ausgangspunkt für die Abfassung neuartiger, auf die zeitgenössischen kommunikativen Bedingungen eingestellter Spezialrhetoriken. Dabei handelt es sich um Textrhetoriken für die Schule, Kanzleirhetoriken für die politisch-diplomatische Kommunikation und Predigtrhetoriken, die man heute unter die Begriffe Ars poetriae, Ars dictandi und Ars praedicandi subsumiert. Der Bildungsumschwung der Renaissance brachte im 15. Jahrhundert eine humanistische Neuorientierung auf die klassische Tradition mit sich, in deren Gefolge wieder Gesamtrhetoriken entstanden. Fast alle bedeutenden Humanisten Deutschlands schrieben oder edierten im 15./16. Jahrhundert rhetorische Werke. Friedrich Riederers (geb. um 1450) 1493 gedruckter Rhetorik kommt vor diesem Hintergrund ein besonderer Rang zu, weil er mit ihr erstmals ein umfassendes Kompendium der Rhetorik in deutscher Sprache veröffentlicht. Noch 1738 rühmt Johann Christoph Gottsched das Werk in seiner *Ausführlichen Redekunst*, wo er den Beginn der deutschen Rhetorikkultur erörtert: »Die erste deutsche Rhetorik aber, hat meines Erachtens Meister Friedr. Riedrer, unter dem Titel: Spiegel der waren rhetoric,

Frontispiz von Friedrich Riederers
Spiegel der waren Rhetoric (1493)
Holzschnitt, mit dem Zeichen des Matthes Maler signiert

Vß Marco Tulio Cicerone, vnd andern getütscht etc. Straßburg Anno [...] 1509. in fol. drucken lassen.«[1]

Riederer stellte die Buchausgabe seines Werkes in der eigenen Freiburger Druckerei her und gab ihr gewiss nicht zufällig den Namen *Spiegel der waren Rhetoric,* denn in der mittelalterlichen Buchtitelpraxis wurde der Begriff *speculum/Spiegel* als Synonym für *summa* benutzt.[2] Sein Werk soll also umfassend sein. Wenn er zugleich von der »wahren Rhetorik« spricht, dann markiert er die Besonderheit seines Werkes auch noch in anderer Hinsicht. Gegenüber den in den zeitgenössischen Kanzleien verbreiteten Schreiberhandbüchern, deren Bestandteile nur aus der Ars-dictandi-Tradition stammen, will er, viel weiter gehend, – so heißt es auf dem Titelblatt – die wahre Rhetorik »vß M. Tulio C vnd andern« in deutscher Sprache rekonstruieren. Vergleicht man Riederers *Spiegel* mit Heinrich Gesslers im gleichen Jahr (1493) gedruckten *New practicirt rethoric,* kann man den Abstand zu den Schreiberhandbüchern der Ars-dictandi-Tradition erkennen, die in den Kanzleien benutzt und auch ›Rhetoriken‹ genannt wurden, sich aber nur auf das Briefwesen bezogen.[3] Vergleicht man den *Spiegel* andererseits mit den Rhetoriken der schon erwähnten humanistischen Tradition, ergibt sich ebenfalls eine Differenz. Der mit Riederer offensichtlich gut bekannte *Narrenschiff*-Bearbeiter

1 Johann Christoph Gottsched, *Ausführliche Redekunst* ([5]1759), in: J. Ch. G., *Ausgewählte Werke*, hrsg. von Joachim Birke, seit 1975: von Phillip M. Mitchell, Bd. 7,1, hrsg. von Rosemary Scholl, Berlin / New York 1975, S. 77, § XXIV.

2 Paul Lehmann, *Mittelalterliche Büchertitel,* Bd. 2, München 1953 (Sitzungsberichte der Bayerischen Akademie der Wissenschaften, philos.-hist. Kl., Jg. 1953, H. 3), S. 31.

3 Erich Kleinschmidt, »Humanismus und urbane Zivilisation. Friedrich Riedrer (um 1450 – um 1510) und sein *Spiegel der waren Rhetoric*«, in: *Zeitschrift für deutsches Altertum (und Literatur)* 112 (1983) S. 296–313, hier S. 303 f.; vgl. auch E. K., »Riedrer (Riederer), Friedrich«, in: *Die deutsche Literatur des Mittelalters. Verfasserlexikon*, begr. von Wolfgang Stammler, fortgef. von Karl Langosch, hrsg. von Kurt Ruh, Bd. 8, 2., völlig neu bearb. Aufl., Berlin [u. a.] 1992, Sp. 70–72.

Jakob Locher etwa schrieb eine solche Rhetorik unter dem Titel *Epithoma Rhetorices* und gab sie 1496 bei Riederer in Druck. Bietet Gessler unter dem Begriff ›Rhetorica‹ eine reine Mustersammlung (Titulaturenbuch und Formulare für die Schreiber- und Kanzleipraxis), so legt Locher ein humanistisches Theoriewerk vor, mit den klassischen fünf Produktionsstadien (Officia oratoris) im Zentrum, auch mit humanismustypischen Erörterungen zur Autorenlektüre und zum Nachahmungsprinzip, aber ohne Textmuster als praktische Exempla. Damit stehen sich die im Mittelalter kultivierte Spezialtradition der Ars-dictandi-Rhetorik und die klassische Tradition der Gesamtrhetoriken (Officia-Systemrhetoriken) gegenüber. Bei Riederers Rhetorik nun haben wir es mit dem einzigartigen Unternehmen einer deutschsprachigen integrativen Rhetorik zu tun, die beide Traditionsstränge zusammenführt. Auf diese Weise gelingt es Riederer, eine in deutscher Sprache bislang nicht da gewesene Art von Rhetorik zu schaffen, die über den Standard der zeitgenössischen Schreiberhandbücher weit hinausgeht.

Riederer stellte sich bei den Vorarbeiten zu seinem Buch offensichtlich eine kleine Sammlung gedruckter und damit für ihn maßgeblicher Rhetoriktexte zusammen. Dabei muss ihm ein Druck der Rhetorik des Jacobus Publicius Florentinus (Hispanus) in die Hände geraten sein. Aus Italien kommend, lehrte dieser Wanderhumanist *ius* u.a. an den Universitäten von Erfurt (1466/67), Leipzig (1467), Wien und Köln (1468) sowie Basel.[4] Dort schrieb er sich 1469/70 als »Jacobus Jacobi Publicius de Florencia, doctor in medicinis« ein und übernahm wahrscheinlich für kurze Zeit die Poetik-Dozentur.[5] Aus Aufzeichnungen seiner Schüler wis-

4 Agostino Sottili, *Giacomo Publico, »Hispanus«, e la diffusione dell'Umanesimo in Germania*, Barcelona 1985. Zusammengefasst in: Barbara Kuhn, *Gedächtniskunst im Unterricht*, München 1993, S. 52 ff.

5 Joachim Knape, *Dichtung, Recht und Freiheit. Studien zu Leben und Werk Sebastian Brants 1457–1521*, Baden-Baden 1992, S. 167.

sen wir, dass er über römische Klassiker wie Cicero, Terenz, Horaz, Seneca und Sallust, aber auch über die Briefe des Kirchenvaters Hieronymus las. Vor allem aber trat er als Rhetoriklehrer hervor. Was er an Rhetoriktheorie unterrichtete, ist in zahlreichen Handschriften überliefert. Entscheidend für die weitere Wirkung seiner rhetorischen Schriften waren aber die seit 1482 erscheinenden, von Erhard Radtolt ansprechend aufgemachten Sammeldrucke unter dem Titel *Oratoriae artis epitoma* (»Auszug der Rhetorikkunst«). Einer dieser Drucke war Riederer bekannt. Ihm entlieh er das bis dato ungewöhnliche Konzept einer integralen Gesamtrhetorik. Riederer orientierte sich nicht nur hinsichtlich der Makrostruktur des *Spiegels* an Publicius, vor allem was die eigentümliche Verknüpfung der traditionell heterogenen Bestandteile angeht, sondern griff auf dessen Text auch innerhalb verschiedener Einzelkapitel zurück. In den großen Themenbereichen stimmen die Publicius-Rhetorik und Riederers *Spiegel* vielfach überein (siehe Übersicht Seite 212).

Das »Modell Publicius« hat Riederer offenbar deshalb beeindruckt, weil hier ohne weiteres moderne, d. h. von humanistischer Antikebindung geprägte Rhetoriktheorie (Officia-Systemrhetorik) mit Bestandteilen der jedem Kanzlisten des 15. Jahrhunderts vertrauten älteren Traditionen von Briefrhetorik und Gedächtnislehre (Ars dictandi und Ars memorativa) verknüpft waren. Riederer hat das Konzept einer integralen Gesamtrhetorik ernst genommen und anspruchsvoll überbietend weitergetrieben. Sein Grundverfahren bestand darin, das Publicius-Gerüst eigenständig zu füllen und mit Rücksicht auf die deutschen Leser um neue schreiberpraktische Inhaltssektoren nach dem Vorbild der Schreiberhandbücher zu ergänzen (z. B. die Vertragsformulare des X. Teils). Dabei arbeitet er sehr überlegt, geht immer eigenständig vor, macht den Rückgriff auf die Originalquellen zum methodischen Prinzip, verarbeitet sie aber nach eigenen Vorstellungen und sehr reflektiert.

Publicius[6]		Riederer	
1. Inventio		II.	*Vindung*
2. Dispositio		III.	*Anschick*
3. Elocutio		V.	*Zierliche red*
	3.1 Genera dicendi (*characteres dicendi*)	V.1	*Drivaltige figur oder styl*
	3.2 Elegantia	V.2	*Vßerwelung*
	3.3 Compositio	V.3	*Zesamensatzung*
	3.4 Iunctura	V.4	*Geschmucklich vereinigung*
	3.5 Ordo	V.5	*Ordnung*
	3.6 Numerus		[fehlt]
	3.7 Modus punctandi	V.6	*Punctierende maß*
	3.8 Dignitas	V.7	*Wirdikeit der wort*
4. Ars scribendi epistolas		IX.	Briefgattungslehre
	4.1 De speciebus generum		
	4.2 Titulorum et laudum distinctio	VIII.	Titelbuch
5. Ars memoriae		VI.	*Gedächtniß*

Hier nur einige Bemerkungen, um das Verfahren der Quellenkombination zu charakterisieren: An den Anfang des rhetorischen Theorieteils stellt er die sechs allgemeinen rhetorischen Selbsterforschungs-Fragen (Räte) des Albertanus Brixiensis. Bei der folgenden umfangreichen Abhandlung der Produktionsstadien beginnt er die Findung/Inventio zwar mit der Redegattungslehre nach Publicius, geht dann aber mit der Redeteillehre zu seinem Hauptgewährsmann, dem *Auctor ad Herennium* über. Erst bei der Formulie-

6 Zit. nach dem Tübinger Exemplar der Ausgabe Erhard Radtolts, Venedig 1485 (= Hain 13546). Das *actio/pronuntiatio*-Officium (IV. Teil bei Riederer) fehlt bei Publicius.

rungstheorie/Elocutio und der Gedächtnislehre/Memoria wird Publicius wieder zum Basistext; später dann noch einmal bei der Briefgattungslehre. Der Grund ist darin zu sehen, dass Publicius hier den weiterreichenden zeitgenössischen Standard bot.

Was lässt sich zu Riederers Theoriebildung sagen? Die zu seiner Zeit handschriftlich oder gedruckt im Umlauf befindlichen Rhetoriken in deutscher Sprache kommen aus der Kanzlei und enthalten als Schreiberhandbücher vor allem Formulare, also Mustertexte für alle möglichen Anlässe des Brief- und Vertragswesens. Die rhetorische Theorie tritt demgegenüber zurück. Bei Riederer ist das anders. Er nimmt zwar ein umfangreiches Korpus an Formular-Mustertexten in den *Spiegel* auf, doch immer in Verbindung mit Theorieverweisen. Die Theorie hat insgesamt ein klares Übergewicht. Riederer bezieht erstmals – wie gesagt – in einer deutschsprachigen Rhetorik auch das vollständige System der antiken Rhetorik ein und stellt dabei einen erklärten Konnex zur lateinischen Rhetorikliteratur her. Seine Hinweise zur Druckgestaltung des Buches bekräftigen dies: Einerseits gebe es den deutschen Grundtext (die »nottel dis buchs«), andererseits die auf den Blatträndern verteilten lateinischen Marginalien. Diese lateinischen Randbemerkungen und Stichworte beziehen sich auf wichtige Stellen der Quellentexte (»gruntlich statt in bewärter schrifft«). Deren »meynungen vnnd artickel« werden, vom deutschen Text abgehoben, »in vmbstendigem spacio der schrifft bezeichnet«. Der Grund liegt darin, dass nicht durch »langsam allegacion mit latins vnd tütschs zesamen vermischung« bei jungen unkundigen Lesern im »verstentniß irrung« entstehe (II^{v})[7]. Für den Fortgeschrittenen aber gibt die beige-

7 Die Stellenangaben im Text beziehen sich auf die Blattnummerierung der Ausgabe: Friedrich Riederer, *Spiegel der waren Rhetoric vß M. Tulio C vnd andern getütscht*, Freiburg 1493 (Hain 13914). (Nhd. Übers. vom Verf.)

fügte Fachnomenklatur wichtige Hinweise auf die gerade behandelten lateinischen Systemstellen.

In der Einleitung bezieht sich Riederer zunächst auf verschiedene Erfahrungs- und Wissensbereiche, die die Quellen seiner Theoriebildung waren. Zunächst nennt er die Brieflehren (»anweisung und leer briefenscher practic«), die er bei seinem Grundherren in Hohenkraigen und dann in Freiburg beim Gerichtsschreiber Vogler kennen gelernt hatte; dann die Vorlesungen an der Universität sowie die Erfahrung mit Kanzelpredigern, die ihm »vilvaltig artickel süsser kunst« zur rhetorischen Praxis und zur »Rhetoric mit irn anhengen« vermittelten; schließlich die Beobachtung der in Freiburg »in Rat vnd gericht vnzalbar wysclich geübt handlung«. Hinzu kommen die Lehren der Stadtschreiber Gotschal (»Ciceronischer natur«) und Sünlin (»Macrobischer art«). All das, was er aus diesen Quellen »gehört, gelesen, erkonnet, abgeschriben« und davon sich selbst »zu vnderwysung versamlet« habe, das wolle er nicht wie das in einem Feuerstein verborgene Feuer versteckt lassen, sondern publizieren (II^{r}). Als Zielgruppe, an die er bei der Drucklegung dachte, nennt er später auch seine Kanzleilehrlinge (»zu vnderwysung ettlicher miner schuler«; LXII^{r}). Riederer bezieht sich also bewusst auf die zu seiner Zeit wichtigsten Kommunikationsbereiche, in denen rhetorisches Wissen angewandt oder vermittelt wurde: Kanzlei, Notariats- und Schreibbüro, Wissenschaft und Unterricht, Predigtwesen, städtisches Gerichts- und Verwaltungswesen.

Riederer löst einen hohen Anspruch ein. Wie bereits betont, besteht sein Konzept darin, eine neue, umfassende, integrale Rhetorik in deutscher Sprache zu schaffen, die die verschiedenen rhetorischen Wissenstraditionen und den Bezug zur gegenwärtigen Praxis vermittelt. Er spricht deutlich aus, dass das Konzept seiner Rhetorik darin besteht, die Traditionen zu integrieren (II^{r}), d. h. die Theorie der Ars dictandi (»Rhetoric und Formular briefenscher art«) und die Theorie der antiken Ars rhetorica (»des lobwirdigen redners Marci Tulii Ciceronis vnd andrer, ouch rechtsetzer vnd poeten meynungen«); die verschiedenen Theoriestränge habe er, sagt Riederer, wohl geordnet zusammengeführt (»in schinbar ordnung verfügt«). Was auf den ersten Blick wie der eklektische Standpunkt eines mittelalterlichen Kompilators erscheint, ist bei Riederer humanistisch inspiriert und berufspraktisch motiviert. Seine Rhetorik soll für möglichst alle wichtigen Anwendungsbereiche die Theorie liefern, und der Humanist kann sich methodisch dabei auf Cicero berufen, den unumstrittenen humanistischen Gewährsmann auch in Fragen der Rhetorik. Das integrale Theoriebildungsverfahren habe Cicero in *De inventione* (2,4) gerechtfertigt, indem er ausdrücklich bestätige, seine Theorie aus verschiedenen klugen Männern zusammengestellt zu haben (»dieselb kunst ouch vß menichem clugen mann versamnet«; II^r). Und wie Cicero in *De inventione* (2,1–3) führt Riederer dann zur Klarstellung des methodischen Gewinns dieses Verfahrens das Zeuxis-Exempel an:

> Die Bürger von Kroton beauftragen den berühmten Künstler Zeuxis, den Juno-Tempel mit einem Bild der schönen Helena auszumalen. Zeuxis verlangt die schönsten jungen Frauen als Modelle. Daraufhin gestaltet er seine Helena nach den Körperteilen der fünf schönsten von ihnen.

Wie ein neuer Zeuxis, d. h. zugleich auch wie ein neuer Cicero, habe er, fährt Riederer fort, sein Werk aus den besten Bestandteilen der Schriften »wyser mannen« zu einer entsprechend anspruchsvoll gestalteten Rhetorik gefügt. Es gehört zum Charakter auch der humanistischen Werke dieser Zeit in Deutschland, dass nach solch einer programmatischen Bindung an die antike Autorität Cicero gleich eine zweite – die pagane Tradition gewissermaßen relativierende – Bindung an die christliche Kirche und an Gott in Form einer Gebetsanrufung erfolgt (Ii^v). Und so steht denn die aus den besten Theorieteilen geformte Frau Rhetorica als wohlgeschaffene Dame in der Mitte des werkeinleitenden Holzschnitts von Matthes Maler (S. 208).[8] Sie steht in einem hochverzierten Rahmen und trägt eine Glanz und Licht ausstrahlende Sonne in Händen. Deren Licht beleuchtet die im rechten Vordergrund platzierten Mächtigen (Krone, Zepter des Herrschers) und Gewaltigen (Schwert des Kriegers). Links hinter ihr stehen in Mantel und Talar bzw. mit Pilgerkette zwei Männer als Vertreter der stadtbürgerlichen Welt, wohl auch der gelehrten und schreibenden Zunft; vielleicht identifiziert sich Riederer selbst mit einem von ihnen.

Er verzichtet im Folgenden nicht auf die Bescheidenheitsfloskel, seine Lippen hätten den Quell »rechter kunst« der Rhetorik (in Form eines Studiums) nie berührt; aber ein allgemeines und ein spezielles berufliches Interesse hätten ihn zur Abfassung seiner Rhetorik »bewegt« (III^r): Zunächst ist da die Beobachtung der kommunikativen Praxis bei sich selbst und allen anderen Menschen. Er sehe, wie schlecht die Redekultur der Gegenwart sei (»das wir vnser zungen vngemeistert schädlich vnd verachtlich gegeneinander [...] bruchen«). Das gelte für die Kommunikation im Rechtswesen oder in der Politik (»in gericht oder rat«) genauso wie außerhalb dieser offiziellen Sphären. Das Ergebnis solch ungeschulter und unkontrollierter Rede (»vngewegner wort«) sei Schaden an »gut, Eer, lyb, vernunfft vnd Seel«. Sodann gebe es ein persönliches berufliches Interesse an »solicher kunst«, sagt Riederer, weil »ich brieffschribender art, die zu gutem teil« in der »Rhetoric reglen« ihren Grund habe, »zepflegen mich üb«.

8 Zum Holzschnitt vgl. J. Braun, »Riederer, Friedrich«, in: *Allgemeine Deutsche Biographie* 28 (1889) S. 529 f.

1. Ars rhetorica

Friedrich Riederer behandelt als ersten großen Theoriekomplex die klassische Ars rhetorica, wie sie die damals noch Cicero zugeschriebene *Rhetorica ad Herennium* bietet. Aber er übersetzt diesen lateinischen Text nicht einfach, sondern greift immer wieder selbständig mit Überlegung ein und entwickelt dabei eine Systematik mit eigenem Profil. Den Leitfaden für Umstellungen und Ergänzungen liefert ihm Jacobus Publicius. Riederer geht jedoch darüber hinaus. Zunächst gestaltet er den Beginn ganz neu, indem er, wie schon erwähnt, mit den sechs rhetorischen Räten des Albertanus Brixiensis einsetzt. In der Systematik wird so der praktischen Arbeit am Text und seiner Aufführung eine kognitive Phase der Selbstbesinnung und Reflexion vorgeschaltet. Wie die antike Stoa stellt er damit vor die eigentliche rhetorische Inventivik eine *intellectio* (griech. *nóēsis*). Sie besteht bei Riederer aus einer Art rhetorischer Gewissenserforschung, bei der zunächst über den kommunikativen Bedingungsrahmen, die Inhalte und ihre Darbietung nachgedacht wird. Riederer sieht in dieser Vorüberlegung nicht zu Unrecht eine sinnvolle Ergänzung des antiken Systems: »vor vßgiessung der red« soll sich jeder nach dem Vorbild des Hahns im Hühnerhof, »der vor vßtruckung siner stimm« erst drei Flügeschläge tut, einer »ervörschung« von sechs Fragen unterziehen. Sie beruhen auf der alten (später so genannten Lasswell-)Formel: *Quis? Quid? Cui? Cur? Quomodo? Quando?* Riederer bringt die Albertanischen Räte vor ihrer ausführlichen Erörterung in folgenden Merkvers:

Wer bist, gedenk du redner.
Was redst, das nit schad geber.
Welichem sagst, merck daby.
Warumb sprichst, dir kund sye.
Wie gnäm [redst], wenig oder träg.
Wenn din red hab zyt vnd stäg.

Wer du bist, Redner, sei drauf bedacht,
Was du sagst, dass es kein Unheil entfacht.
Wem du es sagst, bedenke dabei.
Warum du sprichst, stets klar dir sei,
Wie passend du sprichst, sei's knapp oder breit,
Wann für die Rede ist Ort und Zeit.

(III^{r})

Die von Riederer erläuterten Albertanischen Räte geben gründliche Antwort auf diese Fragen. Danach geht Riederer zur umfangreichen Abhandlung der klassischen fünf Produktionsstadien über. Er hält sich dabei zunächst an seinen Gewährsmann Publicius und stellt ausführlich die drei Redegattungen vor. Dann folgt er aber in den drei nacheinander abgehandelten Offizien der Gedankenfindung, der Gedankenanordnung und des Vortrags, »Vindung« (*inventio*), »Anschick« (*dispositio*) und »Gespräch« (*pronuntiatio*), weitgehend dem *Auctor ad Herennium*. Bei der Formulierungslehre (*elocutio*), die er »Zierliche red« nennt, und bei der an fünfter Stelle behandelten Gedächtnislehre (*memoria*) wird Publicius wieder zum wichtigsten Basistext. Der Grund ist darin zu sehen, dass Publicius hier in verschiedener Hinsicht den weiterreichenden zeitgenössischen Standard bot.

Das gilt vor allem für die *elocutio*. Im Humanismus bekam sie einen ganz besonderen Stellenwert unter dem Vorzeichen des neuen *elegantia*-Ideals. Dieses gründet sich auf Stilbewusstsein, d. h. auf programmatisch reflektierte und kontrollierte Konstruktion von Sätzen nach antiken Modellen, bei Prosa vor allem nach den klassischen Mustern Ciceros. Hatte sich die mittelalterliche Textrhetorik (Ars poetriae), etwa eines Galfridus de Vinosalvo, vorrangig als Textgrammatik (in Hinsicht auf Textaufbau, Inhaltsverarbeitung und Kolorierung) verstanden, so konzentriert sich die humanistische *elegantia*-Lehre vor allem – wenn auch nicht ausschließlich – auf die Wort- und Satzebene. Wer

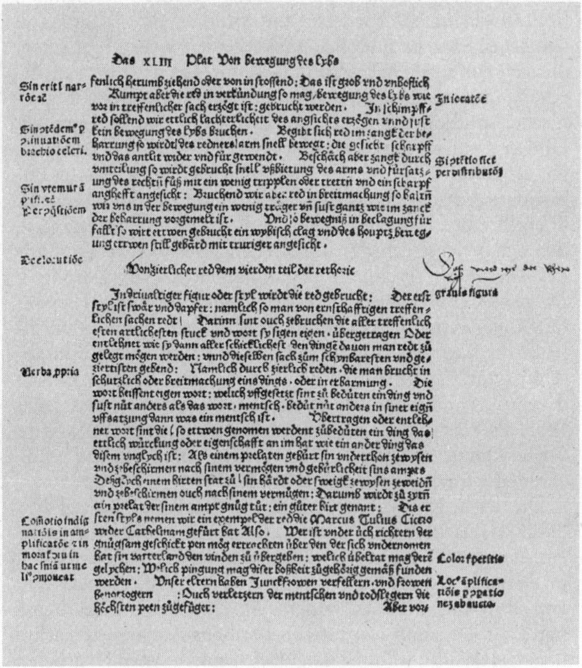

Das XLIII Plat Von bewegung des lybs

fenlich herumb ziehend oder von in stossend: Das ist grob vnd vnhoflich. Kumpt aber die red in verkündung so mag, bewegung des lybs wie vor in treffenlicher sach erzögt ist: gebrucht werden. In schimpff red söllend wir ettlich lachterlicheit des angsichts erzögen vnnd iust kein bewegung des lybs bruchen. Begibt sich red im zangk der beharrung so wirdt, des redners arm snell bewegt: die gesicht scharpff vnd das antlit wider vnd für gewendt. Beschäch aber zangk durch vnterilung so wirdt gebrucht snell vßbietung des arms vnd fürsatzung des rechtñ füß mit ein wenig tripplen oder trettñ vnd ein scharpf anghefft angesicht: Bruchend wir aber red in breitmachung so haltñ wir vns in der bewegung ein wenig träger vñ sust gantz wie im zanck der beharrung vorgemelt ist. Vnd so bewegniß in beclagung für fallt so wirt ettwen gebrucht ein wybisch clag vnd des houptz bewegung ettwen still gebärd mit truriger angesicht.

Von zierlicher red dem vierden teil der rethoric

In driualtiger figur oder styl wirdt die red gebruckt: Der erst styl ist swär vnd dapfer: namlich so man von ernsthafftigen treffenlichen sachen redt. Darinn sint ouch zebruchen die aller treffenlichesten artlichesten stuck vnd wort sy sigen eigen. übergetragen Oder entlehnet wie sy dann aller schicklichest den dingē dauon man redt zů gelegt mögen werden: vnnd dieselben sach zům schynbaresten vnd geziertisten gebend: Namlich durch zierlich reden. die man brucht in schurtzlich oder breitmachung eins dings. oder in erbarmung. Die wort heissent eigen wort: welich vffgesetzt sint zů bedüten ein ding vnd sust nüt anders als das wort. mentsch. bedüt nüt anders in siner eignñ vffsatzung dann was ein mentsch ist. Übertragen oder entlehner wort sint die, so ettwen genomen werdent zůbedüten ein ding das ettlich würckung oder eigenschafft an im hat wie ein ander ding das disem vnglych ist: Als einem prelaten gebürt sin vnderthon zewysen vnd ze beschirmen nach sinem vermögen vnd gebürlicheit sins ampts Desglych einem hirten stat zů, sin härdt oder sweigk zewysen zeweidñ vnd ze beschirmen ouch nach sinem vermügen: Darumb wirdt zů zytñ ein prelat der sinem ampt gnůg tůt: ein gůter hirt genant: Dis ersten styls nemen wir ein exempel der red die Marcus Tulius Cicero wider Cathelinam gefürt hat Also. Wer ist vnder üch richtern der gnůgsam geschickt pen mög ertrachten über den der sich vndernomen hat sin vatterland den vinden zů übergeben: welich übeltat mag derē gelychen: Welich pingung mag diser boßheit zůgehörig gemäß funden werden. Vnser eltern haben Junckfrowen verfellern. vnd frowen schendern :Ouch verletzern der mentschen vnd todslegern die höchsten peen zůgefüget: Aber vor

Druckseite mit dem Anfang des *elocutio*-Kapitels
aus Friedrich Riederers
Spiegel der waren Rhetoric (1493)

humanistisch elegant schreiben will, muss jetzt bei Wortwahl und Satzbildung die antiken Autoren nachahmen (*imitatio*-Prinzip). Riederer unternimmt das Wagnis, in deutscher Sprache eine Rhetoriktheorie zu veröffentlichen, die sich zur antiken Tradition bekennt, das neue humanistische Sprachbewusstsein vermitteln will, nicht aber auf lateinische, sondern auf deutsche Textproduktion bezogen ist. Und er stellt sich in bewundernswerter Weise der Aufgabe, die *elegantia*-Lehre seines lateinischen Gewährsmanns Publicius auf deutschsprachige Verhältnisse zu übertragen. Er überschreibt das entsprechende Kapitel im *elocutio*-Teil, den er zunächst mit der klassischen Dreistillehre auf Basis des *Auctor ad Herennium* begonnen hatte, »Von zierung« / *De ornamantis*. Das Kapitel hat drei Rubriken: »vßerwelung«/*elegantia*, »zesamenfügung«/*compositio* und »würdikeit«/*dignitas*. Es beginnt also mit einem Definitionsabschnitt zur *elegantia*. Die Eleganz bewirkt, so die von Riederer übernommene klassische Grundmaxime, dass jedes Wort als klar und schön ausgedrückt wahrgenommen wird (»vßerwelung machet, das ein yeglich wort luter vnd schön zereden vermerckt wirdt«; XLIIII^{v}).

Die wichtigsten syntagmatischen Gestaltungsmittel hält dafür das nächste Kapitel »Von zesamensatzung« / *de compositione* bereit. Auf diesem Sektor hatten zu Riederers Zeit in Deutschland die 50 *praecepta* (50 Regeln), die Albrecht von Eyb um 1457 in seiner Ars rhetorica ausgearbeitet hatte, als Organon eleganten Schreibens Karriere gemacht,[9] u. a. bei Jacobus Publicius. Nach seinem Vorbild arbeitet Riederer nun das Kapitel aus. Da der *Auctor ad Herennium* kein vergleichbares Regelwerk zu bieten hat, muss er hier als Quelle zurücktreten. In den 50 *praecepta* gibt Albrecht von Eyb zunächst 7 Vorschriften zur Verbindung, *iunctura*,

9 Vgl. Joachim Knape, »Elocutio«, in: *Historisches Wörterbuch der Rhetorik*, hrsg. von Gert Ueding, Bd. 2, Tübingen 1994, Sp. 1022–83, hier Sp. 1049–1051.

bei denen es z. B. um die Vermeidung von Missklängen durch Wortstellungsfehler geht, um Hiat, Silbenwiederholungen usw. Es folgen 40 Vorschriften zur Satzstellung, zum *ordo*, d. h. zu syntaktischen Ordnungsmustern. Das 48. *praeceptum* geht dann unter der Rubrik *numerus* auf metrische Fragen ein. An 49. Stelle steht eine aus der Ars-dictandi-Tradition gewachsene, aber zu dieser Zeit gewiss neuartig empfundene Interpunktionslehre (*modus punctandi*). Eybs 50. *praeceptum* schließlich bringt eine hexametrisierte Figurenzusammenstellung auf Grundlage des *Auctor ad Herennium* (d. h. eine Auswahl von 25 *colores*).

Riederer vollbringt die Leistung, dieses für lateinische Vertextung gedachte Regelwerk in die deutsche Text- und Stillehre einzuführen. Dabei geht er wiederum in der ihm eigenen souveränen Art selbständig vor. Das metrische *numerus*-Kapitel lässt er – weil fürs deutsche Versemachen ungeeignet – weg. Wo er es für richtig hält, ergänzt er nach weiteren Quellen. So geht er etwa beim Thema Satzstellung/*ordo* über Publicius hinaus. Wie der berühmte frühhumanistische Schriftsteller und Kanzleirhetoriker Niklas von Wyle (um 1415 – 1479) in seiner kurz gefassten Schreiberrhetorik der *Translatzen* von 1478, hat auch Riederer nach dem Vorbild des italienisch-humanistischen *elegantia*-Traktats von Gasparino Barzizza (um 1360/70 – 1431) drei satzkompositionelle Anordnungsmodelle (*ordines*). Insgesamt reduziert Riederer, in Hinblick auf die deutschen Syntaxverhältnisse, Eybs 40 Konstruktions-*praecepta* auf ungefähr die Hälfte.

Als drittes ausführliches Kapitel zur »zierlichen red« (XLIX^{v}) schließt sich die Figurenlehre an. Riederer folgt auch hier seinem lateinischen Gewährsmann Publicius, der seinerseits auf das 65-Figuren-Inventar beim *Auctor ad Herennium* rekurriert. Publicius hat jedoch ein spezielles taxonomisches Modell von fünf Gruppen figuraler Zierungen (*exornationes*). Auch wenn es nicht sonderlich trennscharf konzipiert scheint, ist die Tatsache als solche bemerkenswert. Riederer reproduziert die Taxonomie wie folgt:

1. Acht Zierungen aufgrund von Wiederholung des Wortes (*verbi iteratio*): »zierung in endrung des worts« (XLIX^v^), z. B. die *repetitio*.
2. Sieben Zierungen, die nicht durch Austausch der Wörter selbst, sondern ihrer Bedeutungen (*verborum vis*) erzeugt werden: »gezierd der wort, die nit allein in verwandlung der worten sunder in irer crafft erzögt werden« (L^r^), z. B. die Metapher (*translatio*).
3. Zwölf Zierungen, die einfach, ohne Beimischung von Bedeutungen (*sine admixtione sententiarum*) und von den vorangegangenen unterschieden sind: »slecht gezierd, on zumischung der sinn, von obgemelten zierungen underscheiden« (LI^v^), z. B. die Synekdoche (*intellectio*).
4. Vierzehn Zierungen, die sich aus der Wortfülle (*multitudine verborum*) ergeben: »gezierd komend mit vmbstend der worten« (LII^v^), z. B. die Sentenz.
5. Neunzehn Figuralfarben, die den Inhalt oder die Aussage des Textes zieren (*colores sententiarum*): »regel vnd farwen, die bezierend meinung oder vrteil der red« (LIIII^r^), z. B. die Sermocinatio.

Friedrich Riederer rundet im Anschluss an diese Figurenlehre das System der klassischen fünf Produktionsstadien mit der Vortragslehre (*pronuntiatio*, Kap. IV) und einer Mnemotechnik (*memoria*, Kap. VI) ab. Hier beweist sich sein eigenständiger Umgang mit den Quellen neuerlich dadurch, dass er den Vortragsteil nach dem *Auctor ad Herennium*, den Memoria-Teil aber unter Rückgriff auf Publicius selbständig ausarbeitet.

2. Ars memorativa

Mnemoniken sind rhetorikhistorisch vorderhand unter zwei Fragestellungen zu betrachten: 1. Welche Rolle spielt die Memoria im rhetorischen Theoriegebäude? 2. Welche theoretischen bzw. mnemotechnischen Konzepte finden sich in Rhetoriken? Beide Fragen ausführlich zu beantworten, ist hier nicht der Ort. Für die Beurteilung Riederers genügen einige Hinweise. Hinsichtlich der Rolle der Mnemonik im rhetorischen Theoriegebäude gibt es zwei historische Richtungen: Der artifizielle Ansatz sieht im Sicheinprägen einen integralen Bestandteil des rhetorischen Produktions- und Performanzprozesses und betrachtet die Memoria daher als rhetorisch theoriewürdig und theoriefähig. Riederer vertritt diese Position. Was die Mnemotechnik anlangt, so folgt er dem erfolgreichsten Konzept, der Inhaltsörterlehre des *Auctor ad Herennium*. Unter Rückgriff auf Jacobus Publicius sucht er diese Lehre im Bereich der Bilderlehre noch praktikabler zu machen.

Der konkurrierende naturalistische Ansatz erklärt das Erinnerungsproblem zu einer Frage natürlicher Begabung und daher als irrelevant für die auf Schulung setzende Rhetorik. Verschiedene humanistische Theoretiker sehen das so oder halten zumindest die vorliegenden Theorien für fragwürdig. Riederers Mnemonik nahmen weder sie noch andere lateinische und deutsche Rhetoriker des 16. Jahrhunderts zur Kenntnis. Friedrich Riederer räumt der Memoria ihren systematischen Platz im Gebäude der Officia oratoris im Sinne der klassischen Tradition ein. Wie Publicius sieht er die Mnemonik als letztes rhetorisches Officium. Riederers Lehre »Von gedächtniß« ist eine reine Mnemotechnik, die konzeptionell eigene Wege geht. Sie will nur praktisch-technische Anleitung geben. Theoretisch-erklärendes Wissen zur Mnemonik interessiert Riederer weniger. Darum beschränkt er sich auch auf nur zwei Kapitel: eine selbst entwickelte, ausführliche und detaillierte Örterlehre sowie die ihm besonders gut anwendbar erscheinende Bilderlehre des Publicius. Zu den Grundlagen der Mnemonik nimmt Riederer nur im vorangestellten Widmungsbrief Stellung. Zunächst formuliert er als Anliegen seiner Mnemotechnik, Hilfe zu schaffen für einige »vnsre gut gönner vnd diner natürlichen gedächtniß«. Näher geht er dann auf das »natürliche« Gedächtnis ein mit Überlegungen zu kognitiven Prozessen und physiologischen Befindlichkeiten. Der kognitive Ablauf stellt sich für ihn so dar, dass vor dem Memorieren das Verstehen gesichert sein muss: »wenn menschlich sinnlichkeit ettwas ze betrachten: gut oder böß ze urteilen: der vernunfft gegenwürfft: das dann die verstentniß zum ersten zu ergründen: darnach der will solichs anzenemen darüber handlend: vnd der gedächtniß beuelhend: vnd was die verstentnis nit begryffen: wie mags dann der will annemen; vnd gedächtniß empfahen vnd behalten?« (LVI^{v})

Bei der physiologischen Betrachtung zieht Riederer »galenische Argumente heran«, indem er den Sitz des Gedächtnisses in die Zirbeldrüse »im mittleren Teil des Hauptes« verlegt; »sie dürfe nicht verstopft werden, damit der vordere und der hintere Teil des Gehirns miteinander kommunizieren können. Die Verstopfung bewirke Vergeßlichkeit, geistige Dunkelheit und unruhigen Schlaf und habe exakt beschreibbare Ursachen, deren Vermeidung somit Prämisse für die physiologische Tüchtigkeit des Gedächtnisses sei«.[10] Riederers physiologische Argumentation bekommt auch eine diätetische Komponente, wenn er die Vermeidung von »zeuil kelty« fordert, die böse Feuchtigkeit oder Trockenheit nach sich ziehe, ebenso zu viel Hitze, auch schweren Zorn, Sorge, zu viel und zu wenig Schlaf, zu viel Essen und Trinken, Baden, zu viel Arbeit oder Müßiggang, Unord-

10 Wolfgang Neuber, *Fremde Welt im europäischen Horizont. Zur Topik der deutschen Amerika-Reiseberichte der frühen Neuzeit*, Berlin 1991, S. 191 f.; ausführlicher zu Riederers Mnemonik Joachim Knape, »Friedrich Riederers *ars memorativa* (1493)«, in: *Seelenmaschinen*, hrsg. von Jörg J. Berns und Wolfgang Neuber, Wien/Köln/Weimar 2000, S. 53–65.

nung, Untugend sowie »zevil vnküscheit«. Moralische Korrektheit durch Einhaltung der Gottesgebote hingegen sei gedächtnisfördernd.

In der Mnemotechnik unterscheidet Riederer zwei Arten von Örtern, an die sich die Erinnerungsszeichen heften sollen: abstrakte Ortsvorstellungen (repräsentiert etwa als Prädikate von Gegenständen) und konkrete Örter (Häuser, Hausteile und ihre Bewohner). Wenn man diese Örter in der Imagination aufgebaut hat, dann kann man an sie die Erinnerungsgegenstände in Form von Bildzeichen heften. Riederers Bilderlehre (*Von bildungen*) ist eine genaue Übernahme der Bildzeichentheorie des Jacobus Publicius. Dieser unterscheidet zunächst ikonisches Memorieren (motivierte Bildzeichen spiegeln den Erinnerungsgegenstand) von symbolischem Memorieren (die Zeichen beziehen sich auf Abstraktionen). Dann stellt er ein Schema von zwölf Verfahrensweisen auf, nach denen man Erinnerungszeichen (*signa*) gewinnen kann:

1. Darstellung der typischen Form einer Sache (*effictio*).
2. Darstellung typischer Eigenschaften (*notatio*).
3. Allegorische Namensauslegung (*cognitio etymologiae*).
4. Lautmalerei (*onomathopoeia*).
5. Aufweis von Wirkungen (*rerum effectus*).
6. Instrumente stehen für ihre Urheber (*arma & instrumenta*).
7. Körperteile stehen für Eigenschaften (*pars corporis*).
8. Das Gegenteil steht für die Sache (*oppositum*).
9. Merkmale stehen für die Sache (*accidens et proprium*).
10. Die Ursache steht für die Sache (*causae cognitio*).
11. Umstellung von Buchstaben (*litterarum & syllabarum conuersio*).
12. Symbole stehen für die Sache (*insignia*).

3. Ars dictandi

Mit einem ganzseitigen Holzschnitt zum Ikarus-Mythos signalisiert Riederer nach der Gedächtnislehre seinen Lesern, dass in seiner Rhetorik ein neues Buch aufgeschlagen wird (vgl. Abb. S. 228). Nachdem er die Rhetoriktheorie nach Art antiker Systemrhetoriken abgehandelt hat, folgt nun Riederers eigenständige Ars dictandi. Sie besteht aus drei Kapiteln: 1. Schreiberlehre (Kap. VII), 2. Titelbuch (Kap. VIII), 3. Briefgattungslehre (Kap. IX).

Um die Ars dictandi als historische Rhetorikvariante in ihrer großen sozialen Bedeutung zu verstehen, muss man sich die kommunikativen Verhältnisse des 15. Jahrhunderts vergegenwärtigen: Mit der Erfindung des Buchdrucks um 1450 bahnt sich der große Wechsel von der Epoche der Mündlichkeit zur Etablierung der Gutenberg-Galaxis an. Einerseits gibt es noch in allen Schichten eine hohe Analphabetenquote, andererseits aber auch einen kulturell bedingten Verschriftlichungsdruck in allen kommunikativen Bereichen. Diese Entwicklung wird zum Beispiel durch die langsame Einbürgerung des römischen Rechts mit seinem schriftbasierten Formprinzip unterstützt. Das rhetorische Angemessenheitspostulat (*aptum*) bekommt dadurch eine neue Dimension. Formfehler im Schriftwechsel können jeden öffentlichen oder privaten Kommunikationsversuch von vornherein zum Scheitern bringen.

Riederer trennt systematisch die mit Schriftstücken kommunikativ handelnde Person bzw. Institution als Absender (*persona mittens epistolam*) vom schreibenden Kommunikationsexperten (*persona scribens epistolam*; LXII^{r}). In der frühen Neuzeit waren die Schreiber, die das Briefinstrument fachmännisch bedienen konnten, nach wie vor wichtig für diejenigen, die mit diesem Instrument sozial handelnd umgingen. Riederer hat also gute Gründe, an den Anfang seiner Ars dictandi eine ausführliche Schreiberlehre zu stellen. Sie stellt eines der bemerkenswertesten und originellsten Stücke zeitgenössischer Rhetoriktheorie dar. Kennzeichnend ist, dass Riederer hier neben zahlreichen anderen antiken und humanistischen Autoren auch Ciceros Schrift *De oratore* zitiert. Für Cicero war der als öffentlicher Kommunikator tätige Orator eine Schlüsselgröße des Rhetorikverständnisses und Mittelpunkt rhetorischer Theoriebildung. Riederer eifert ihm nach und sieht dabei eine deutliche Analogie: dem antiken Redner mit der mündlichen Rede als Instrument entspricht jetzt der Schreiber mit seinen Brief- und Kanzleiinstrumenten. Es geht um Berufsschreiber »als der fürsten vnd herren Cantzelschriber, der Stett, rat und gerichtschriber, notarien, vnd ander, die sich der practic übend vnd neerend«; gegenüber schreibenden Privatleuten besitzen sie hohe Kompetenz hinsichtlich »tütscher wort, vnd die ze ordnen vnd formlich zu verfügen« (LXII[r]). Riederer stellt eine abgestufte Typologie vom erfahrenen und gelehrten Schreiber bis hin zu den noch »lernenden personen« (LXV[r]) auf. Nur die gut ausgebildeten Schreiber wissen bei ihren Schriftsätzen »ob oder wa solichs rechtlich gegründt, vß welicher kunst vnnd gestalt der Rhetoric oder Contract solich ding fliessend oder ingang habend«. Das bestätige schon Cicero in *De oratore* mit seinen Bemerkungen zu den Rechtskenntnissen des Orators »im ersten buch vom vnerfarnen redner« (LXII[v]).

Wie Horaz für die Poeten, so entwickelt Riederer für all diese Schreiber eine Handlungsmaxime, für deren Gewinnung er auf das Handlungsparadigma des Ikarus-Exempels zurückgreift. Dies ist ihm so wichtig, dass er den Ikarus-Flug in dem genannten Holzschnitt abbilden lässt (Abb. S. 228). Ikarus war mit den von Wachs zusammengehaltenen Flügeln bei der Flucht übers Meer gegen den Rat seines Vaters Daedalus zu hoch zur Sonne geflogen. Das Wachs schmolz und Ikarus stürzte tödlich ins Meer. Die »briefschreiber« sollen aus dieser Geschichte als Verhaltensregel ableiten, immer ihrer Kompetenz gemäß zu formulieren, verbal nie zu hoch zu greifen, und sich im Zweifelsfall an den Rat der Erfahreneren zu halten.

Ikarus
Holzschnitt ohne Signatur aus Friedrich Riederers
Spiegel der waren Rhetoric (1493)

Dann geht Riederer auf den Kunstcharakter der diversen Schreiben und die Prinzipien der Vertextung ein. Wiederum wählt er in humanistischer Manier zwei Exempel zur Veranschaulichung; zunächst den Mythos von Prometheus, den er im Horaz-Kommentar des Humanisten Christophero Landino besprochen fand: Prometheus konnte aus Erde perfekte Menschen formen. Um seinen künstlichen Gestalten Leben einzuhauchen, raubt er der Sonne das nötige Lebensfeuer. Zur Strafe öffnet Pandora ihre Büchse mit dem Bösen. Riederer kommt es hier auf das Phänomen künstlich-kunstvoller Gestaltungskraft an. Um Zweifel an der Möglichkeit perfekter Naturnachahmung auszuräumen, erzählt er eine weitere Geschichte im Stil Boccaccios nach dem Hörensagen (LXIII^{v}–LXIIII^{r}):

> Ein junger Mann hat ein Liebesabenteuer mit der Frau eines Bildhauers. Als der Ehemann überraschend mit interessierten Käufern zurückkehrt, muss sich der Jüngling tarnen, indem er sich wie eine Statue nackt zwischen dessen Skulpturen stellt. Der Künstler sieht ihn, ruft seine Frau mit der Bemerkung, er müsse dieser Skulptur oben zwischen den Beinen noch etwas wegschlagen, weil hier zu viel stehen geblieben sei. Der Jüngling bekommt es mit der Angst zu tun, flüchtet nach Hause, der Ehemann eilt ihm nach, pocht an die vor ihm zugeworfene Tür und verlangt sein – wie er behauptet – jetzt mit Leben erfülltes Bildwerk zurück. Der Jüngling kleidet sich an, schaut zum Fenster hinaus und kauft dem Ehemann das angebliche Bildwerk für 100 Gulden ab.

Riederer interpretiert diese Geschichten, indem er sie auf den Vertextungsprozess überträgt, mit dem Schreiber befasst sind. Dabei geht es um zwei Arbeitsstufen (LXIIII^{r}):

a) Inhaltsangabe des auftraggebenden Absenders: Der intelligente und in seiner Sache bewanderte Auftraggeber

(Gelehrte, Politiker usw.) ist in der Lage, jeden Sachverhalt wie ein Abbild mit Verstand und gekonnt mündlich vorzutragen und auf diese Weise »lobsam yedem schriber in verstentniß vnd gedächtniß zefüren«.

b) Vertextung durch den Schreiber: Der gut ausgebildete Schreiber verleiht »solichem zierlichem fürtrag«, ähnlich wie der wohlgestalteten »materi« bei Prometheus, erst die Seele, indem er ihr in seinen Formulierungen »leben vnnd beweglicheit gibt«.

Der prometheische Prozess sprachlich-textlicher Verlebendigung kann scheitern, wenn diese zweistufige Arbeitsteilung aufgegeben wird. Wenn der normalerweise mündlich angebende oder diktierende Auftraggeber, »der wys vnd gelert, so diser [schreib-]practic nit übung hat« (LXIIII^{v}), plötzlich meint, in der Lage zu sein »selbs zedichten vnd zeschriben«, dann aber doch unfähig ist, sprachlich »sinem geschöpfften bild leben inzegiessen«, so entpuppt er sich als ein dem Prometheus gleicher Räuber und darf sich nicht wundern, wenn er seinem Werk großen Schaden zufügt. Dies geschieht »durch vnlieplich, vnangenäm tütsch, durch übel geordnet vnd langsam vnnotdurfftig red«. Texte solcher Art gefährden jeden kommunikativen Erfolg, denn sie verursachen vor allem bei »großmächtigen herren vnd iren räten verdruß«. Diese sind so mit Alltagsgeschäften beladen, dass sie keine Zeit haben, umständlich-ungeschickte Ausführungen, »vil vngeordnet artickel des clagenden oder vff ze kurtz vnverstenntlich gedicht« zu hören. Sie werden eine lange Bratwurst mit einem Glas Wein solch »einer langen predig« vorziehen. Dann werfen sie »solich vnformlich schrifft« in die Ablage und schieben damit die Sache auf die lange Bank. Ihre Kanzleischreiber machen sich über den Absender lustig und schenken diesem Text keine Aufmerksamkeit (»verachtend dasselb gedicht«). Ein sonst angesehener Kopf bringt sich mit solch einem »vngelenckt, schuchsam, vngefüg, breit gedicht« völlig in Verruf (LXIV^{v}). Kurz: Wer das vermeiden will, sollte seine Texte weiterhin von einem kompetenten Schreiber abfassen lassen. Für diejenigen, die diese geforderte Schreiberkunst erlernen wollen, hält Riederer im Anschluss noch didaktische Ratschläge bereit (LXV^{r-v}).

Beim Zusammenspiel von Schreiber und Auftraggeber ist es wichtig zu wissen, mit welcher Art von Absender (»angeber vnd fürtrager der gescheft«) man es zu tun hat. Riederer fügt seiner Schreiberlehre darum als zweiten Abschnitt eine Absenderlehre bei. Darin unterscheidet er drei Typen von »mentschen, die irs anligends vnd handlung die schriber vnderrichtend vnd darüber schrifften begerend«. Zuerst die »einvaltigen«, die besonders hilflos sind, weswegen der Schreiber »mit vil sicherheit« handeln muss (LXVI^{r}). Dann die Klugen und souveränen Auftraggeber, von denen der Schreiber freudig »leer vnd vnderwysung« annehmen soll (LXVI^{v}). Drittens schließlich die betrügerischen Auftraggeber. Vor ihnen muss sich der Schreiber in Acht nehmen. Riederer gibt ausführliche praktische Hinweise zur Identifikation solcher Klienten, z. B. wenn eine gefälschte Abschrift oder eine Falschbeurkundung per Siegel gewünscht wird. Diese Punkte nimmt Riederer zum Anlass, einen kleinen Katechismus rechten Schreiberverhaltens anzuschließen, der von Ratschlägen zu Datumsangaben bis hin zum Verschwiegenheitsgebot reicht (LXVII^{r}).

Handelt es sich bei Riederers Schreiber- und Absenderlehren sowie dem Schreiberkatechismus um ausgesprochen originelle Kapitel seiner Briefrhetorik, so gehört die Gattung des nun folgenden Titelbuchs zu den traditionellen Bestandteilen von Schreiberhandbüchern. Das komplizierte Titel-, Anrede- und Adressierungswesen gehört zum Standardwissen eines guten Schreibers. Riederer arbeitet diese Lehre gründlich aus. So entsteht die zu seiner Zeit in der Ars dictandi übliche Mischung aus Stände- und Titulatur-Lehre mit je drei hierarchisch abgestuften geistlichen und weltlichen Ständen. Für jeden Rang innerhalb der sechs

Stände werden die passenden Adressierungen, Anreden und Prädikatisierungen (»eerwörter«) mitgeteilt. Das geschieht nicht schematisch, sondern mit Erläuterungen und Begründungen. So leitet Riederer etwa die Kaisertitulatur in einem kleinen Traktat über die dreifache Krönung des Kaisers her (LXXVIII^r f.). Davor teilt er die nötigen Formeln mit (LXXVIII^r):

> [Adresse:]
> *Dem aller Großmächtigesten, Durchleuchtigesten fürsten vnnd herren, hern Fridrichen Römischen Keiser, zu allen zyten merer des Reichs etc. vnserm aller gnedigesten herren.*
>
> [Briefanfang mit Anrede:]
> *Aller durchleuchtigester fürst, Großmächtigester König, aller gnedigester herr.*
> *Vwer keiserlichen maiestet sint vnser schuldig gehorsam vnd willig dienst allzyt zuvor bereit aller gnedigester herr.*

In dieser Art sind alle denkbaren Adressaten behandelt. Weitere Einzelfragen, wie etwa, wer sich mit wem bei der Anrede duzen oder ihrzen soll, werden zwischendurch erörtert. Am Schluss steht ein Abschnitt über die Adressierung an Versammlungen (z. B. ein Konzil) sowie Institutionen und Gemeinwesen (z. B. Städte).

Nunmehr kann Riederer zum längsten Kapitel seiner Briefrhetorik kommen, zur Briefgattungslehre. Er hat auch hier den Anspruch, das in den zu seiner Zeit üblichen Schreiberhandbüchern oft recht locker geordnete Musterbrief-Material einer strengeren Systematik zu unterwerfen. Sein Gewährsmann Jacobus Publicius liefert sie ihm. Dessen »Briefkunst«, *Ars epistolandi*, behandelt die Briefe (*epistolae*) als zeitgenössische schriftliche Äquivalente der antiken mündlichen Reden (*orationes*) und überträgt die alte Funktionalgattungslehre der Genera causarum nach einem

Vorschlag Ciceros auf die Epistolographie. »Cicero unterscheidet einmal dem Inhalte nach den mitteilenden Brief, dann das *genus iocosum* und das *genus severum et grave* (fam. II 4,1).«[11] Analog zu den drei Funktionalgattungen der Gerichtsrede, der Beratungsrede und der Vorzeigerede (*genus iudiciale, deliberativum* und *demonstrativum*) gibt es also drei Briefgattungen, nämlich Lehrbrief, Scherzbrief und ernster Sachverhaltsbrief: »drü geslächt der sandbriefen [*epistolarum genera*]: namlich der leer [*doctrinae*], des schimpffs [*ioci*] vnd der ernsthafftikeit in swären sachen [*gravitatis*].« (LXXXVIII^r^)

Und weil die alte Rhetorik zusammen mit den Gattungen auch die Redeteile und den Redeaufbau in den Sektoren *inventio* und *dispositio* abhandelt, erörtert Publicius die für alle drei Gattungen geltenden Briefteile einleitend unter gleichnamigen Rubriken. Riederer reproduziert auch dies. »Vindung« (*inventio*) ist das Ersinnen »vnserer meynung vnd der worten zu solicher sach, die wir schriben wöllen«; »formlich anschick« (Publicius: *disposito inventionis*) stellt die gefundenen Inhalte und Worte gebührend zusammen (»ein gezäm versamlung tut«; LXXXVIII^r^). Die »vindung« betrifft vier konventionelle (»eehafte«) Briefteile: 1. »Vorred oder anuang« (*principium*), worin der Empfänger geneigt gemacht wird; 2. »Verkündung oder offenbarung der sach« (*enunciatio*), worin der Sachverhalt in eigener Sicht ausgelegt wird; 3. »Vrsach« (*causa*), worin wir den Empfänger bewegen, unserem Verlangen zu entsprechen; 4. »Vmbvahung« (*complexio*), worin das Vorangehende nochmals eindringlich zusammengefasst wird; das kann gegebenenfalls in eine »bittung« (*peticio*) münden.

Werden diese vier Briefteile nur knapp vorgestellt, so nimmt die Darstellung der genannten drei Gattungen sehr

11 Karl Büchner, »M. Tullius Cicero (Briefe)«, in: *Paulys Real-Encyclopädie der classischen Altertumswissenschaft*, hrsg. von Georg Wissowa [u. a.], Bd. II,13, Stuttgart 1939, Sp. 1192–1235, hier Sp. 1210.

breiten Raum ein. Riederer exemplifiziert seine fortschreitend erläuterte Systematik durch Einfügung zahlreicher Textmuster. Beim Lehrbrief unterscheidet er drei Inhaltstypen (LXXXVII^{v}): Briefe a) mit Informationen zu irgendeiner Angelegenheit (*eruditio*), b) mit Informationen zu einem Fachgebiet (*ars*) und c) zu Ausbildungs- und Erziehungsfragen (*disciplina*).

Die Ausführungen zur oben genannten zweiten Gattung, dem Scherzbrief, sind bemerkenswert, weil sie ganz von ästhetisch-sprachspielerischen Überlegungen gekennzeichnet sind. Die Gattung hat sechs Töchter: die witzig sprudelnde Mitteilung (*dicacitas*), die heitere (*lepos*), die humorvolle (*facecia*), die schöne (*venustas*), die bissig-ironische (*sal*) und schließlich die feinsinnige (*liptomia*) Mitteilung mit ihren vier Unterarten subtiler Humor (*antismos*), höhnischer Humor (*sarcasmos*), schonender Humor (*carientismos*) und tadelnder Humor (*poenia*). Beim Aufbau heiterer Briefe ist ein Dreischritt zu beachten. Man beginnt mit einer heiteren Begebenheit, wird dann ernster und geht schließlich zu der üblichen Erklärung von Dienstwilligkeit über (CXVI^{v}).

Bleibt noch die dritte Briefgattung des ernsten und gewichtigen Sachverhaltsbriefs. Hier sind vier Arten zu unterscheiden: Briefe a) mit geistlich-religiösem Inhalt (*religione*), b) mit abergläubischen Inhalten, etwa zu heidnisch mythologischen Themen (*supersticione*), c) mit Bezug auf Papst und Kaiser als Herren der Christenheit (*rcrum summa*) und d) mit Inhalten zum »gemeinen nutz [*respublica*], darinn vnser aller heil, Eer, vffenthalt oder leben miteinander« behandelt wird (CXIX^{v}).

4. Ars notaria

Übergangslos folgt der dritte und letzte Teil des *Spiegels*, in dem Riederer eine große Zahl von Musterverträgen präsentiert. Das Wissen um Vertragsformulare gehört zur Ars notaria oder notariae, und Riederer erklärt einleitend, »dise Practic« in Freiburg ausgeübt zu haben (CXXII^{r}). Seine Rhetorik wird ab jetzt zum reinen Formularbuch, dessen Referenzwerke – ausweislich der lateinischen Marginalien – nicht mehr rhetorischer, sondern römischrechtlicher Natur sind. Die Vertragsarten sind vielfältig. Es geht um Eheverträge, um Kaufen, Verkaufen und Tauschhandel, um Geld- und Kreditgeschäfte, um Erbschafts- und Bevollmächtigungsfragen sowie um Grundherrschafts- bzw. Leibeigenschaftsfragen. Zu all diesen Bereichen werden zahlreiche Beispieltexte angeboten.

Spiegel der wahren Rhetorik

Inhalt

Einleitung des rhetorischen Theorieteils in Form eines Widmungsschreibens (II f.).

Ars Rhetorica

I. Die sechs rhetorischen Räte des Albertanus Brixiensis (III).

II. *Vindung* (*inventio*) als erstes klassisches *officium oratoris* bzw. erste *pars rhetoricae* nach dem *Auctor ad Herennium* / Cicero (III ff.).

III. *Anschick* (*dispositio*) als zweites Officium (XLI).

IV. *Gespräch* (*pronuntiatio*) als drittes Officium (XLI ff.).

V. *Zierliche red* (*elocutio*) als viertes Officium (XLIII ff.).

1. *Driualtige figur oder styl* (*genera dicendi*; XLIII f.).
2. *Vßerwelung* (*elegantia*; XLIV f.).
3. *Zesamensatzung* (*compositio*; XLV).
4. *Geschmucklich vereinigung* (*iunctura*; XLV).
5. *ordnung* (*ordo*; XLV ff.).
6. *Punctierende maß* (*modus punctandi*; XLVIII f.).
7. *Wirdigkeit der wort* (*dignitas elocutionis*), d. h. Figurenlehre (XLIX ff.).

VI. *Gedächtniß* (*memoria*) als fünftes Officium (LVI ff.).

Ars Dictandi

VII. Schreiberlehre (Schreiber, Schreiberlehrlinge, Absender; LXII ff.).

VIII. Titelbuch (Titulaturen, Stände-Taxonomien mit Anredeformeln; LXX ff.).

IX. Briefgattungslehre, die regelmäßig Praecepta (Regeln) mit Exempla (Briefmustern) verbindet (LXXXVIII ff.).

Ars Notaria

X. Vertragsmuster-Sammlung (CXXII ff.).

XI. Register (CLXXXI ff.).

7

Petrus Ramus
Anti-Quintilian
(1549)

Der frühneuzeitliche epistemologische und rhetoriksystematische Bruch

Mit Petrus Ramus (1515–1572) meldet sich im 16. Jahrhundert eine Generation von Renaissance-Gelehrten zu Wort, die den antiken Wissensstandard nicht mehr nur neu aneignen und fortschreiben, sondern – wo nötig – auch überwinden will. So tritt Ramus in den ersten Jahren seiner publizistischen Tätigkeit zum aggressiven Frontalangriff gegen die klassische humanistische Autoritätentrias Aristoteles, Cicero und Quintilian an. Sein Ziel ist eine neue, epistemologisch wohl begründete Systematik der wissenschaftlichen Fächer, voran des Triviums mit Grammatik, Dialektik und Rhetorik. Die Renaissance hat gerade ihren Höhepunkt erreicht, als Ramus die klassischen Autoritäten stürzt. Sein Fall zeigt, dass sich bereits in der Generation vor Descartes der strikte Rationalismus von der Tradition abwenden konnte. Für die älteren Humanisten hielt die Rhetoriktradition ihre genuine Theorie bereit. Georg von Trapezunt versuchte in der ersten Hälfte des 15. Jahrhunderts, den klassischen Positionen in einer erneuerten umfassenden Systemrhetorik wieder Geltung zu verschaffen. Bei Friedrich Riederer wird die klassische Systemrhetorik in der zweiten Hälfte des 15. Jahrhunderts gar in deutscher Sprache heimisch gemacht. Für Ramus hat all das keine Geltung mehr; der Bann der Tradition ist gebrochen, auch

Petrus Ramus nach einem anonymen Porträt-Holzschnitt
(16. Jahrhundert)

die Rhetorik muss sich der scharfen Systemkritik der Vernunft unterziehen.

Als Achtundzwanzigjähriger veröffentlicht Ramus 1543 gleich als erstes Werk, zusammen mit einer eigenen Dialektik, seinen *Anti-Aristoteles* (eine polemische Abrechnung mit den peripatetischen logisch-dialektischen Schriften), dem dann 1547 sein *Anti-Cicero*, eine kritische Auseinandersetzung mit Ciceros *Orator*, folgt. 1549 erscheint schließlich sein *Anti-Quintilian* unter dem Titel *Rhetoricae distinctiones in Quintilianum*. Es sind, wie der Titel sagt, gegen Quintilian gerichtete Auseinandersetzungen mit der Rhetorik. Wie in den anderen Fällen handelt es sich auch bei diesem Werk um einen in äußerst scharfem Ton gehaltenen Kommentar zu ausgewählten Abschnitten der quintilianschen *Institutio oratoria*. Da Quintilian eine Summe der antiken Rhetoriktheorie bietet, kann Ramus beim kritischen Durchgang durch das Werk zugleich die von ihm beabsichtigte Generalabrechung mit der antiken Rhetorikdoktrin vornehmen.

Sein Angriff richtet sich gegen die Grundsystematik der fünf Officia, also der Produktionsstadienlehre, genauso wie gegen bestimmte Prinzipien und einzelne Lehrsätze. Das wichtigste Ergebnis seiner Auseinandersetzung mit der Rhetorik ist ihre radikale Reduktion auf die Formulierungslehre (*elocutio*) und die Vortragstheorie (*actio/pronuntiatio*). In seinen Vorlesungen lehrt Ramus unter der Rubrik ›Rhetorica‹ nur noch diese beiden Bereiche, wie die von seinem Schüler und Gefährten Audomarus Talaeus (Omer Talon) erstmals 1548 in Paris herausgegebene *Rhetorica* bezeugt. Ramus liefert mit seinen Schriften die langfristig wirkungsträchtigste epistemologische Doktrin für den neuzeitlichen Einbruch der Rhetorik.

Wahrscheinlich musste Ramus mit kämpferischer Rhetorik auftreten, um die klassischen humanistischen Säulenheiligen zu stürzen und seine neue Sicht zu etablieren. In der Widmung an den Schulkameraden Charles de Guise, Kardinal von Lothringen, bezieht sich Ramus gleich zu Beginn auf seine Auseinandersetzung mit den alten Autoritäten. Ihm gehe es nur um eines, nämlich wieder Ordnung in den Fächern Dialektik und Rhetorik zu schaffen, die von Aristoteles, Cicero und Quintilian in völlige Verwirrung gestürzt worden seien. Natürlich hätten die Alten ihre Qualitäten, aber in der hier verhandelten Theorie hätten sie seiner festen Überzeugung nach versagt. Am Anfang hält sich Ramus zurück, bald aber geht er zu einem in der Sache dogmatischen, in den Bewertungen rüden und polemischen, aus der humanistischen Invektive bekannten Dauerton über, mit dem er Abschnitt für Abschnitt vor allem seinen Gegner Quintilian attackiert; ein Ton, der im Hörsaal bei den jungen Studenten gewiss ankam. Quintilian muss sich ständig vorhalten lassen, seine Definitionen seien nutzlos und dumm, seine Auffassungen völlig falsch, närrisch oder lächerlich, seine Theorien konfus und ohne jede Logik; er sei ein Lehrer ohne Unterscheidungsvermögen, Verstand und Methode. Mit Cicero stehe es in der Theorie ähnlich, flicht Ramus an einer Stelle ein, seine literarisch nachgewiesene Beredsamkeit könne sich jedenfalls nicht auf seine dubiosen Lehrsätze gründen. Aristoteles aber sei der wahre Urheber des Übels; er habe die ganze Theorie durch seine Vermengungen obskur gemacht, denn seine Untersuchungen seien nicht folgerichtig, sondern unstimmig, ja oft auch nur lächerlich.

In der Sache hat sich Ramus mit seinem *Anti-Quintilian* zwei Ziele gesetzt: Er will bei seiner klaren Trennung der drei Fächer des Triviums die Rhetorik inhaltlich klarer eingrenzen und zugleich Quintilians Theorien im Detail überprüfen und korrigieren. Immer wieder betont er den methodischen Aspekt, der für ihn vor allem auf angemessener Bewertung der Sachverhalte beruht, auf Logik in Form streng rationaler Syllogistik, damit verbunden auf klarer Disposition und generell auf regelgeleitetem Vorgehen. Dies vermisst er bei Quintilian (*res non satis aestimata, hic syllo-*

PETRI RAMI
VEROMANDVI
Rhetoricæ Diſtinctiones
in Quintilianum,
AD
CAROLVM LOTHARINGVM
Cardinalem.

Oratio eiuſdem de ſtudiis philoſophiæ & eloquentiæ coniungendis.

PARISIIS,
Ex typographia Matthæi Dauîdis, via amygdalina, ad Veritatis inſigne.
1550.

Titelblatt der Pariser Ausgabe des *Anti-Quintilian* von Petrus Ramus (1550)

gismum requiro: non satis apto ordine disposita, hic methodum desidero[1]). Dementsprechend oft versucht er Quintilian mit explizit ausgeführten Syllogismen zu widerlegen und der Unfähigkeit zu überführen.

Ramus sagt sich vom humanistischen Traditionalismus und von jeder antiken Autorität los. Sein epistemologisches Konzept zielt auf eine vernünftige Neuordnung und logische Definition der Fächer. Darum kann er in Hinblick auf die Rhetorik eine Reihe von historisch begründeten Bedingungen bei Quintilian nicht akzeptieren: 1. dass Quintilian ein integralistisch gedachtes Handbuch schreibt; 2. dass dies für Lehrer der späteren Antike gedacht ist, denen ein um die Rhetorik gruppiertes Unterrichtskonzept von Anfang bis Ende geboten wird; 3. dass Quintilian von den Unterrichtsverhältnissen seiner Zeit ausgeht (176); 4. dass sich seine Theorie konkret auf die politischen und kommunikativen Bedingungen der mündlichen Oratoren- und Forumskultur seiner Epoche bezieht (201); 5. dass er bei der Theoriebildung die didaktischen Aspekte des Handbuchs und die eigentliche rhetorische Produktionstheorie nicht deutlich unterscheidet; 6. dass er einen integrativen Textproduktionsprozess vor Augen hat, der die kognitiven, die textuellen und die performativen Belange oft vermischt; 7. dass Quintilian, wie vor ihm schon Aristoteles, die historisch gewachsenen und nicht immer organisch angereicherten Sektoren der Rhetoriktheorie als solche beibehält (189).

In Bezug auf die Theorie und ihre Systematik könne man vieles historisch erklären, sagt Ramus, aber man dürfe es nicht allein deshalb weiter akzeptieren. Die Mathematik etwa war bei den Griechen das älteste Fach, aber darum brauche man es doch nicht mit Quintilian weiterhin an den

1 *Arguments in Rhetoric against Quintilian. Translation and Text of Peter Ramus's »Rhetoricae Distinctiones in Quintilianum« (1549)*, [lat./engl.], Transl. by Carole Newlands, DeKalb (Ill.) 1986, S. 165. Nach dieser Ausgabe wird im Folgenden, jeweils unter Angabe der Seitenzahl, zitiert (dt. Übers. vom Verf.).

Anfang des Curriculums zu stellen. Wir müssen danach fragen, was heute zu tun ist, nicht was einstmals üblich war, betont Ramus, und fügt in dem neuen selbstbewussten Ton des Protestantismus als sein Wissenschafts-Credo hinzu: »Ich folge dem Fundament der Wahrheit, nicht dem Irrtum der Gewohnheit« (179).

Was also haben die Triviums-Fächer zu leisten, was ist ihr fachlicher Inhalt? Formal muss es in jedem Fall um das Fachspezifische, die Propria, und das wirklich Wesentliche gehen: »Wir werden die Rhetorik von den anderen Disziplinen klar trennen und sie zu einer spezifischen unter den *artes liberales* machen, nicht zu einem Gemisch (*confusio*) aus allen Disziplinen: wir müssen ihre *propria* separieren, unerhebliche und nutzlose Spitzfindigkeiten beseitigen sowie fehlende Elemente ergänzen.« (164) Auf dieselbe Weise lassen sich Grammatik und Dialektik eingrenzen. Ramus kommt zu dem Schluss, dass die Inhalte (*materiae*) der Fächer (und damit ihre Theorien) genau zu unterscheiden und zu trennen sind. »Die Dialektik gehört ganz dem Denken und der Vernunft, Rhetorik und Grammatik dem Reden (*sermo*) und den Orationen. Die Dialektik umfasst mithin *inventio*, *dispositio*, *memoria* (denn auch jene, die ganz auf ihr Denkvermögen und Inneres beschränkt sind, können ohne die Hilfe von Sprache (*lingua*) und Text handeln, wie wir das bei den meisten Stummen und vielen Völkern finden, die ohne irgendein Redevermögen leben). Zur Grammatik rechnet man, um gutes Sprechen und Schreiben zu erreichen, die Etymologie im Rahmen der Bedeutungslehre, die Syntax im Rahmen der Wortverbindungslehre, die Prosodie im Rahmen der Aussprachelehre von kurzen und langen Silben, die Orthographie im Rahmen der Methodik des richtigen Schreibens. Der Rhetorik bleiben demnach aus dem Bereich der Pflege des Redens und des Texts nur noch zwei eigene Sektoren übrig: *elocutio* und *actio*. Mehr wird die Rhetorik als ihr Spezifikum nicht haben können.« (184)

Ramus hält es daher aus systematischen Gründen für abwegig, dass Quintilian sein 1. Buch der Grammatik widmet, und für fragwürdig, was er dabei als Konzept präsentiert. Ramus tritt damit auch gegen die mittelalterliche Schulpraxis an, die den Grammatik- mit dem Rhetorikunterricht verband. Rhetorik ist für Humanisten ein eigenständiges Fach mit spezifischer Theorie. Die *artes* sind nicht nur nach wahren, sondern auch nach fachspezifischen Grundsätzen zu unterrichten, sagt Ramus. Was also hat die Grammatik im Rhetorikunterricht zu suchen? Ein Syllogismus macht klar, dass das von Quintilian gebotene Grammatikwissen theoriefremd ist (175):

[A] Was die Lehrsätze (*praecepta*) von Theorien (*artes*) einschließen sollen, das sind ihre Spezifika (*propria*).
[B] Diese grammatischen Dinge sind keine Spezifika der Rhetorik.
[C] Ergo sollen sie nicht in sie eingeschlossen werden.

Die Zweiteilung der Grammatik in Regeltheorie (*methodice*) und Textinterpretation (*historice*) lehnt Ramus ab (176). Er hat ein klares Fachkonzept: Die Grammatik hat sich mit Fragen der Sprachkorrektheit zu befassen (*bene loqui et scribere*), nicht, wie Quintilian unterstellt, mit schmuckvoller Rede mittels Tropen und Figuren oder mit weiser und sachgerechter Rede auf der Grundlage von Beratung, Urteil und Einsicht (178). Im Grammatikunterricht müssen die Semantik, die der Diktion und Ausgestaltung zugrunde liegenden Sprachregeln, Phonetik und Artikulationsregeln sowie die Orthographie vermittelt werden (177). Alles Übrige ist der Dialektik und Rhetorik zu überlassen.

Aber auch bei Dialektik und Rhetorik muss auf eine strenge Arbeitsteilung und Unterscheidung der Theoriebereiche geachtet werden. Alle kognitiven Arbeitsschritte, und das heißt zugleich alle auf Logik und das rationale oratorische Kalkül bezogenen Theorieteile, unterstehen der Dialektik. Der Rhetorik entzieht Ramus damit die ganze, von Quintilian in den Büchern 3 bis 6 ausführlich entfaltete Inventivik. Mehr noch, auch die klassisch-rhetorischen Theorieteile der *dispositio* und *memoria* reklamiert er für die Dialektik.

Die Textdisposition ist für Ramus ein dialektisches Problem, weil er sich auf eine bestimmte Superstruktur, die der ciceronianischen Argumentation, festlegt. Eine Oratio beruht für ihn mithin auf einer hoch transformierten Syllogismusstruktur, der die Rhetorik nur noch stilistischen Schmuck hinzufügt. Die klassische Rhetorik war aber spätestens seit Cicero zu einer allgemeinen Theorie der Kunstprosa und der Kommunikation umgestaltet worden. Ramus hat dafür kein Verständnis und gliedert deshalb auch die Historiographie aus, mit ihr die narrative Kunstprosa, die Cicero in *De oratore* ausdrücklich der Rhetorik unterstellt hatte (180). Damit schafft Ramus im Sinne der frühneuzeitlichen Fächerdifferenzierung eine Voraussetzung für die Erweiterung der Poetik, die in der Folge auch Zuständigkeit für bestimmte Formen der Kunstprosa erlangt.

Quintilian geht noch von der Allzuständigkeit der Rhetorik in Kunstprosafragen aus, und deswegen postuliert er die situative Freiheit der Dispositionsarten. Prosatextart und Kommunikationssituation legen für ihn das jeweilige Dispositionsschema fest. Für Ramus hat er damit jeden theoretischen Anspruch verwirkt, denn seiner Meinung nach gibt es nur eine immer gewisse, fest umrissene Syllogistik und wissenschaftliche Methodik (*nam syllogismi et methodi artificiosae certa doctrina est*). Wenn Quintilian es vorgehabt hätte, eine wirkliche Dispositionslehre zu schreiben, dann hätte er alle syllogistischen Verfahren, die Wege der Methodik, Theorie und rechten Einsicht gelehrt, so wie das »in unseren eigenen Unterweisungen erklärt ist« (*quod si fecisset, syllogismi modos omnes, et methodi vias et doctri-*

nae et prudentiae docuisset, quemadmodum in nostris institutionibus est explicatum). Ramus setzt sich theoretisch nicht damit auseinander, dass das selbstverständlich nur für Texte oder Textteile mit argumentativer Superstruktur gelten kann. Immerhin stellt er historische Überlegungen an, die in diese Richtung gehen. Quintilian habe Rücksicht auf die kommunikativen Gewohnheiten seiner Zeit genommen und eine Lehre für die speziellen Textformen des Forum Romanum geschaffen (*ad illas ipsas Romani fori formulas praeceptum*). Gefordert sei aber ein allgemeines Dispositionsgesetz (*dispositionis praeceptum generale*). Das sei nicht aus den diffusen Sophismen der Statuslehre zu gewinnen (201). Ramus setzt dem unter Bezug auf Platon eine generalisierte logisch-organologische Vorstellung entgegen: Wie bei einem Lebewesen alles immer an seinem funktionalen Platz sei, so müsse das auch immer bei einer Oratio sein. Dem liegt eine klare Hierarchisierungsvorstellung zu Grunde, vom Allgemeinen zum Besonderen voranschreitend: Platon glaube, dass eine Oratio, nach logisch-dialektischen Grundsätzen gearbeitet, an erster und wichtigster Stelle die allgemeinen Sachverhalte bringe (*res universae*), die Einzelheiten am Schluss (*res singulares*) und in der Mitte die Unterarten des Allgemeinen (*res inferiores*), dann folgten die übrigen Unterarten vor den Einzelheiten. Ramus sieht hier den Ansatz für seine Auffassung einer Universaldisposition. In seinen eigenen Schriften habe er alle Vorzüge der Universaldisposition des Syllogismus und der Methodik bereits dargestellt (*nos syllogismi et methodi, id est, universae dispositionis laudes omnes persecuti sumus*; 202).

Was die Erinnerungslehre (*memoria*) betrifft, so hat Quintilian nach Ramus' Auffassung Recht, die alte Örtertechnik zu verwerfen. Seine sonstigen Detailüberlegungen allerdings seien abwegig. Nur sein mnemotechnischer Grundsatz stimme: »Die Erinnerungstechnik beruht ganz auf Einteilung und Struktur« (*ars memoriae tota posita est in divisione et compositione*; 228). Wenn man dann noch wisse, worin die Ordnungstheorie (*ars ordinis*) der Einteilungen und Strukturen bestehe, dann habe man auch die richtige Memorialtheorie. »Diese Ordnungslehre aber ist bereits sorgfältig in unseren dialektischen Unterweisungen zum Syllogismus und zur Methodik ausgeführt. Es ist folglich klar, dass die mnemonische Theorie auch gänzlich zu den Spezifika der Dialektik gehört.« (228)

Aufgrund seiner methodischen Prinzipien der Reduktion auf das Spezifische, der Distinktion in sachgerechte Bestandteile und der logischen Ableitung aller Elemente kommt Ramus bei seiner Kritik zu einer überschaubaren Menge an fachlichen Aspekten und Prinzipien. Da sich nun einmal die Hälfte der quintilianschen *Institutio* mit der Inventivik und Dispositionslehre beschäftigt, widmet sich ihr auch Ramus gründlich, trotz seiner disziplinären Vorbehalte. Was haben *inventio* und *dispositio* zu leisten? Wie jede andere Disziplin müssen Inventivik und Dispositionslehre auf zweierlei Weise betrieben werden: Erstens, indem wir durch sie Rat anhand der Argumentation in fremden Beispielen, also Hinweise und Muster, bekommen, Urteilsfähigkeit (*iudicium*) aus der Art der Schlussfolgerungen und umfassende Einsicht (*prudentia*) aus der Methode des Aufbaus und der Anordnung; zweitens, indem wir mit Hilfe dieser Kunstlehre selbst ähnliche Beispiele beim Reden oder Schreiben konstruieren (202). Was bietet Quintilian in dieser Hinsicht? Nichts oder nur Unfug. Keine Cicero-Rede ließe sich nach seiner Doktrin abfassen. Allein schon die juristische Statuslehre schaffe Verwirrung genug. Und mit den drei Makrosektoren der quintilianischen Inventivik stehe es nicht besser: 1. der Inventivik der drei großen Funktionalgattungen (*genera causarum*), 2. der Inventivik der Redeteile (*partes orationis*) und 3. der allgemeinen Topik (*loci communes*). »Warum, guter Gott, muss hier so eine große Verwirrung und Vermengung herrschen, wenn die ganze Sache doch so völlig klar und einfach ist?« (203)

Von Anfang an und immer wieder setzt Ramus seine »Zehn-Topoi-Lehre« als Generalschlüssel der Inventivik entgegen. Alle kognitiven Findungs- und Anordnungsvorgänge lassen sich seiner Meinung nach anhand dieser zehn Topoi bewältigen. Die klassische Rhetorik sieht viele Arten vor, kritisiert er, obwohl sich doch eine einzige Generallehre (*generalis doctrina*) klar anwenden lässt auf alle *quaestiones*, auf alle Teile einer Oratio, auf alle Sachverhalte, die leicht und verständlich erklärt werden sollen, eine Generallehre, die eingeteilt ist in folgende Arten von Topoi/*loci* (189): 1. Topoi der Ursachen (*causae*), 2. Wirkungen (*effectus*), 3. Gegenstände (*subiecta*), 4. Eigenschaften (*adiuncta*), 5. Gegensätze (*dissentanea*), 6. Vergleiche (*collationes*), 7. Benennungen (*nomines*), 8. Einteilungen (*distributiones*), 9. Definitionen (*finitiones*) und 10. Zeugnisse (*testimonia*). Will man etwa eine Cicero-Rede in ihrer gedanklichen Struktur durchschauen und beurteilen, dann muss man auf diese zehn Topoi zurückgreifen. Beziehe, rät Ramus, die Argumente der Rede auf den jeweiligen Teil der *quaestio* (also die in Zweifel stehende Sache, auf die das Argument antwortet); nun überlege, worin die Argumente bestehen, ob aus Ursachen oder Wirkungen, Gegenständen oder Eigenschaften usw.; so kann man Einsicht in die Redestruktur auf kurzem und leichtem Weg bekommen (203).

Gegenüber seiner rationalistischen Generalinventivik lässt Ramus die drei schon genannten Partialinventiviken Quintilians (1. der drei Funktionalgattungen, 2. der Redeteile und 3. der allgemeinen Topik) nicht gelten. Eine Inventivik der Affekte zieht er schon gar nicht in Betracht. Seine strenge inhaltliche Festlegung der Fächer Dialektik und Rhetorik lässt keinen Platz für psychologische Erwägungen. Die Emotionspsychologie hat für ihn keine eigene Theorie, ist keine selbständige Disziplin. Ramus sieht sie, wie im Spätmittelalter üblich, noch am ehesten in die Zuständigkeit der Moralphilosophie gestellt. Dabei kann er sich auf Aristoteles berufen, der im Übrigen auch hier wieder als Urheber der fachlichen Konfusion kritisiert wird, weil er die Psychologie in die Moralphilosophie und in die Rhetorik zugleich eingeführt habe. Das ganze 6. Buch Quintilians beschäftige sich praktisch mit den fachfremden Techniken, emotional anzuregen und zu ergötzen (*monendi et delectandi artes*). Hier gehört nichts zu den Spezifika von Dialektik oder Rhetorik (*nihil proprium est*), kritisiert Ramus. Da sie Universaltheorien sind (*generales sunt*), müssen sie allgemein gültig abgehandelt werden, die Rhetorik in Hinsicht auf Formulierungskunst (*elocutio*) und Textaufführung (*actio*), die Dialektik in Hinsicht auf Findung (*inventio*) und Disposition (*dispositio*). Viele Wissensbächlein entspringen aus diesen Universalquellen, doch die Ableitungen dürfen nicht mit den Lehrsätzen der Quelldisziplinen vermischt werden. Die antiken Rhetoriker lehren erstens die drei Inventiviken, zweitens stellen sie Lehrsätze für die emotionale Stimulation auf, schließlich auch für die Erzeugung des Lachens. Aber in der Inventivik sind allein die informationellen Gesichtspunkte (*loci ad docendum*) zu erläutern, Gemütsbewegung und Ergötzung haben keine spezifischen Theoriesektoren (*motus et delectatio proprias artes nullas habent*). Aber sie werden gewöhnlich abgeleitet von den genannten Gesichtspunkten der Invention, auch von Formulierungskunst und Aufführung, vor allem aber von der Moralphilosophie, wo man lernt, was Tugend ist, was Laster, was einem Ehrenmann zusagt, was einem Bösewicht gefällt, was jedermann abstößt. Daraus allerdings mit Quintilians erstem Buch die Schlussfolgerung zu ziehen, die Moralphilosophie gehöre auch zur Rhetorik, hält Ramus für abwegig (200).

Inventio ist für Ramus Dialektik. Darum interessiert er sich nur für die streng logische Tiefenstruktur argumentierender Orationen. Quintilian dagegen denkt, mit der antiken Tradition von konkreten Fallsituationen ausgehend, an die konkreten Schritte im Vertextungsprozess diverser Formen von Kunstprosa. In der Tat vermischen sich dabei Hinweise zum Aufbau von Tiefenstrukturen mit Hinweisen zur Tektonik, zu Superstrukturen, zu bestimmten Oberflächenmerkmalen und Kommunikationsstrategien aller möglichen Arten von Orationen. Das ist praxisnah gedacht, wenn auch nicht rationalistisch stringent. Ramus geht die wichtigsten Kapitel der Reihe nach durch und verwirft viele Einzelheiten. Dazu gehört die Unterscheidung von a) dialektischem Urteil, d. h. wissenschaftlicher Syllogistik auf der Basis objektiver Obersätze, und b) rhetorischem Urteil, d. h. konsensgerichteter Enthymemik auf der Basis meinungsgebundener Obersätze. Es gibt eben nur eine Logik: Dass etwas als wahr oder falsch verstanden wird auf Grund der Syllogistik, ist nicht anders, als wenn etwas in einer Kontroversdebatte oder einem Disput Festgestelltes als wahr oder falsch bezeichnet wird (185).

Ein anderer Kritikpunkt sind die drei Funktionalgattungen. Rhetorik kennt für Ramus keine bestimmten Situationen, Fälle oder Themen. Wiederum kann er nur ein einheitstiftendes Prinzip gelten lassen: Rhetorik definiert sich nicht von dieser oder jener Sache her, sondern als Wissenschaft, über alle Sachfragen elaboriert zu sprechen (*de omnibus rebus bene dicendi scientia*). Ergo braucht die Rhetorik keine Unterteilung ihrer Fragestellungen oder Zuständigkeitsbereiche (188).

Auch die Lehre von den Redeteilen ist nach Ramus fragwürdig. Er verweist auf seine dialektische Methodik, die hier das einzig Vernünftige sage: Bei einer Sacherörterung gehört das Wichtigste nach vorne, dann kommen die weiteren Hauptteile und die Unterarten, immer weiter hierarchisch-logisch nach unten gegliedert, wobei das Allgemeine immer vor dem Besonderen kommt. Alle sonstigen bei den Rhetorikern zu findenden Segmentlehren sind demgegenüber nur verwirrend (191 f.).

Sein Textparadigma ist letztlich die wissenschaftliche Erörterung, die Philipp Melanchthon 1519 erstmals einer eigenen rhetorischen Funktionalgattung, dem *genus didacticum*, zugeordnet hatte.[2] Ramus hebt für die *disputatio dialectica* 1. paradigmatisch die Argumente und 2. syntagmatisch den Syllogismus bzw. die Methodik als zentrale Aspekte von Inventivik und Disposition hervor (*quae partes dialecticae artis verae et solae sunt*; 195). Die Dreiteilung beweiskräftiger Argumente, die Quintilian in seiner topischen Inventivik anbietet, nämlich Indizien (*signa*), Argumente (*argumenta*) und Beispiele (*exempla*), hält Ramus weder für logisch konsistent noch für operabel. Er lässt auch hier nur seine »Zehn-Topoi-Lehre«, seine *generalis argumentorum doctrina*, gelten (197). Quintilian muss sich vorhalten lassen, dass er sich nicht – in moderner strukturalistischer Terminologie formuliert – über den Unterschied von Paradigma und Syntagma Klarheit verschafft. Sein Begriff der *hypothesis* sei deshalb falsch. Quintilian verstehe nicht, dass die Invention lediglich ein Vorgang ist, der Argumente beschafft, im Unterschied zur Disposition, die Argumente ordnet. Eine *hypothesis* aber ist Teil eines zusammenhängenden Syllogismus, sie verknüpft das *argumentum* mit der *quaestio* und kann jede Art von Argument aufgreifen, was auch der Syllogismus kann. Weder ist aber ein Syllogismus ein Argument, noch ist ein Obersatz (*propositio*) eines Syllogismus ein Argument (198 f.). Dass Ramus bei derartigen Überlegungen in Hinsicht auf Textur immer nur an argumentative Strukturen denkt, wird bei seiner Kritik der quintilianschen *narratio*-Lehre ein weiteres Mal deutlich: Es sei Unfug zu behaupten, im erzählenden Redeteil dürfe man nicht argumentieren (194). Ramus versteht nicht, dass

2 Joachim Knape, »Melanchthon als Begründer der neueren Hermeneutik und theologischen Topik«, in: *Werk und Rezeption Philipp Melanchthons in Universität und Schule bis ins 18. Jahrhundert*, hrsg. von Günther Wartenberg, Leipzig 1999, S. 123–131, hier S. 125.

Quintilian hier über Narrativik als Prosatext-Superstruktur nachdenkt und sie deshalb streng von der Argumentations-Superstruktur abgrenzt. Funktional ist die *narratio* für Quintilian eine Vorbereitung auf die folgende logische Argumentation.

Mit seiner Diskussion der Quintilian-Bücher 8 bis 12 kommt Ramus auf den seiner Meinung nach eigentlichen Kern der Rhetorik zu sprechen. Im Zentrum steht dabei die *elocutio* in Gestalt der Figuren- und Kompositionslehre. Obwohl Ramus die Aufführungslehre (*actio*) als zweiten großen Rhetoriksektor definiert, wird sie praktisch nicht erörtert. Auch die von Quintilian im 12. Buch als Appendix gebotene Stilartenlehre (die *genera dicendi*, eher zur *elocutio* gehörig) hält er keiner weiteren Debatte für würdig. Zu den beiden *actio*-Sektoren sagt er lediglich, dass sie wie üblich mit unnützem Zeug befrachtet seien. Quintilians wissenschaftliches Interesse an den vielen Einteilungen von Stimmführung und Gestik habe ja etwas Sinnloses (*vana curiositas*), zumal die ganze Theorie, aufgehäuft in tausenden von Zeilen, in wenigen Worten klar dargestellt werden könne. »Auch das sehr lange Kapitel über die *genera dicendi* enthält nichts, was zur Spezifik der rhetorischen Sprachgestaltungslehre allein gehört, denn die Unterscheidung zwischen hohem, niedrigem und mittlerem Textniveau ist genauso viel von der Sprache wie von den Sachverhalten selbst hergeleitet, sodass diese Unterscheidung sowohl zur *inventio* als auch zur *elocutio* gehört.« (228)

Quintilians Lehre von den rhetorischen Sprachformungsprinzipien zu Beginn des 8. Buchs findet vor Ramus ebenfalls keine Gnade (204–207). Nach Quintilian müssen auf der Ebene des Einzelworts die Ausdrücke muttersprachlich korrekt, deutlich, ästhetisch ansprechend sowie angemessen sein (*verba latina, perspicua, ornata, apta*). Auf der Ebene von Mehrwortverbindungen müssen die Ausdrücke fehlerfrei, wohlplatziert und wohlgeformt sein (*verba emendata, collocata, figurata*). Ramus weist das *elegantia*-Prinzip (muttersprachlich, fehlerfrei) der Grammatik zu, wobei ihm nicht bewusst zu sein scheint, dass Quintilian von den unterschiedlichen Perspektiven a) der systematischen Grammatik und b) der textbezogenen Sprachgebrauchslehre ausgeht, die die Korrektheitsbedingung durchaus mit Recht an verschiedenen Stellen erörtern kann. Des Weiteren sieht Ramus Quintilians Unterscheidung von acht Typen eigentlicher bzw. uneigentlicher Ausdrücke (*verba propria* bzw. *modificata*; 205) im Rahmen der *perspicuitas*-Lehre für obsolet an; Fragen der eigentlichen Bedeutung gehören für ihn in die Grammatik, alles andere zur rhetorischen Figurentheorie. Auch in den folgenden allgemeinen Ausführungen Quintilians zur sprachlichen Ornamentierung und zur Amplifizierung kann Ramus weder Sinn noch Verstand, geschweige denn System entdecken. Mit dem verzweifelten Ausruf: »O ihr Gelehrten, o ihr Logiker und wirklichen Fachleute, schaut euch an, was es ist, und von welcher Art es ist, worüber ich gerade rede«, empfiehlt er dem Leser rasches Voranschreiten (207).

Ramus verweilt nun länger bei den Tropen, der ersten großen Figurengruppe. Gegenüber Quintilian, der sich nicht auf die Einwortrestriktion festlegen will, definiert Ramus einen Tropus klar als Einwortfigur: »Ein Tropus, sagt Quintilian, ist die kunstvolle Vertauschung der eigentlichen Bedeutung eines Wortes oder Ausdrucks mit einer anderen (*tropus, ait, est mutatio verbi vel sermonis a propria significatione in aliam cum virtute*). Aber ein Tropus beruht ganz auf Einzelwörtern, in zusammengesetzter Rede hat er keinen systematischen Platz. Denn wenn sich die Formen eines Textes ändern, liegen Figuren vor, keine Tropen.« (208) Quintilian nennt zwölf Arten von Tropen. Ramus lässt nur vier gelten: Metapher, Synekdoche, Metonymie und Ironie. Alle vier lassen sich für Ramus streng logisch nach Merkmalen der Äquivalenz, Kontiguität und Opposition klassifizieren. Sprach- und Weltwissen trennt Ramus nicht. Für die

Metapher gibt es nur eine knappe Definition: »Die Metapher ist Teil einer Analogie – denn eine Metapher ist ein Tropus, bei dem Ähnliches nach Ähnlichem bezeichnet wird« (*metaphora similitudinis pars sit – metaphora enim tropus est ex simili simile significans*; 208). Auch bei der Synekdoche sind all die vielen quintilianschen Untergliederungen überflüssig, denn »eine Synekdoche ist damit korrekt definiert, dass das Ganze nach dem Teil bezeichnet wird und umgekehrt« (209). Dasselbe klare Bild bei der Metonymie: »Eine Metonymie ist ein Tropus, bei dem Wirkungen nach den Ursachen, Eigenschaften nach den Gegenständen bezeichnet werden und umgekehrt.« (209) Bleibt als vierter Tropus die Ironie: »Bei der Ironie wird das Gegensätzliche mit dem Gegensätzlichen bezeichnet.« (212) Das betrifft auch in diesem Fall zunächst immer nur einzelne Wörter, weshalb die Ironie ebenfalls der Einzelwortrestriktion unterliegt (217). Was Quintilian sonst noch anführt, zählt entweder zur Metapher (so die Allegorie als fortgesetzte Metapher) oder zu allen Tropen bzw. ist gar kein Tropus, weil jeder Argumentation eigen (Antonomasie, Onomatopoiesis, Katachrese, Metalepsis, Epitheton, Änigma, Sarkasmus, Asteismus, Antiphrasis, Paroimion, Mykterismos, Periphrasis, Hyperbaton, Hyperbel). Ramus bekräftigt das mit verschiedenen Syllogismen der folgenden Art (212):

[A] Jeder Tropus besteht aus einer Änderung der Wortbedeutung.
[B] Bei Antonomasie, Onomatopoiesis, Metalepsis, Epitheton, bei allen Allegoriearten (mit Ausnahme der Ironie), bei Periphrase, Hyperbaton und Hyperbel (oberhalb des Einzelworts) liegt keine Änderung der Wortbedeutung vor:
[C] Ergo ist keine von ihnen ein Tropus.

Mit Erörterung des 9. Quintilian-Buchs wendet sich Ramus den Figuren im engeren Sinn zu. Bevor Ramus zu seiner Kritik an der klassischen Figurenlehre ausholt, formuliert er nochmals einen Leitsatz seines neuzeitlich-rationalistischen Wissenschafts-Credos: »Fachtheorien müssen aus der Vermittlung nützlicher und zuverlässiger Grundsätze bestehen und dürfen nicht einfach nur alle Irrtümer und Fehler der Menschen zusammenstellen« (*artes constare debent utilium et constantium institutionum traditionem, non omnes hominum errores et vitia colligere*; 215). Wieder verhelfen ihm Syllogismen zu eigenen klaren Definitionen, z. B. dieser (214):

[A] Ein Tropus besteht aus der Änderung eines Ausdrucks (*mutatio dictionis*).
[B] Eine Figur besteht nicht aus der Änderung eines Ausdrucks, sondern aus einer Änderung der Textstruktur (*mutatio orationis*).
[C] Ergo ist eine Figur kein Tropus.

Die bei Quintilian und Cicero ausgeführte Unterscheidung zwischen Ausdrucksfiguren (*figurae verborum*) und Inhaltsfiguren (*figurae sententiarum*) als den beiden großen Figurenklassen hält Ramus für konfus. Man könne das schon allein daran sehen, dass Cicero in *De oratore* insgesamt 43 Ausdrucksfiguren und 48 Inhaltsfiguren, im *Orator* aber nur 17 Ausdrucksfiguren und 45 Inhaltsfiguren nenne.

Quintilian definiere die Inhaltsfiguren nicht richtig. Nach Ramus ist eine Inhaltsfigur die Gestaltung der ganzen Textstruktur bei einem fest umrissenen Inhalt, der auch im Fall wechselnder Worte bestehen bleibt (*est autem in absoluta sententia totius orationis conformatio, et ideo mutatis verbis etiam manet*; 216). Das wenigste, was Quintilian unter den Inhaltsfiguren in Einklang mit der Tradition abhandelt, lasse sich mit dieser Definition vereinbaren; aber auch seine 43 neuen Inhaltsfiguren hält Ramus für fragwürdig. Noch sehr viel schlimmer stehe es aber um die Ausdrucksfiguren. Das schon immer bestehende Figurendurcheinander werde von Quintilian durch seine Begriffskonfusion komplett gemacht. Es fehle eine verbindliche Definition. Aber auch die unsystematisch eingefügte Erörterung von so genannten grammatischen Figuren bezeugt für Ramus die Unfähigkeit Quintilians. Beim folgenden Durchgang durch die Untergruppe der so genannten rhetorischen Figuren (im Rahmen der Ausdrucksfiguren) sieht Ramus sein Urteil aufs schlimmste bestätigt.

Es bleibt noch die Satzkompositionslehre. Quintilian begehe hier den definitorischen Basisfehler, rhetorische Figuren und regulierte Satzkomposition trennen zu wollen. »Was ist denn eine Figur, Quintilian? Eine Formulierungsweise, sagt er, die sich vom Alltagssprachgebrauch entfernt. Aber ich sage, Satzkomposition und Prosarhythmus sind ebenfalls eine vom Alltagssprachgebrauch entfernte Formulierungsweise: ergo ist dies auch Figur.« (220) Quintilians drei Unterteilungen der *compositio* seien gleichfalls nicht tragfähig: 1. Die Unterscheidung in gebundene und ungebundene Prosatextur (*oratio vincta et soluta*) führt nicht zu klaren Anwendungsregeln bei den verschiedenen Textsorten; 2. die Unterscheidung von *komma, kolon* und *periodos* ist keine wirklich satzstrukturelle, denn ein Text kann auf allen Ebenen in diese Bestandteile zerlegt werden; 3. die Unterscheidung der Satzstruktur in Anordnung, Verbindung und gemessenen Rhythmus (*ordo, iunctura, numerus*) ist völlig unbrauchbar, weil diese Kategorien nicht trennscharf sind, sie gehen entweder im Begriff der Satzkomposition auf oder sind völlig undurchsichtig bzw. inkonsistent. Auch die detaillierten Ausführungen zu Metrum und Prosarhythmus seien in sich widersprüchlich und gäben keine vernünftigen Handlungsanweisungen. Ramus durchleuchtet die aufwendigen Taxonomien Quintilians in bissigem Ton und erbarmungslos auf ihre Konsistenz hin. Dabei stellt er unter anderem fest, man könne die vierzig Klassen der dissyllabischen bzw. trissyllabischen Füße getrost auf acht zusammenstreichen (223).

Dass Quintilian für die Vertextungspraxis möglichst viele konkrete Modelle überliefern will, interessiert Ramus nicht. Ihm kommt es auf eine in sich stimmige, logisch durchdachte Theorie an. Der ursprünglich von der Konkurrenz gegenüber der Versdichtung her gedachte Anspruch der prosaischen Satzkompositionslehre ist ihm suspekt. Letztlich findet nur das logisch-dialektische Substrat dieser Lehre sein Interesse. Das zeigt sich gegen Ende des Kapitels, wenn Ramus seine Quintessenz zieht. Man könne von Quintilian nicht lernen, was Kolon, Komma oder Periode seien. »Aber ich will sagen, wenn er es schon nicht tut, dass ein Komma (*incisum*) der unvollständige Ausdruck eines Inhalts ist, ein Kolon (*membrum*) der vollständige Ausdruck eines Inhalts, aber bezogen auf einen anderen Inhalt, und die Periode (*periodus*) schließlich eine ganz und gar vollständige und unabhängige Einheit, wie etwa ein Syllogismus mit allen seinen Bestandteilen eine Periode ist: Obersatz, Untersatz und Konklusion sind Kola, wenn sie aber zugleich andere Inhalte beinhalten, sind sie Kommata.« (224)

Am Ende seiner kritischen Erörterungen zur Rhetorik Quintilians geht Ramus unter anderem noch auf das im 10. Buch verhandelte Thema der sicheren Fertigkeit und rednerischen Geläufigkeit (griech. *héxis* bzw lat. *firma facilitas*) ein. Zwei Schritte stehen beim Erwerb dieser Geläufigkeit im Vordergrund: *analysis* und *genesis*, »denn zuerst müssen wir den Gebrauch der Theorie bei repräsentativen Beispielen verstehen, und dann müssen wir selbst Ähnliches gestalten« (225). Im Gegensatz zu Quintilian, der das Lesen guter Schriften empfohlen hatte, favorisiert Ramus das Anhören sprachgewandter Lehrer und beredter Oratoren. Hören und Mündlichkeit stehen bei ihm klar im Vordergrund. Die angehenden Oratoren müssen erst durch das Zuhören geprägt werden, bevor sie selbst anspruchsvolle Texte analysieren können. Dann folgt der Schritt der selbständigen Produktion, Synthese oder Genesis. Hier spielt das *imita-*

tio-Prinzip eine große Rolle. Ramus beharrt darauf, dass man auch die Methoden guter Inventivik an Vorbildern studieren kann.

Dass Quintilian hier bereits Bemerkungen zum *decorum* einflicht, gibt Ramus Gelegenheit, sich nun auf die rhetoriktheoretische Ausschaltung auch des klassischen Angemessenheitspostulats einzustellen. Der Schluss seines Traktats ist im Wesentlichen diesem Thema gewidmet. Seit Cicero hatte das pragmatische Angemessenheitspostulat (*aptum*, *decorum*) den theoretischen Rang eines rhetorischen Grundgesetzes. Ramus entzieht es der Rhetorik nun mit dem Hinweis darauf, dass es in der Dialektik als semiotische Universalie verhandelt werde und im Übrigen ein allgemeines Prinzip sei: Obwohl das *decorum* im Allgemeinen in der Dialektik gelehrt wird, sagt Ramus, so wird es doch auch in eigener und spezieller Weise von anderen Disziplinen verstanden. Die Grammatik versteht unter *decorum* Sprachreinheit und sprachliche Korrektheit; die Rhetorik Angemessenheit in Formulierung und Aufführung; die Arithmetik, Geometrie, Musik und Astrologie sehen das *decorum* in der Berechnung von Zahlen, in der Unterteilung von Größen, in Harmonien und Tönen und Bewegungen der Sterne; die Naturkunde in Abstammungen, Pflanzen und Tieren; die Moralphilosophie in Tugenden und Sitten; die Architektur und Landwirtschaft in Gebäuden und Äckern; die praktische menschliche Klugheit in allen Äußerungen und Handlungen, in allen Ratschlägen über Alltägliches außerhalb wissenschaftlicher Theoriebildung; schließlich werden die Einsicht selbst, das Wissen und die Praxis bestimmen, was das *decorum* in allen Dingen ist. Und es wird nie eine spezielle und trennscharfe Regel bezüglich des *decorum* geben, weil das *decorum* selbst jene harmonisierte *perfectio* ist, die die Disziplinen mit ihren Lehrsätzen, die menschliche Vernunft selbst und die Weisheit offenbart. Bei Sachverhalten aber, die außerhalb einer bestimmten Disziplin liegen, müssen die allgemeinen Geistes- und Naturgaben, die die Dialektik erörtert, erst geweckt und herangezogen werden. Das geben uns die Gebräuche, Sitten und Beispiele zu bedenken. Weil also das *decorum* solch ein weites Feld umfasst, ist es offensichtlich lächerlich, der Rhetorik das Angemessenheitsprinzip wie ein Spezifikum zuzuordnen (227).

Johann Christoph Gottsched
nach einem Stich von S. M. Berningroth (1757)

8

Johann Christoph Gottsched

Ausführliche Redekunst

(1736)

Vernunft und humanistisch inspirierte Systemerneuerung

Die Rhetorik kommt im 18. Jahrhundert an einen kritischen Wendepunkt. Die öffentlichen Bedürfnisse nach rhetorischer Schulung bleiben bestehen, doch gerät die rhetorische Theoriebildung durch neue philosophische Anschauungen und disziplinäre Richtungen, wie die in der Mitte des Jahrhunderts entstehende Ästhetik, unter Druck. Am Ende des Jahrhunderts ist die epistemische Position der Rhetorik so geschwächt, dass sie sich etwa gegenüber den ebenfalls neu aufkommenden Nationalsprachenphilologien nicht mehr behaupten kann. Petrus Ramus hatte das klassische System der Officia-Rhetorik schon im 16. Jahrhundert einer unerbittlichen Rationalitätskontrolle unterworfen, dennoch überlebte es im Rahmen der Traditionspflege des barocken Schulhumanismus. Die philosophischen Ansprüche der Frühaufklärung bringen den rhetorischen Traditionalismus neuerlich und, à la longue, nachhaltig ins Wanken. In Deutschland suchten in der ersten Hälfte des 18. Jahrhunderts Rhetoriker wie Johann Andreas Fabricius (1696–1769) und Friedrich Andreas Hallbauer (1692–1750) »Christian Wolffs Verpflichtung jeglicher Disziplinen auf ihre philosophische Legitimation« auch für die Rhetorik strikt umzusetzen.[1] Am

1 Gunter E. Grimm, *Literatur und Gelehrtentum in Deutschland. Untersuchungen zum Wandel ihres Verhältnisses vom Humanismus bis zur Frühaufklärung*, Tübingen 1983, S. 577.

wichtigsten war diesen Vertretern der »philosophischen Oratorie«, dass nun vernünftige Gedanken und vernünftige Urteile gegenüber dem humanistischen Rückgriff auf akkumuliertes, verbürgtes und tradiertes materiales Wissen herrschen sollten. Johann Christoph Gottsched (1700–1766) nimmt hier eine moderate Stellung ein. Er will sich der Forderung der Zeit nach rationaler Methodik und Explikativik nicht entziehen, will aber im Fall der Rhetorik auch nicht mit der klassischen Theoriebildungstradition brechen. »Erst die ›Weltweisheit‹, Gottscheds philosophisches Lehrbuch, arbeitet mit dem Wolffschen Querverweis-System.«[2] Die Restitution der antiken Rhetoriksystematik dient ihm nicht zuletzt als Mittel der Auseinandersetzung mit bestimmten Strömungen in der Barockrhetorik, insbesondere mit der Schule des berühmten Christian Weise (1642–1708). Man hat in diesem Zusammenhang auch vom »Klassizismus« Gottscheds gesprochen.[3] Mit Petrus Ramus teilt Gottsched das publizistische Anliegen, die Wissenssektoren seiner Zeit systematisch zu durchmustern und der interessierten Öffentlichkeit in kritischer Darstellung zu vermitteln. Dies gehört zu Gottscheds aufklärerischem »Universalismus«.[4] Bei der epistemologischen Verortung der Rhetorik, ihrer Herleitung und Theorie zeigen sich jedoch große Unterschiede zu Ramus. Dieser dachte nur an eine strikte Neuzuweisung der Lehrstoffe in den Triviumsfächern, brach polemisch mit der antiken Rhetoriküberlieferung und schuf dabei eine extrem reduktionistische Rhetoriksystematik. Diese enge Perspektive ist Gottsched fremd. Er möchte seine Rhetorik als »ein beständiges Lehrbuch auf Universitäten« sehen,[5] und

2 Ebd., S. 623.

3 Ebd., S. 586.

4 Zum »Universalismus im Werk Gottscheds« vgl. Werner Rieck, *Johann Christoph Gottsched. Eine kritische Würdigung seines Werkes*, Berlin 1972, S. 70–131.

5 Johann Christoph Gottsched, *Ausführliche Redekunst* (^{5}1759), in: J. Ch. G., *Ausgewählte Werke*, hrsg. von Joachim Birke, seit 1975: von Philipp

er richtet sein Interesse dabei auf die kommunikative bzw. literarische Praxis seiner Zeit. Dafür schreibt er grundlegende Theoriewerke: 1728 den *Grundriß zu einer vernunfftmäßigen Redekunst*, aus dem 1736 die *Ausführliche Redekunst* und 1759 die speziell für »gelehrte« Zwecke eingerichtete *Akademische Redekunst* hervorgehen; 1729 erscheint die *Critische Dichtkunst*; hinzu kommt 1748 mit der *Deutschen Sprachkunst* eine Grammatik. Die *Sprachkunst* sah er später wegen ihres systematischen Gewichts als ersten Band seiner Werkausgabe vor. In allen drei Werken geht es um Sprache und Sprachhandeln, das sich in drei »Künsten« niederschlägt. Eine »Kunst«, sagt Gottsched zur Erklärung des Titels seiner *Sprachkunst* (§ 1), sei »eine Fertigkeit, etwas zu thun, oder zu machen«. Wenn »man sie einem andern beybringen soll, so besteht sie aus Regeln«, und wenn man diese »in einem guten Zusammenhange gründlich« abhandelt, dann »bekömmt ein solcher Vortrag auch den Namen einer Kunst«, wie man an seiner bereits publizierten *Dichtkunst* und der *Redekunst* als Beispielen sehen könne. Gottsched hat also den Theoriebezirk von Sprache, Text und Sprachhandeln innerhalb dreier großer Opera (von der sprachlichen Basis bis hin zum Textuniversum) abgeschritten. Das wirft ein bezeichnendes Licht auf seinen Versuch einer genaueren Eingrenzung des spezifisch rhetorischen Sprachhandelns.

Der Aufbau der *Ausführlichen Redekunst* veranschaulicht Gottscheds weiträumige Perspektive, die zwar bei der antiken Tradition ansetzt, aber letztlich auf die zeitgenössische Praxis der Textproduktion, speziell der rhetorischen »Gattungen« zielt. Die Makrostruktur seiner *Ausführlichen Redekunst* hatte Gottsched bereits in der *Dichtkunst* vorgeprägt. Diese wird ebenfalls mit der Übersetzung eines anti-

M. Mitchell, Bd. 7,1/2, hrsg. von Rosemary Scholl, Berlin / New York 1975, S. 7. Nach dieser Ausgabe wird im Folgenden, unter Angabe der bloßen Seitenzahl, zitiert.

Johann Christoph Gottscheds,
der Weltw. und Dichtk. öffentl. Lehrers zu Leipzig, der königl. Preuß. Churf. Mainzischen, wie auch der Bononischen Akad. der Wiß. Mitgliedes

Ausführliche Redekunst,

Nach Anleitung
der alten Griechen und Römer,
wie auch der neuern Ausländer,
in zweenen Theilen verfasset;
und itzo mit den Zeugnissen der Alten und Exempeln
der größten deutschen Redner erläutert.
Statt einer Einleitung ist das alte Gespräch,
von den Ursachen der verfallenen Beredsamkeit,
vorgesetzet.

Die fünfte Auflage.

Mit Röm. Kaiserl. Kön. Poln. und Churf. Sächs. allerg. Freyheit.

Leipzig,
Verlegts Bernhard Christoph Breitkopf. 1759.

Titelblatt der fünften Auflage von Gottscheds
Ausführlicher Redekunst (1759)

ken Theoretikers (Horaz) eröffnet und, unter Bezug auf die literarische Textproduktion seiner Zeit, mit einer Gattungspoetik abgeschlossen. Die *Redekunst* ist nach demselben Ablaufschema konzipiert. Sie ist inhaltlich dreigeteilt. Gottsched beginnt im ALLGEMEINEN THEIL mit einer Übersetzung des *Dialogus de oratoribus* (*Dialog über die Redner*) von Tacitus, an die sich ein kurzer Abriss der Rhetorikgeschichte bis ins 18. Jahrhundert anschließt. Damit nimmt Gottsched ausdrücklich Bezug auf die antike Rednergeschichte und die antiken redekritischen Prinzipien. Im zweiten großen Komplex gibt er eine Bestimmung der Rednertätigkeit und stellt dann das klassische rhetorische System auf der Grundlage der Fünf-Officia-Lehre dar. Im *Grundriß zu einer vernunfftmäßigen Redekunst* von 1728 hatte er diesen Komplex in die drei produktionstheoretischen »Abtheilungen« der Konzipierung, Verbalisierung und Performanz gebracht (1. Von der Erfindung und Einrichtung einer Rede, 2. Von der Ausarbeitung einer Rede, 3. Vom guten Vortrage einer Rede). Im BESONDEREN THEIL der *Redekunst* folgt dann als dritter Komplex der konkrete Bezug zur Praxis der Gegenwart. In ihm sind die zeitüblichen Redegattungen systematisiert und die Anwendbarkeit des vorher entwickelten Regelwerks anhand von herausragenden Redebeispielen exemplifiziert. Dabei wird im Begleittext auf Besonderheiten von Aufbau, Sprache und erforderlicher Vortragsweise jeder einzelnen Redegattung hingewiesen. Nur in der ersten Auflage erscheint auch ein Kapitel »Von geistlichen Lehrreden oder Predigten«; er druckt es später separat.

1. Gottscheds historische Situierung der Rhetorik

Gottsched greift das schon von antiken Rhetorikern seit Aristoteles geübte Verfahren auf, Maßstäbe für die Leistungsstandards der Beredsamkeit (als Praxis) und der Rhetorik (als Theorie) auf dem Wege historischer Kritik zu ermitteln. Er beginnt mit einer klaren semiotischen Festlegung: Alles Rhetorische ist sprachlich. Die Tatsache, dass er ganz am Schluss auch das nonverbale Ausdrucksrepertoire erörtert, bleibt hier noch unberücksichtigt. *Allgemeine Beredsamkeit* ist für ihn die Kompetenz, Texte hervorzubringen. Später wird Gottsched noch einen speziellen Begriff der *rhetorischen Beredsamkeit* entwickeln. Die allgemeine Beredsamkeit ist die menschliche »Gabe«, »Empfindungen, Gedanken und Gemüthsbewegungen mit deutlichen und vernehmlichen Wörtern auszudrücken. Ich sage mit Wörtern, und schließe dadurch alle anderen Gattungen der Zeichen aus« (59). »Sprechen« und »reden«, Sprachkompetenz und allgemeine Beredsamkeit stehen im selben Verhältnis zueinander, wie auf dem Feld der Bewegung das bloße Gehenkönnen zum Tanz (»nicht alle, die da gehen, können auch geschickt tanzen«; 60). Die bloße Sprachkompetenz muss der Vertextungskompetenz vorausgehen. Dahinter stehen die Prinzipien a) der Entwicklung und b) des Aufstiegs zu höheren Stufen oder – mit anderen Worten – der Entfaltung und der Perfektion. Gottsched sieht beide Prinzipien in der Rhetorikgeschichte am Werk. Movens der Eloquenzentwicklung ist für ihn als Aufklärer der Anstieg wahrer Bildung, der sich immer in einer Kultur der Rationalität (»Vernunft«) niederschlägt. Wo diese fehlt oder verfällt, z. B. im Rom der Kaiserzeit und in der germanischen Frühzeit, da ist es auch um die Rhetorik schlecht bestellt. Damit unterstreicht Gottsched schon hier, in der »Historischen Einleitung« seines Werkes, die Rolle der Vernunft als maßgebliches Regulativ auf allen Feldern der Kommunikation. Die Kontrollinstanz »Vernunft« wacht auch über die Auswertung historischer Berichte zu den Entwicklungstendenzen der Eloquenz, selbst dann, wenn es um die Bibel geht: »Was uns Moses von den Reden der Patriarchen, vor und nach der großen Wasserfluth, erzählet, das stimmet mit unsern Vernunftschlüssen vollkommen überein. Die Gespräche, so er uns von denselben aufgezeichnet hat, werden immer desto ausführlicher, angenehmer und beweglicher: je neuer die Zeiten sind, darinn sie vorgefallen sind.« (61 f.)

In Deutschland erreicht die Beredsamkeit laut Gottsched erst im Renaissance-Humanismus einen nennenswerten Standard. Und auch die Rhetoriktheorie tritt jetzt gleich mit zwei bedeutenden Werken hervor (77 f.): Friedrich Riederers *Spiegel der waren Rhetoric* (1493) und Philipp Melanchthons *Rhetorica* (1519). Gegenüber der Rhetorikkultur des vorangegangenen 17. Jahrhunderts ist Gottsched in mancher Hinsicht skeptisch. Lünigs Sammlungen der »Reden großer Herren« seien mit Vorsicht zu genießen, und auch in der Theorie stehe es schlecht. Besonders fragwürdig sei der *Politische Redner* des immer noch berühmten Christian Weise. Dieser halte sich nicht an die antiken Paradigmen, habe sich »eine von ihm selbst erdachte Art der Wohlredenheit ausgehecket«; er habe im Schulbetrieb »aus Kindern Redner machen« wollen, wo es doch zunächst darum gehen müsse, dass Kinder richtig denken lernen; Weises Kunst sehe im Wesentlichen nur vor, aus »allerley zusammen gestoppelten so genannten Realien, eine Schulchrie zu verfertigen, die weder in Gedanken noch in Ausdrückungen etwas besonderes, ja nicht einmal etwas leidliches hatte«, und schließlich »führte er durch sein Exempel das Mischmasch lateinischer, französischer und wälscher Wörter in unsrer Sprache ein« (81). Gottscheds Resümee fällt in Hinblick auf deutsche Rhetoriktheoretiker knapp und deutlich aus: »Von deutschen Rhetoriken kann ich unter denen, deren Verfasser bereits todt sind, keine einzige loben, als Philipp Melanchthons seine; und Prof. Polykarp

Müllers.« (100) Erst seit 1720 habe sich in Deutschland das Blatt gewendet. Gottsched denkt an die ›Deutschen Gesellschaften‹, wo er selbst maßgeblich wirkte, und an die Bemühungen von »Rednern und Scribenten [...] die so wohl in der philosophischen [= expositorischen] als oratorischen [= agitatorischen] und historischen [= narrativen] Schreibart uns rechte Meisterstücke gewiesen haben«. Für die Rhetoriktheorie brachte die rationalistisch »gereinigte« Philosophie eines Wolff eine neue »Art natürlich zu denken« mit sich (84 f.). Gottsched selbst möchte dafür mit seiner *Ausführlichen Redekunst* das Paradebeispiel liefern.

2. Redekunst, Wohlredenheit, Beredsamkeit

Den allgemeinen systematischen Teil beginnt Gottsched mit einem Definitionskapitel. Seine Leitfrage lautet: Was ist »die Redekunst«, welche griechisch »die Rhetorik, lateinisch die Oratorie genennet« wird? Die erste Überlegung bezieht sich auf die Theorie. Unter dieser Perspektive ist die Rhetorik als »Wissenschaft« zu bezeichnen. Aristoteles meinte, ihr Skopus sei auf das »Vermögen« (*dýnamis*) gerichtet, »in jeder vorkommenden Sache wahrzunehmen, was zur Ueberredung dienlich seyn kann«. Gottsched steht den Römern näher und sieht das etwas anders. Für ihn ist die Rhetorik keine solcherart erkennende Disziplin, sondern eine praxisleitende »Lehre«, die dem Menschen erst »zu solchem Vermögen verhilft, oder ihn beredt machet«, kurz: eine »Wissenschaft, wohl zu reden (*bene dicendi scientia*)«. In diesem Sinne »ist sie freylich eine künstliche Beredsamkeit, die nach gewissen Regeln ihren Vortrag einrichtet: da hergegen die natürliche Wohlredenheit gewisser Leute, bloß auf das Naturell, auf den Umgang und auf die Uebung ankömmt« (86 f.).

Mit seiner Kategorie der wissenschaftlich ermittelten »Regel« (*praeceptum*) nähert sich Gottsched wiederum Aristoteles an, geht aber in seiner aufklärerisch naturgesetzlichen Vorstellung insofern sehr viel weiter, als er auch für das Sprachverhalten in der »unveränderlichen Natur des Menschen« (97) verankerte Gesetzmäßigkeiten als Hintergrund annimmt, nicht etwa bloße geschmacksabhängige Konventionalität. In der *Critischen Dichtkunst* (III / § 8) erläutert er seinen »Regel«-Begriff wie folgt: »Die Regeln nämlich, die auch in freyen Künsten eingeführet worden, kommen nicht auf den bloßen Eigensinn der Menschen an; sondern sie haben ihren Grund in der unveränderlichen Natur der Dinge selbst; in der Uebereinstimmung des Mannigfaltigen, in der Ordnung und Harmonie. Diese Gesetze nun, die durch langwierige Erfahrung und vieles Nachsinnen untersuchet, entdecket und bestätiget worden, bleiben unverbrüchlich und feste stehen: wenn gleich zuweilen jemand, nach seinem Geschmacke, demjenigen Werke den Vorzug zugestünde, welches mehr oder weniger dawider verstoßen hätte.«

Gottscheds zweite definitorische Überlegung bezieht sich nun auf das Feld rhetorischer Praxis. Hier sind »Wohlredenheit« und »Beredsamkeit« deutlich zu unterscheiden. Gottsched orientiert die Rhetorik hin auf das Konzept der Funktionalrhetorik (*ars persuadendi*), wie es von Aristoteles erstmals theoretisch umrissen wurde. Dies Konzept stand seit der Spätantike in Konkurrenz zur restringierten Wohlredenheitsrhetorik (*ars bene dicendi*), bei der man von Rhetorik sprach, wenn nur gewisse sprachliche Wohlgeformtheitsbedingungen erfüllt waren. Wohlredenheit bezeichnet die Fähigkeit, elaborierte, sprachästhetisch überformte Texte hervorzubringen, bezieht sich also lediglich auf befriedigende Sprachstrukturen (89): »Die Wohlredenheit drücket nach dem Klange des Wortes, nichts weiter aus, als eine Fertigkeit wohl; das ist, zierlich, und anmuthig zu reden, oder zu schreiben. Sie besteht also fast gänzlich in einer guten Schreibart, oder in vernünftigen und wohl ausgedrückten Gedanken. [...] Ein Geschichtschreiber, ein Briefsteller, ein dogmatischer Scribent, kann den Ruhm erlangen, daß er schön schreibe«.

Davon zu unterscheiden ist nun die Beredsamkeit »im eigentlichen und engern Verstande«. Sie besteht in der Fähigkeit, Beweise zu führen. Es geht im Idealfall um die »Geschicklichkeit«, »seine Zuhörer von allem, was man will, zu überreden, und zu allem, was man will, zu bewegen« (89). Eine »so ernstliche, männliche und philosophische Kunst, als die Redekunst ist«, muss jedoch mit großem Bedacht »auf die Mittel sehen, wodurch die Ueberredung der Zuhörer bewerkstelliget werden kann« (90 f.). Die aufklärerischen Prinzipien von Vernunft und Moral bekommen hier entscheidendes Gewicht. Dagegen begegnet Gottsched der Emotionspsychologie, die technisch in affektive Beeinflussungsmethoden mündet, bei seinen allgemeinen Überlegungen noch mit Zurückhaltung, auch wenn er fordert, sich »in der Psychologie, oder der Lehre von der menschlichen Seele« (104) kundig zu machen. Erst sehr viel später, im Kapitel über den Redeschluss, wird er auf affektive »Gemüthsbewegungen« eingehen (IX. Hauptstück). Bei seiner einleitenden Definition der Redekunst jedoch verbindet er mit der Kategorie »Psychologie« in erster Linie moralische Vorstellungen. Im Hintergrund steht dabei die Wolff'sche *Psychologia empirica* als Lehre von den Vorstellungs- und Begehrungsvermögen der Seele. Wie in Wolffs Vernunft-Ethik steht die Ratio über allem und setzt sich immer durch: »durch Glimpf [Nachsicht] und vernünftige Vorstellungen, läßt sich das wildeste Herz gewinnen« (104). Was der Redner kennen muss, ist »die unveränderliche Natur des Menschen«, die im Kern eine moralische ist: »Man muß die Vernunftlehre und die Sittenlehre zu Hülfe nehmen, und den Verstand und Willen des Menschen kennen lernen.« (97 f.) Vernunft und Moral müssen bei den Zuhörern in rechter Weise an die korrespondierenden Instanzen »Verstand und Willen« gebunden werden. Der Verstand eines Menschen lässt sich »niemals anders, als durch Gründe und Ursachen gewinnen«; der Wille nun »läßt sich nicht ohne die Vorstellungen des Guten und Bösen lenken: diese aber nennet man Bewegungsgründe« (91). Die »falsche Beredsamkeit« arbeitet mit »Scheingründen«, die »keine logische Prüfung aushalten« (92 f.). Dazu helfen vor allem »die dialektischen Disputirkünste, dadurch man alles wahrscheinlich machen konnte: und die rhetorische sogenannte Topik, davon Aristoteles ganze Bücher geschrieben. Doch diese falsch-berühmte Kunst ist, bey allen rechtschaffenen Leuten, bald in Verachtung gerathen« (94). Im schärfsten Kontrast dazu steht die vernunftgemäße »Ueberführung« durch streng wissenschaftlichen Beweis (94 f.): »Einen überführen, heißt einen durch eine Reihe unumstößlicher Vernunftschlüsse, die aus den ersten Gründen hergeleitet werden, oder durch eine Demonstration, zum Beyfalle bewegen«. Die Rhetorik hat es allerdings nur mit der »Ueberredung« zu tun; »das ist ein Vortrag der Wahrheit durch wahrscheinliche Gründe, die auch ein Zuhörer von mittelmäßigem Verstande ohne alle Mühe fassen und einsehen kann«. Wo Wahrheit zu vermuten ist, finden sich auch solche Beweise. Das gilt sogar bei den »historischen Wahrheiten, wo der Beweis durch Zeugen, oder die Ueberzeugung, statt findet«, denn auch hier »kann man sich derselben bedienen, wenn es an Zeugen fehlen sollte.«

3. Der Redner

In der Tradition römischer Rhetorik setzt sich auch Gottsched ausführlich mit dem »Redner«, dem Kommunikator als rhetorischer Instanz auseinander, bevor er zur Produktionstheorie kommt. Auf seine Entwicklung eines Rednerkonzepts folgt unter Bezug auf Quintilian die ausführliche Darstellung des oratorischen Ausbildungsganges von Kindesbeinen an (II. Hauptstück, §§ 13–20).

Unter einem »Redner« versteht er »einen gelehrten und rechtschaffenen Mann, der die wahre Beredsamkeit besitzt« (102). Diese Definition Gottscheds fordert drei Rednermerkmale: Erudition, Moral und Eloquenz. Dass sich in dieser Vorstellung sehr stark die Bildungsideologie des 18. Jahrhunderts niederschlägt, durchaus unaristokratisch gedacht, wird in Gottscheds klarem rhetorischen Eruditionsvorbehalt deutlich: »Nun laufen aber die meisten Materien der gewöhnlichen Reden, in eine von den so genannten vier Facultäten, oder doch in eine von den freyen Künsten. Alle diese aber gehören zur Gelehrsamkeit: und wer sie versteht, der ist ein Gelehrter. Zwar wollen wir auch einigen Unstudirten es gar gern einräumen, daß sie in gewissen Dingen, die zu ihrer Lebensart gehören, eine ziemliche Geschicklichkeit und Fertigkeit im Reden besitzen: allein das ist eine bloße Wohlredenheit« (103). Aus »Verstand und Klugheit« des Redners folgt im Sinne der rationalistischen Ethik Wolffs ganz von selbst seine Tugendhaftigkeit, denn – wie die Alten schon wussten – könne »derjenige ja unmöglich Verstand haben, der aus freyer Wahl das Böse dem Guten vorzieht«; hinzu kommt für Gottsched aber auch der auf der aristotelischen Ethos-Lehre gründende Akzeptanzgesichtspunkt: »Man ist ohne Zweifel viel geneigter, einem rechtschaffenen, tugenthaften Manne, in dem, was er vorbringt, Beyfall zu geben; als einem gottlosen, ungerechten, boshaften und leichtfertigen Menschen.« (108) Der Redner braucht zudem immer »eine schöne Art des Ausdruckes« zur »Beförderung seiner Absicht: aber das Hauptwerk ist sie nicht. Die Beredsamkeit begreift zwar die Wohlredenheit in sich, aber nicht umgekehrt« (103).

Viel wichtiger sind noch eine Reihe weiterer »Gemüthskräfte und natürlicher Gaben« (109–113): 1. »Scharfsinnigkeit« (Argutia); »diese ist eine Fertigkeit, viel an einem Dinge wahrzunehmen, und sich also von jeder vorkommenden Sache, in der Geschwindigkeit einen deutlichen Begriff zu machen«; die Gaben eines »aufgeweckten und muntern Kopfes«; 2. »Einbildungskraft« (Phantasie, Imagination); »eine Fähigkeit, die vergangenen und vormaligen Bilder der Dinge, sich wiederum als gegenwärtig vorzustellen«; 3. »lebhafter Witz« (Ingenium); »eine Fertigkeit, die Aehnlichkeiten der Dinge wahrzunehmen, wenn sie gleich so merklich nicht wären«, was sich z. B. »in der Erfindung schöner Gleichnisse« zeigt. Hinzu kommen »Gedächtniß« (Memoria),[6] »unerschrockenes Gemüth« bei öffentlichen Auftritten sowie »wohlgebildete Gestalt«, »zierliche Aussprache« und »gravitätische Stellung des ganzen Leibes«. Hier könnte wiederum Wolff'sches Gedankengut im Hintergrund stehen (Memoria als Gemütskraft). Die beiden letztgenannten Punkte zu Gedächtnis und Körper lassen sich aber auch mit den klassischen rhetorisch-performativen Officia *memoria* und *actio/pronuntiatio* in Verbindung bringen. Während Gottsched später noch ausführlich über den Vortrag als performatives Produktionsstadium redet, wird die Gedächtnislehre nur hier (II. Hauptstück, § 10) kurz als Rednergabe angesprochen.

6 Gottsched hatte im *Grundriß zu einer vernunfftmäßigen Redekunst* von 1728 noch die quintiliansche mnemonische Textsegmentierungsmethode gelehrt, nach der jeder seine Rede Wort für Wort auswendig lernen solle. Jetzt folgt er der Inhaltsörter-Lehre, nach der man nur die Hauptpunkte und deren Abfolge auswendig lernen muss.

4. Theorie der Textproduktion

Gattungen

Da Gottsched von der zeitgenössischen Textwelt ausgeht, kann er die antike Dreiteilung der rhetorischen Funktionalgattungen nicht mehr als Grundlage seiner Produktionstheorie akzeptieren. Die »ganz veränderte Regimentsforme hat gemachet«, dass man in Deutschland die politische (»rathschlagende«) sowie die »gerichtliche« Gattung »eigentlich nicht mehr brauchet«. Insofern lässt sich fast die gesamte zeitgenössische Redeproduktion unter die »erweisende Gattung« (*genus demonstrativum*) subsumieren. Im Übrigen verhält es sich so, dass »die allgemeinen Regeln der Redekunst« immer dieselben sind, sodass man sich letztlich nicht wirklich »um die besonderen Gattungen der Reden bey den Alten bekümmern darf« (123–125). Der Blick hat sich, wie es im Besondren Theil der *Ausführlichen Redekunst* geschieht, auf die wichtigsten zeitgenössischen rhetorischen Gattungen zu richten, die nicht nur ›Reden‹ betreffen: 1. »große Lobreden oder sogenannte Panegyricis«, 2. »Trauerreden oder Parentationen«, 3. Schulreden, 4. Universitätsreden, 5. »Hof- und Staatsreden«, 6. »Standreden, Personalien und Trostschriften«, 7. »Verlobungs- Trauungs- und Strohkranzreden«, 8. Predigten. Einleitende Kapitel beschäftigen sich zudem mit »Uebersetzungen« und »Nachahmungen« antiker Redemuster.

Der Gattungsfrage will Gottsched also nicht ausweichen, aber er will sie aktualisieren. Und er will für alle Arten ein gemeinsames Regelwerk aufstellen: »Wir läugnen es nicht, daß es nicht heute zu Tage allerley Arten von Reden geben sollte, davon die Alten nichts gewußt haben: Z. E. unsere Predigten, unsere Huldigungs- und Landtagsreden u. s. w. Allein ungeachtet wir von diesen Arten, in dem zweyten Theile unserer Redekunst, ins besondere handeln werden: so ändern doch dieselben in den allgemeinen Regeln der Redekunst nichts. Denn gesetzt, daß wir alle heutige Reden, auch in drey Gattungen eintheilen wollten; nämlich in lobende, lehrende und complimentirende Reden, dahin sich ganz bequem alle übrigen Arten würden bringen lassen: so würde doch auch diese Abtheilung in den Hauptbegriffen der Beredsamkeit nichts ändern.« (126) Für alle Arten von Reden gibt es nämlich einheitliche Beweisprinzipien und ein einheitliches Aufbauschema.

Inventivik des Themas als Epochenproblem

Gottsched legt seiner Abhandlung der Inventivik zwar formal das Gliederungsgerüst der einzelnen Redeteile zugrunde, doch es geht systematisch im Wesentlichen um die drei folgenden Aspekte: 1. den thematischen Kern: »Hauptsatz der Rede«, 2. den Beweis und 3. gewisse flankierende kommunikative Maßnahmen. Dabei kommt der mit den beiden ersten Aspekten verbundenen rationalen Abwicklung das alles entscheidende Gewicht zu.

Der erste wichtige inventive Schritt ist für Gottsched die Findung des thematischen Kerns. Die veränderten historischen Bedingungen, d. h. der rituelle Kunstcharakter der zeitgenössischen Rhetorik, fordern hier die Einführung einer eigenen theoretischen Systemstelle: »Es ist ein Wunder, daß die Alten unter die Anzahl der Dinge, die man erfinden soll, nicht auch die Hauptsätze der Reden gerechnet haben. Denn das dörfte [heute] manchem leicht das allernöthigste, und das allerschwerste zu seyn bedünken, wenn er eine Rede machen soll; wovon, oder was er eigentlich reden solle?« (127) In der Antike entstand ein Redethema immer aus praktischen Bedürfnissen, jetzt hat es eine Art Spielcharakter und muss zum Gegenstand besonderer inventiver Techniken gemacht werden. Was konnte Cicero »leichter einfallen, als der Innhalt seiner catilinarischen Reden; da die Gefahr der Stadt Rom, und die Bosheit dieses Aufrührers ihm fast alle Worte in den Mund legten? Es war nämlich mit solchen Reden kein Spielwerk, sondern ein Ernst. Sie redeten nicht bloß zum Zeitvertreibe, oder bloß ihren Witz sehen zu lassen; sondern in wichtigen Angelegenheiten. Daher gaben ihnen die Umstände in die Hand, was und wovon sie reden sollten« (128). Gottsched rät, sich auch in der Gegenwart möglichst an die konkrete Situation und den konkreten Fall zu halten. Bei Parentationen ist normalerweise »das Lob ihrer Todten« »Hauptsatzes genug«. Bei den »lehrenden« Reden, die »hauptsächlich in Kirchen und Schulen gehalten« werden, sollte man sich an die verhandelten »gewissen Lehrsätze« halten, »davon man den Verstand der Zuhörer überreden, und wozu man ihren Willen lenken will« (129). Hier nun werde die Rolle des vorab aufgestellten Eruditionspostulats deutlich: »Wir haben nämlich oben nicht vergebens eine weitläuftige Wissenschaft, sonderlich moralischer Wahrheiten, von einem Redner erfodert. Wer nun dieselbe besitzet, dem wird es an Materien zum Lobe nicht fehlen können« (132). Gottsched weiß aber natürlich nur zu gut, dass sich immer wieder inventive Schwierigkeiten ergeben, vor allem wenn es ums Komplimentieren geht. Damit sind bestimmte Leichenreden gemeint, aber auch »Anwerbungsreden, Hochzeitreden, Strohkranzreden, imgleichen Grundlegungs- Einweihungs- und Vorstellungsreden u. a. m. [...]. Alle diese Arten gehören zu den Complimenten, die kein rechtes Thema brauchen, und nur als Chrieen abgehandelt werden.« (133) So rechtfertigt sich die Tatsache, dass Gottsched später in einem gesonderten Kapitel die zunächst kritisierte barocke Schulgattung der Chrie wieder ins Spiel bringt. Sie ist das Hilfsinstrument für inventive Notfälle. Dagegen werden die barocken allegorischen und »schematischen«, also figuralen Erfindungen strikt abgelehnt (134 f.): Sie sind »Ueberbleibsel eines barbarischen Geschmackes unter unsern Rednern [...]. Imgleichen, wer ein verstorbenes junges Frauenzimmer, schematisch als eine verblühete Rose vorstellen wollte: der würde zwar seinen Witz in Erfindung künstlicher und weitgesuchter Aehnlichkeiten zeigen können; aber sehr wenig Hochachtung gegen die Verstorbene, sehr wenig Trost für die Leidtragenden, dadurch zuwege bringen.« Zum thematischen Kern dürfen nur die situationsbezogenen, »allernatürlichsten, einfältigsten und ungekünstelten Hauptsätze« genommen werden.

Inventivik des Beweises als rationaler Textkern

Bei Frühaufklärern wie Fabricius wird die Erfindung des »Hauptsatzes« (*inventio thematis*) von der Erfindung der »Nebensätze« (*inventio argumentorum*) unterschieden. Die Bearbeitung der Nebensätze wird als die eigentliche Aufgabe des Redners angesehen. Nebensätze sind bei Fabricius (*Philosophische Redekunst*, ²1739) Erklärungsgründe (*argumenta illustrantia*), Beweisgründe (*argumenta probantia*) und Bewegungsgründe (*argumenta commoventia / pathetica*). Gottsched folgt diesem Schema im Prinzip, unterteilt aber die Erklärungsgründe nochmals in Erklärungs- und Erläuterungsgründe. Diese »Argumente« sind hierarchisch zu verortende Typen, die die Disposition einer Rede regulieren (auf Erklärungs- folgen Beweis-, zuletzt Bewegungsgründe nach dem Prinzip: Rationalität vor Affekt). Wenn der Hauptsatz gefunden ist, muss er bewiesen werden. Doch muss vor dem eigentlichen Beweisteil der Rede erst noch unbedingt die »Erklärung« kommen. »Was wir die Erklärungen nennen, das hießen die Alten die Erzählung (NARRATIONEM). Das kam aber daher, weil sie keine solche lehrenden Reden hatten, als wir heute zu Tage haben, da man von allgemeinen Begriffen Hauptsätze abfasset. Fast alle ihre Reden handelten von einzelnen Dingen. Z. E. Athen muß sich wider den Philippus zum Kriege rüsten« (148). Bei solchen Einzelfallthemen muss die Erklärung »historisch« (= narrativ) sein, d. h., man muss erst einmal die Ereignisse erzählen, die zur Kriegsgefahr führten; es geht also bei der »Erklärung« um das Sichern des Verständnisses von Voraussetzungen (148 f.): »Wie will man einer Wahrheit beypflichten, wenn man entweder ihr Subject oder ihr Prädicat, oder beydes zugleich nicht kennet?« Bei allgemeinen Themen muss die Erklärung »dogmatisch« (= expositorisch) sein, d. h., man muss »gewisse dunkle Wörter und Sachen deutlich« machen. Will man also den Hauptsatz ›Sei tapfer!‹ erklären, dann muss man erst einmal die Tapferkeit »dogmatisch« erläutern (157–159): »so lehret mich die Morale nach logischen Regeln sagen: sie sey eine Tugend in großen Gefahren; oder eine Fertigkeit, in der Gefahr dem Gesetz der Natur ein Gnügen zu thun«. Auf keinen Fall darf man aber »unnütze Umschweife« oder »lauter hochtrabende oder schwülstige Metaphoren« zur Sacherklärung wählen. Der Redner muss auf seine eigene Gelehrtheit und auf sein Denkvermögen setzen. Abzulehnen sind unspezifische Topiken, die bloß für den Abruf von traditionellem Realienwissen gedacht sind. In den barocken »Reallexica, Schatzkammern und Goldgruben nachzuschlagen, und daraus dasjenige allererst zu lernen, was man doch andern schon beyzubringen willens ist, das können wir niemanden rathen« (162).

Nach der »Erklärung« aller sachlichen Voraussetzungen kommt im Fortgang der Rede mit den »Beweisgründen« das »wichtigste Stück der ganzen Redekunst. [...] Hierauf kömmt in der Ueberredung alles an« (163). Gottsched unterstreicht noch einmal seine kritische Haltung gegenüber der Topik. Wichtig ist, dass man »in den heutigen Arten der Reden« die ganze antike Topik, »die so genannten LOCA, oder Classen und Fächer der Beweisgründe« nicht mehr braucht (164). Eine Ausnahme machen gewisse Lobreden. »Wo ist da etwas herzunehmen, wenn man nicht die LOCA zu Hülfe nimmt, und aus den Namen, Aeltern, Vorfahren, Oertern, Zeiten, Reisen, Gütern des Glücks, Eigenschaften des Leibes und Gemüthes, Thaten und Tugenden u. s. w. gewisse Gründe herzuholen weis?« (167)

Ansonsten jedoch sieht Gottsched in der Lehre vom zureichenden Grund den rationalistischen Generalschlüssel für jedes Beweisziel: »Zuförderst setzen wir aus der Vernunftlehre zum Voraus, daß sich ein jeder Satz beweisen läßt, wenn es nicht entweder ein identischer Satz, oder ein Grundsatz ist. Eine jede Wahrheit ist nämlich nur deswegen eine Wahrheit, weil sie einen zureichenden Grund hat: den also derjenige einsehen muß, der sie für eine Wahrheit erkennet. Die Wahrheiten hängen alle mit einander zusammen, und die eine fließt aus der andern: so daß die eine nur darum wahr ist, weil eine oder etliche andere wahr sind. Daraus folget nun, daß ein Redner keinen einzigen Satz zum Hauptsatze seiner Rede wird wählen können, der sich nicht beweisen, das ist, durch Anführung eines zulänglichen Grundes rechtfertigen ließe. Ein Beweis ist also eine Rede, darinn man durch die Anführung eines Grundes behauptet, daß ein Satz vielmehr wahr als falsch sey. Wahr nennen wir hier, was mit andern bereits ausgemachten, oder bekannten Dingen übereinstimmet; falsch aber ist, was denenselben zuwiderläuft.« (165) Natürlich wird man als »wahre« Gründe oft auch nur »wahrscheinliche« gelten lassen. In jedem Fall aber müssen sie logisch, akzeptabel und zur Widerlegung von Einwürfen geeignet sein.

Inventivik flankierender kommunikativer Maßnahmen

Um den rational-argumentatorischen Kern der Rede gruppieren sich die anderen Redeteile, in denen der Redner flankierende kommunikative Maßnahmen trifft. Wie es die antike Lehre vorsieht, muss im »Eingang« (*exordium*) der Rede das Publikum situativ geschickt eingestimmt werden. Vor allem aber ist auf die »Erläuterung« Acht zu geben. Gottsched hält sie für kommunikativ wichtig, weil sie den Beweisgang noch einmal auf eigene illustrierende Weise stützt. Klassischer Anknüpfungspunkt ist die rhetorische Amplifikations- oder Erweiterungslehre. »Wir sagen also, die Erläuterung sey ein Ausputz und Zierrath in der Ausführung einer Rede, der aber zugleich dienet, dem Zuhörer die Sache begreiflicher und wahrscheinlicher zu machen. Man rechnet zu diesen Erläuterungen allerley Dinge, nämlich Gleichnisse, Zeugnisse, Exempel, ähnliche Fälle, das Widerspiel, gute Einfälle, Lehrsprüche, u. d. gl. die man sonst lieber lateinisch COMPARATA, TESTIMONIA, EXEMPLA, SIMILIA, CONTRARIA, MEDITATIONES und SENTENTIAS oder LOCOS COMMUNES zu nennen pflegte.« (194) Gottsched erläutert diese Formen und kritisiert zugleich die »schwülstigen und hochtrabenden Ausdrückungen«, die man für sie in der Barockzeit fand (216–220). Der »Beschluss« (*conclusio*) der Rede unterstreicht schließlich den Beweisgang noch einmal auf besondere Weise, nämlich durch gezielte Affektauslösung oder, wenn es angebracht ist, durch Affektdämpfung. Gottsched nimmt dies zum Anlass, die aristotelische Affektenlehre ausführlich und die römische Witztheorie ansatzweise darzustellen (IX. Hauptstück).

Generalschematismus der Redeteile und das Prinzip des Redeaufbaus

Gottsched gibt jedem Beweiselement seinen Platz in bestimmten Redeteilen. Diese *partes orationis* wurden in der antiken Tradition unter der Gerichtsrede abgehandelt. Gottsched variiert und generalisiert das klassische Schema. Seine Abweichungen von der Tradition begründet er damit, dass er »das Allgemeine« für alle Redetypen habe herausarbeiten wollen (126 f.). So ergibt sich ein Generalschema für den Aufbau aller Arten von Reden:

> Man hat allenthalben einen Hauptsatz vor sich, davon man seine Zuhörer überreden will; es mag nun derselbe seyn von welcher Art er wolle: [I. Eingang] und überall wird man sich den Weg dazu durch einen Eingang bahnen müssen, der die Zuhörer aufmerksam machet, und den Redner bey ihnen in ein gutes Anse-

> hen setzet. [II. Erklärung] Ferner werden alle Sätze, von welcher Gattung sie auch seyn mögen, eine gewisse Erklärung erfodern, die entweder historisch oder dogmatisch seyn wird. [III. Beweisgrund] Weiter wird man allezeit gewisse Beweisgründe zu Bestätigung seines Satzes nöthig haben, dadurch der Beyfall der Zuhörer erlanget werden muß. [IV. Widerlegung] Die Beantwortung der Einwürfe, die theils wider den Hauptsatz, theils wider die Beweisgründe gemachet werden können, wird auch in allen Gattungen der Reden statt finden; dafern man nicht die Ueberredung unvollkommen lassen will. [V. Erläuterung] Die Erläuterung, die zum Zierrathe der ernsthaften Sachen, und zur Aufmunterung der Zuhörer pfleget eingestreuet zu werden, ist ebenfalls allenthalben nöthig. [VI. Bewegungsgründe] Und mit den Bewegungsgründen, welche die Affecten entweder rege machen, oder sie besänftigen können, ist es nicht anders beschaffen. [VII. Beschluss] Endlich ist es auch mit dem Beschlusse der Rede eben so bewandt; denn auch dieser kann nirgends ausbleiben. (124)

Die allgemeine Dispositionslehre (X. Hauptstück) kann diesem Grundschema nur noch einige wenige Gesichtspunkte hinzufügen. Eine Rede muss so aufgebaut werden, wie es ein guter Architekt bei einem Gebäude täte. Dazu ist besondere Kenntnis vonnöten. »Aus den besten Baumaterialien kann ein ungeschickter Baumeister ein sehr unbequemes, unansehnliches, und hinfälliges Haus bauen. Und aus den schönsten Materien und Gedanken kann ein verwirrter Kopf ein unordentliches Mischmasch und wunderliches Geschwätz machen.« (258) Wichtig ist vor allem, dass man beim Redeaufbau einige feste und einige variable Positionen beachtet. Die ganz wichtigen verständnissichernden Erklärungen des Hauptsatzes müssen immer voranstehen, dann muss aber sofort der Beweis folgen. Nebensächliche

Erläuterungen kann man nachschieben. Grundsätzlich gilt: Rationaler Beweis kommt vor Affekterregung. Wollte man zuerst »die Affecten erregen: so würde man zwar ein Feuer anzünden; welches aber bald verlöschen würde, weil es keine rechte dauerhafte Nahrung hätte« (262). Es gilt auch: Beweis kommt vor Widerlegung. Widerlegungen werden nämlich meist aus dem Beweis abgeleitet. Für Widerlegungen und Affekte gilt jedoch, dass man die schwächeren von ihnen auch gezielt über die ganze Rede verteilen kann. So verhält es sich auch mit der Positionierung aller illustrierenden »Erläuterungen« (268): Im Schematismus der *partes* ist für sie zwar ein eigener Sektor vorgesehen, doch man kann sie letztlich zur Entlastung der schwergewichtigen Darlegungen in der ganzen Rede »zerstreuen«. »Doch nehme man sich bey dem allen in acht, daß man nicht die ganze Rede mit gar zu vielen Erläuterungen überhäufe.« Die Erläuterungen sollen nur als belustigende Würze eingestreut werden.

5. Von den Chrien

Zu Gottscheds Zeit gibt es zahlreiche Gelegenheiten für kleinere »Ceremonienreden«, vor allem auch an den Höfen, die »zwar länger sind, als die täglichen Complimenten, die aber doch noch keine ausführlichen Reden heißen können« (272). In der rhetorischen Fachliteratur der Zeit werden sie unter der Bezeichnung ›Chrien‹ besonders ausführlich behandelt. Gottsched nimmt davon ausdrücklich Abstand, kann aber auch nicht ganz auf sie verzichten (272 f.): »Wer eine gute Chriee machet, der ist darum noch kein Redner«, betont er. Und für einen geübten Redner sind Chrien eine »Kleinigkeit«. Darum habe er »mit Bedacht so viel Wesens daraus nicht machen wollen«. Infolgedessen stellt er nur kurz die beiden Grundtypen vor: 1. die aphthonische

Chria, benannt nach ihrem Erfinder Aphthonius (4./5. Jh. n. Chr.), und 2. die Chria libera.

Die aphthonische Chria besteht aus einem festen Schema der folgenden acht Teile (273 f.):

1. Lob des Verfassers (*laus autoris*) mit Ableitung des Hauptsatzes in Form eines Zitats, z. B. Ovid ist der beste römische Dichter; er schrieb die Verse: »Der freyen Künste Putz und Inhalt treulich lernen, / Das kann die Lebensart von Barbarey entfernen.«
2. Umschreibung (*paraphrasis*): Studium veredelt den Menschen.
3. Beweis (*aetiologia*): »Denn wer die Natur der menschlichen Seele etwas genauer in Betrachtung zieht, der wird leicht wahrnehmen: daß die ganze Besserung des Willens auf die Verbesserung des Verstandes ankömmt.«
4. Widerspiel (*contrarium*): Wenn »der Verstand eines Menschen noch in einer viehischen Barabarey stecket [...]: so kann es nicht anders seyn, seine Sitten müssen auch sehr verderbt und unartig seyn«.
5. Gleichnis (*comparatum*): Eine rohe Seele ist wie ein ungeschliffener Edelstein.
6. Beispiel (*exemplum*): »Man liest ja, daß fast alle Völker anfänglich den unvernünftigen Thieren, und wilden Bestien ähnlich gewesen; ehe sie durch Künste und Wissenschaften gleichsam gezähmet, und zu rechten Menschen gemachet worden.«
7. Zeugnis (*testimonium*): »Horaz soll hier mein Zeuge seyn.«
8. Beschluss (*conclusio*): »Weg also mit allen denen! die, als tapfere Verfechter der Unwissenheit und Barbarey, Künste und Wissenschaften verfolgen und drücken.«

Gegenüber diesem umständlichen Schema entwickelte man die einfachere Form der freien Chrie, der Chria libera; sie setzt sich im Prinzip aus zwei festen Bestandteilen zusammen (279 f.):

1. Hauptsatz (*proposito*)
2. Beweis (*ratio, aetiologia*)

sowie aus zwei fakultativen Elementen:

3. Erklärung (*paraphrasis, explicatio*)
4. Erläuterung (*illustratio*).

Hiervon werden als Untertypen »die berühmten Chrien per ANTECEDENS & CONSEQUENS, und per THESIN & HYPOTHESIN« abgeleitet. Nimmt man »den Beweis gleich zum Anfange, so nennet man ihn das ANTECEDENS; und der Hauptsatz heißt das CONSEQUENS«:

Antecedens: »Die Poeten haben ihre Geschicklichkeit von der Natur.«
Consequens: »Darum muß man sie höher schätzen, als andere Gelehrten; die kein besonderes Naturell nöthig haben.«

»Wenn man aber die Erläuterung gleich am Anfange nimmt, und den Hauptsatz mit seinem Beweis nachfolgen läßt: so bekommt jene den Namen der THESIS, und dieser heißt HYPOTHESIS«:

Thesis: »Decimus Brutus und Fulvius haben die Musen geliebet.«
Hypothesis: »Wie viel mehr werden solches die Staatsleute und obrigkeitlichen Personen thun müssen?«

6. Von den Schreibarten

Den nun folgenden klassischen rhetoriktheoretischen Sektor der *elocutio* konzipiert Gottsched konsequent produktionstheoretisch. Dabei akzentuiert er wiederum Gesichtspunkte der »Vernunftlehre«. Ansatzpunkt ist die Text-

»Ausarbeitung« als auktorialer Prozess. In einem ersten grundlegenden Kapitel reflektiert Gottsched auf die Bedingungen der Formulierungstätigkeit des Redners. Wichtig ist dabei, dass er immer wieder den Übergang vom Redner als Vortragenden zum Prosaautor (»ungebundenen Scribenten«), mithin von der Mündlichkeit zur Schriftlichkeit und vice versa, thematisiert, auch im historischen Überblick darstellt (285–287): Früh »fing man an«, schreibt er, »auch auf die Worte und Redensarten zu studiren, womit man seine Gedanken vortragen wollte: das heißt, man hub an seine Rede auszuarbeiten, und auswendig zu lernen; und man will angemerket haben, daß Perikles seine Reden zuerst aufgeschrieben habe [Cicero, *Brutus* 7]. Sobald dieses geschah, so ward man auch den Unterscheid der Schreibart gewahr, der sich bey verschiedenen Rednern äußerte.« Auf dem Gebiet der deutschsprachigen »periodischen Schreibart« entwickelten sich nur langsam Normen. Erst im 18. Jahrhundert sei ein höherer Standard erreicht worden, sodass »wir es nunmehr in allen Gattungen der Schreibart den Ausländern gleich thun können«.

Der »Redner« wird nur »Beyfall« finden, wenn er »in einer deutlichen, ordentlichen, angenehmen und nachdrücklichen Schreibart vorträgt« (288). In dieser Maxime kommt ein Spannungsverhältnis zwischen Mündlichkeit und Schriftlichkeit zum Ausdruck. Das Wort »Schreibart« ist verräterisch. Der Aufbau der Gutenberg-Galaxis ist bereits weit fortgeschritten, aber die aufs Lesen reduzierte kommunikative Praxis und die Ideologie des Lesens haben noch nicht in allen Bereichen gesiegt. Der Redner als Skribent, diese Vorstellung wird sich historisch immer mehr generalisieren, auch wenn Gottsched noch vorrangig an schulische Ausbildungssituationen denken mag. Das Geschriebene hat beim Vertexten schon in der Findungsphase besonderes Gewicht: »Auch die Wahl der Wörter und Redensarten kann im gemeinen Leben nicht allemal so sorgfältig geschehen; als wenn man die Feder in der Hand hat, und mit Fleiß alle

Ausdrückungen überleget, die man zu Papiere bringet. Daher kann man sich weit sicherer darauf verlassen, was man liest, als auf das, was man nur reden höret.« (296) Immer noch verlangen die oratorischen Gattungen am Ende den Vortrag. Man geht davon aus, dass der Redner-Skribent seine »Schreibart vorträgt«, dass also der Rezeptionsvorgang primär nicht optisch im Lesen, sondern akustisch im Hören stattfindet, auch wenn es sich vielfach um Traktatliteratur handelt (288). Schon Cicero hatte die Produktionsmaxime aufgestellt, den Aufbau komplizierter Textstrukturen mittels Schriftlichkeit zu kontrollieren. Zumindest »Anfängern und Schülern in der Redekunst« rät Gottsched darum auch, bei der »Ausarbeitung« sich »nicht auf die Fertigkeit ihrer Zungen, und auf die Fähigkeit ihres Witzes zu verlassen; sondern alle ihre Reden aufs fleißigste zu Papiere zu bringen« (289). Doch immer ist an die akustisch-ästhetische Seite zu denken. Deshalb gibt es zwischen Schreiben und Hören ein Verhältnis der Gegenkontrolle (291): »Man sinne den ersten Satz seiner Rede bey sich selber aus, und wiederhole ihn nochmals laut, um zu hören, ob er gut klingt, oder ob er irgend noch zu verbessern sey? Wenn er diese Probe ausgehalten, oder nach Gutbefinden ausgebessert worden, so schreibe man ihn auf.« Auch später ist es immer wieder angezeigt, das zu Papier gebrachte »mit einiger Erhebung der Stimme laut herzusagen; und wohl gar die gehörigen Bewegungen dazu zu machen«.

Der erfahrene Redner braucht das nicht mehr und kann sich deshalb auf rein mentale Vorarbeit beschränken. Doch auch für ihn gilt auf jeden Fall das schriftliche Elaborierungspostulat. Und dieses impliziert, »daß es nöthig sey, einen wohl ausgesonnenen Entwurf zu einer Rede ausführlich, das ist, von Wort zu Wort auszuarbeiten«. Zur Begründung verweist Gottsched auf die Malerei: »Wie ein bloßer Kohlenriß noch keinen vergnüget, vielweniger in Verwunderung setzet; ob er gleich alle mögliche Verhältniß, Ordnung und Schönheit an sich hat: die Farben, das Licht und der Schatten geben ihm erst die vollkommene Aehnlichkeit, Schönheit und Lebhaftigkeit: eben so ist es mit einer Rede beschaffen. Die gute Ausarbeitung muß einem Entwurfe allererst das rechte Leben und Ansehen geben.« (288) Das humanistische Imitationsprinzip relativiert Gottsched hinsichtlich der »Schreibart« (295 f.): Es ist einerseits gut, »daß man die Schriften der besten Scribenten in jeder Art lese«, denn sie »sind zu allen Zeiten für Meister in ihren Sprachen gehalten« und »zu Mustern erwählet worden«. Andererseits geht das Sich-selbst-eigentlich-Aussprechen vor. Vernunftschulung durch Wissenschaft und Philosophie hat deshalb Vorrang vor bloßen Stilstudien, weil es bei der Schreibart »mehr auf die Gedanken, als auf die Worte« ankommt. Bei Sprachmustern ist also eine gewisse Zurückhaltung geboten. Wer vernünftige Gedanken hat, der muss sich nur noch »so auszudrücken wissen, wie man in der Welt; nicht aber wie man in der Schule redet. Er muß also die Sprache derer, die am besten zu leben wissen, kennen, und sich dieselbe recht geläufig machen.«

Die äußeren Arbeitsbedingungen sind bei der Elaborierung genauso wichtig wie die Aufschreib- und Formulierungstechniken. Gottsched erörtert sie genau. Das reicht von den Arbeitsplätzen und -zeiten über die Problematik des Rückgriffs auf angestellte Schreiber bis hin zur Frage von Schreibpausen oder Korrekturvorgängen (289–297).

Nach dieser Erörterung von Bedingungen, Implikaturen und Normen der »Ausarbeitung« handelt Gottsched die klassischen *elocutio*-Sektoren ab (Wortwahl-, Tropen-, Figuren-, Satzkompositions- und Dreistillehre). Er wählt dafür ein interessantes Zuordnungsmodell, das sich ohne weiteres auf die heutige Vorstellung von linguistischen Ebenen beziehen lässt. Es handelt sich um die Ebenen von Wort, Satz und Text. Gottsched gewinnt seine Vorstellung ein weiteres Mal aus der Analogie zu logischen Kategorien (297): »Weil aber die Schreibart ein Ausdruck der Gedanken ist, so müssen sich auch die kritischen Regeln, auf die logischen Lehren von dem Unterschiede der Gedanken gründen.« Sie werden gewöhnlich nach den zugrunde liegenden Operationen in drei Gattungen eingeteilt: *Begriffe*, *Urteile* und *Schlüsse*. In allen Arten von Schriften ist ihre Anwendung unumgänglich. »In der Vernunftlehre nennt man es Wörter, Sätze und Schlußreden: aber in der Redekunst heißen eben diese Dinge, Ausdrückungen, Perioden und Aufsätze.«

Nun kann Gottsched daran gehen, den elokutionären Stoff auf diesen drei Ebenen zu untersuchen. Auf der *Wortebene* geht es um »Ausdrückungen«, die »nur einzelne Begriffe eines Scribenten« andeuten (297). Zum klassischen Repertoire gehören hier die Tropen (»verblümte Redensarten«). Gottsched erläutert sie ausführlich (307–322). Zuvor jedoch geht er auf die generelle *electio verborum* nach den antiken Kriterien ein (300): »Denn da giebt es verständliche und unverständliche, ehrbare und schandbare, ernsthafte und possirliche, alte und neue, fremde und einheimische, edle und pöbelhafte, wohllautende und übelklingende Wörter.« Alles kommt bei der Wortwahl auf die situationsgerechte »Beurtheilungskraft« an. Doch es gibt als klare Richtschnur die Hochsprachlichkeitsklausel, die zu Gottscheds Zeit einer verbalen Ständeklausel gleichkommt (302 f.): »Ein Redner indessen hat Ursache, sich allezeit zur Zahl der Vornehmern zu halten, und sich nur derer unter ihnen gebräuchlichen Wörter zu bedienen.« Außerdem gibt es Ausdrucks-Tabus; über bestimmte Dinge darf man nur in Form »gewisser Umschweife« reden.

Auf der *Satzebene* geht es um die »Perioden, die man auch, nach Art der Vernunftlehre, zuweilen schlechtweg Sätze nennet«. Sie »sind ganze Aussprüche von gewissen Dingen, darinn man entweder zween oder mehr Begriffe mit einander verbindet, oder von einander trennet« (298). Gottsched fordert hier wieder ganz klare Vernunftregulative. Er verdeutlicht seine Position durch schwere Angriffe auf die Zügellosigkeit im Formularwesen der Kanzleitradition. Was zu Zeiten Friedrich Riederers erst noch rhetorisch entwickelt werden musste, geriet in den Augen Gottscheds in der Barockzeit oft zu Schwulst. Wer nur in Sprechpausen denkt, so Gottscheds Credo, kann keine vernünftigen Satzperioden konstruieren. Solche Skribenten »hängen an einen jeden einfachen Gedanken, einen Zusatz nach dem andern; und flechten unzählige Umstände, Einschränkungen, Bedingungen, Folgerungen und Anmerkungen verwirrt durch einander, daß man sich darinn wie in einem Labyrinthe verirret« (327). So entstehen die lächerlichsten seitenlangen Satzperioden, »ohne jemals einen Punct« zu haben (328). Dazu führt Gottsched ein Beispiel zu folgender Proposition an:

> Mein Herr, sie haben letztlich ein Schreiben drucken lassen, darinn die Kanzleyschreibart verworfen wurde; und zugleich die Liebhaber derselben eingeladen, die Vertheidigung derselben zu übernehmen etc. (329)

Aus dieser Proposition lässt sich nun folgendes Satzungetüm entwickeln, das Gottsched aus einer älteren Veröffentlichung zitiert:

> Wie, welchergestalt und was maßen neulich Eu. Hochedl. an einem, und einer von deroselben geschickten Correspondenten am andern Theile, in einem von diesem letztern abgefaßten, von ihnen hergegen in ihren Blättern ans Licht gestellten Briefe, den seit undenklichen Zeiten, in allen kaiserlichen, königlichen, und fürstlichen Kanzelleyen, auch auf Rathhäusern und Gerichtstuben in Städten, wie nicht weniger bey Juristenfacultäten und Schöppenstühlen angenommen, völlig eingeführten, und durchgängig bey jedermännlichen approbirten, auch sonst gar üblichen Kanzelley- und Hof-STILUM, unbefugter, ja recht unverantwortlicher weise anzutasten, und zu verkleinern, sich ganz widerrechtlich erkühnet und unterstanden; solches wird verhoffentlich ihnen und allen dero werthesten

> Lesern, wes Standes, Alters und Geschlechts sie seyn mögen; überall, wo ihre Schriften bisher hingekommen, noch in frischem Gedächtnisse und gutem Andenken schweben; anerwogen die so freventliche Begünstigung eines, das BONUM PUBLICUM ganzer Staaten, Länder und Städte, die Wohlfahrt so vieler bey den Kanzelleyen und was dem abhängig, ENGAGIRTEN rechtschaffenen Leute, so vieler anderer Secretarien, Copisten und Schreiber voritzo nicht zu gedenken, so nahe angehenden alten Herkommens, durch dessen Abstellung gewiß so mancher ehrliche Mensch sein Stück Brod verlieren, mancher in Rechtsprocesse verwickelte Kläger und Beklagte hingegen, die Hälfte seines Geldes in der Tasche behalten würde, (welches doch, der bisherigen Gewohnheit nach, für höchst unbillig zu halten wäre) nothwendig zum Ruin der Republik, und zur Wiederherstellung einer, Gottlob! längst abgeschafften, pedantischen, und auf Akademien, bey den Herren Gelehrten allein, herrschenden Schreibart, abzielen, und, wo diesem verwägenen Unternehmen nicht bey zeiten gesteuret wird, nothwendig und unfehlbar gereichen dörfte; Wann dann etc.
>
> (328 f.)

Nicht nur solcherart ausufernden Schwulst kritisiert Gottsched. Er wendet sich auch gegen die im rhetorischen *compositio*-Kapitel allzu normativ aufgefasste Periodenlehre. Der Skribent solle nicht gewisse Satzmuster erfüllen wollen, sondern vielmehr einem guten und klaren Gedanken zum Ausdruck verhelfen. Der gute Skribent denke also zunächst daran, *was* er eigentlich sagen will. Er bemühe sich beim Formulieren, »mehr einfache als zusammengesetzte Perioden zu machen. Man rede und schreibe nur, wie man im gemeinen Leben unter wohlgesitteten Leuten spricht« (334). Eine andere Haltung nimmt Gottsched gegenüber den »oratorischen Schönheiten« ein, »deren eine Periode fähig ist, und die auf eine neue glückliche, neue, lebhafte, und durchdringende Art zu denken ankommen« (335). Hierfür könne es einen individuellen Ausdruck geben oder aber den Rückgriff auf die rhetorischen Figuren, also »die gewissesten und sichersten Zierrathen der Perioden«; Gottsched stellt die Figuren der Reihe nach vor (340): Theoretisch folgt er seinem Gewährsmann Bernard Lamy in der Auffassung, die Figuren seien »nichts anders, als lebhafte Arten des Ausdruckes, dadurch wir unsre Gemüthsbewegungen zu verstehen geben. Man könnte noch kürzer sagen, sie wären die Sprache der Leidenschaften«.

Auf der *Textebene* geht es um den »Aufsatz« (298): Er ist für Gottsched »ein Inbegriff vieler zusammenhangenden Sätze, die eine ausführliche Vorstellung von einer gewissen Wahrheit in sich halten«. Damit ist nicht nur die Summe vieler »einzelner Aussprüche« gemeint, sondern eine kohärente Textkomposition, die aufgrund narrativer Verknüpfungen oder logischer Themen-Entfaltung zustande kommt. »Wollen wir die Redekunst auch hier mit der Vernunftlehre in Vergleichung stellen: so müssen wir die Schreibart mit der dritten Wirkung des menschlichen Verstandes, oder mit den Vernunftschlüssen vergleichen.« Auch die Schreibart hält »fast lauter Vernunftschlüsse in sich; wenn nämlich keine Erzählungen vorfallen. Denn was für einen Zusammenhang der Sätze wollte man sonst angeben, wenn weder die Verbindung der Begebenheiten, noch der vernünftigen Urtheile und Aussprüche von Dingen, darinn vorkäme?« (358) Die Spezifik vernunftgelenkter »Verknüpfung« von Perioden macht also die Schreibart aus. Die Vernunfttätigkeit des Skribenten schlägt sich textlich direkt nieder. Darum ist auch eine klares Werturteil über Schreibarten möglich; nicht nur bei den »Rednern«, sondern auch bei den »Poeten«. Die »gute Schreibart« ist »Ausdruck guter und wohl verbundener Gedanken in einer Schrift oder Rede«; die »schlechte Schreibart« ist »der Ausdruck schlechter und übel zusammenhangender Gedanken« (359).

Gottsched kann hier an das klassische Rhetorikkapitel zu den sprachlichen Mängeln und Vorzügen (*vitia* und *virtutes*) anknüpfen. Allerdings wird bei ihm daraus eine umfangreiche Schreibartentaxonomie mit viel Beispielmaterial nach dem Vorbild Benjamin Neukirchs. Es gibt sechs schlechte Schreibarten mit zahlreichen Untergruppen (361–392): 1. Die dunkle Schreibart; zu ihr gehören die antiquierte, neologistische, dialektale, fremdwörtelnde und redundante Schreibart. 2. Die pedantische Schreibart; zu ihr gehören die exotistische, emblematische, lateinanaloge und spielende/kindische Schreibart. 3. Die affektierte oder gezwungene Schreibart; zu ihr gehören die nachäffende, gelehrt scheinende und galante Schreibart. 4. Die phantastische Schreibart. 5. Die hochtrabende oder schwülstige Schreibart. 6. Die zu niedrige oder niederträchtige Schreibart; zu ihr gehören die allzu weitläufige, allzu kurze, übel zusammenhängende und übel geteilte / interpunktionsdefiziente Schreibart.

Es gibt aber auch zehn gute Schreibarten. Sie beruhen alle einzig darauf, »falsche Urtheile und Schlüsse« zu vermeiden (393): »Es läßt sich daher sehr leicht sagen, welches denn eigentlich die Eigenschaften der guten Schreibart sind. Sie muß 1) deutlich, 2) artig, 3) ungezwungen, 4) vernünftig, 5) natürlich, 6) edel, 7) wohlgefaßt, 8) ausführlich, 9) wohlverknüpft und 10) wohlabgetheilet seyn.«

Gottscheds Schreibartenlehre knüpft insgesamt an verschiedene klassische *elocutio*-Sektoren an. Zur *compositio* (404–406) etwa führen seine beiden Prinzipien der »Gleichheit« (der stilistisch einheitlichen Gestaltung von Texten) und des »Wohlklangs« (der vom mündlichen Vortrag her gedachten ästhetischen Klangorganisation von Texten). Auf das Feld der klassischen Dreistillehren führt Gottscheds Unterscheidung von Expressivstilen (406–414): »gelassen« (sachbezogene Umgangssprache), »sinnreich« (ausdrucksbewusste Intellektuellensprache) und »bewegend« (Sprache der »Gemüthsbewegung«). Gute Reden vermischen diese

Stilvarianten. Dagegen sind Regionalstil-Taxonomien nach griechischem Vorbild abzulehnen. Die deutschen Sprachlandschaften (schlesisch, fränkisch usw.) lassen sich nicht einheitlich fassen, wie man es in der Antike etwa mit der »attischen« oder »asiatischen« tun wollte.

7. Korporale ›Schreibarten‹

»Wir sind mit allem demjenigen fertig, was zur Erfindung, Einrichtung und Ausarbeitung einer Rede überhaupt gehörig ist: und nichts ist übrig, als der gute Vortrag.« Gottsched schätzt ihn hoch ein. Sorgfalt in der Performanz ist auch dann nötig, wenn man auf den Primat des Vernunftappells setzt. Reflektierte Performanz ist Teil des Vernunftkalküls. »Die Erfahrung lehret es ja täglich, wie verdrüßlich gewisse Leute anzuhören sind; ob sie gleich lauter vernünftige Sachen vorbringen: und wie gern man andern aufmerksam zuhöret, ob sie gleich nichts sonderliches sagen.« – »Gesicht und Gehör«, also optische und akustische Wahrnehmungen von habituellen, para- und extralinguistischen Phänomenen machen »viel Eindruck in die Gemüther der Menschen. Wer beydes gewinnen kann, der hat auch bey der Vernunft selbst, fast alles gewonnen«. (415) Gottsched muss einräumen, dass zwar die Stimmschulung immer noch allgemein als rhetorischer Theorieteil anerkannt ist, das gestische Vermögen, »die Beredsamkeit des Leibes«, jedoch sehr unterschiedlich bewertet wird. Sie ist von den Engländern ganz »verbannet« und von den Deutschen oft abgelehnt, hingegen von den Franzosen »durch Regeln und Exempel« kultiviert und von den Italienern mit Enthusiasmus betrieben worden. Gottsched tritt für einen wohl überlegten Umgang mit dieser »Geschicklichkeit« ein, die die Alten »stumme Wohlredenheit« nannten (434 f.).

Stimme und Gestus bilden neben dem Text ein zweites Ausdruckssystem. Es muss den Status der im Text verhandelten Sache (wahr, vernünftig, gut) performativ zum Vorschein bringen. »Die Sprache des Redners muß es zeigen, daß er selbst von der Wahrheit seines Satzes eingenommen ist, und daß er also eine gute Sache hat.« (420) Und das performative Ausdruckssystem muss zugleich die im Text transportierten Inhalte auf einer zweiten Ebene vermitteln. Auf diese Weise entstehen Performanzarten, die man in ihrem systematischen Rang mit den »Schreibarten« vergleichen kann. Die Grundregel ist, dass die Redner ihre Performanz stets mit den Textinhalten harmonisieren müssen, also »nach Verschiedenheit der Sachen, zu verändern, und abzuwechseln wissen« (422). Wenn also bestimmte rhetorische Figuren auf der Textebene erscheinen, so müssen diese auch auf der Performanzebene spezifisch realisiert werden. Der Taxonomie sprachlicher Figuren entspricht daher eine Taxonomie performativer Figuren (426–431). Insgesamt ist Gottsched jedoch relativ zurückhaltend bei der Aufstellung eines performativen Regelwerks. Besonders im Bereich der Körpersprache vertritt er einen naturalistischen Standpunkt: »Wir halten indessen, nach dem Gutachten der größten Männer, dafür: daß die Natur es selbst einen jeden, der nur ein etwas lebhaftes Wesen besitzet, lehret, seine Worte, die ihm ein Ernst sind, mit einer anständigen Mine des Gesichts, und Bewegungen des Leibes zu begleiten, um ihnen dadurch einen desto größeren Nachdruck zu geben.« (435)

9

Chaïm Perelman

Das Reich der argumentativen Rhetorik

(1977)

Argumentationsrhetorischer Neubeginn

Im 18. Jahrhundert reißt die Tradition langsam ab, sich in eigenständigen Werken mit dem umfassenden Theoriegebäude der Rhetorik auseinander zu setzen. Weiterhin wurden die älteren Klassiker, konservierende Lehrbücher oder Figuren- und Stilrhetoriken gedruckt. Im 20. Jahrhundert musste das alte Konzept der Allgemeinrhetorik jedoch wieder neu entdeckt werden. Maßgeblichen Anteil daran hatte ein Philosoph wie Chaïm Perelman (1912–1984), der gegen Ende seines Lebens ein kleines Buch unter dem Titel *L'empire rhétorique. Rhétorique et argumentation* (Paris 1977)[1] veröffentlicht, das eine Art Summe seiner rhetoriktheoretischen Grundauffassungen darstellt. Mit diesem Buch macht Perelman noch einmal unmissverständlich deutlich, dass seine älteren Arbeiten zur Argumentationstheorie Beiträge zu einer »nouvelle rhétorique« sind. Diesen Zusammenhang will er deutlich herausstellen. Perelmans Interesse gilt »einer allgemeinen Theorie der Argumentation«, unter der er »die allgemeine Theorie persuasiven Redens« versteht,

1 Dt.: *Das Reich der Rhetorik. Rhetorik und Argumentation*, München 1980. Im Folgenden wird nach dieser Übersetzung mit bisweilen abweichenden Formulierungen unter Bezug auf die frz. Orig.-Ausg., unter Angabe der bloßen Seitenzahl, zitiert. – Engl.: *The Realm of Rhetoric*, Notre Dame / London 1982.

»die auf die intellektuelle wie emotionale Zustimmung einer Öffentlichkeit abzielt«. Dies heißt, dass »jede Rede ohne den Anspruch unpersönlicher Gültigkeit«, d. h. ohne wissenschaftlichen Objektivitätsanspruch, »zur Rhetorik gehört. Soll eine Kommunikation eine oder mehrere Personen beeinflussen, ihr Denken orientieren (*orienter leur pensée*), ihre Gefühle erregen oder besänftigen, eine Handlung anleiten, dann fällt sie in den Bereich der Rhetorik. Dieser Bereich enthält als besonderen Fall die Dialektik, die Technik der Kontroverse. So begriffen erstreckt sich die Rhetorik über das unermeßlich weite Feld des nichtformalisierten Denkens: hier läßt sich vom Reich der Rhetorik sprechen; in diesem Sinne hat Walter Jens sie als ›alte und neue Königin der Wissenschaften‹ bezeichnet« (163).

Die spezielle Argumentationstheorie, bezogen auf die formale, logische oder syllogistische Struktur der Argumentation, mit der sich unter anderen Stephen Toulmin beschäftigt hat, steht im *Empire* nicht im Vordergrund. Man kann Perelmans Ansatz demgegenüber am besten als moderne Fortschreibung der klassischen rhetorischen Inventivik, insbesondere der Enthymemik und Topik, charakterisieren. Perelman untersucht die Argumentation als Gravitationszentrum seines *Empire rhétorique* unter folgenden Fragestellungen: Wie ist die argumentative Rhetorik theoriegeschichtlich einzuordnen? Wie ist die Argumentation im rhetorischen Zusammenhang situiert? Worin besteht der Argumentationsvorgang? Was sind Argumente?

1. Der Ort der Rhetorik

Bei der Frage nach der theoriegeschichtlichen Einordnung der Argumentationsrhetorik geht es um wissenschaftshistorische, epistemologische und systematische Zusammenhänge. Die wissenschaftshistorische Dimension erlaubt Pe-

Chaïm Perelman

relman, den Stellenwert seines Engagements für eine erneuerte Argumentationsrhetorik zu begründen. Er sieht, dass im 16. Jahrhundert mit Petrus Ramus insofern ein entscheidender rhetorikhistorischer Bruch eingetreten ist, als seitdem die Rhetorik unaufhaltsam zu einer literarischen Rhetorik schrumpfte. Auch die erfreulich lebendige neuere französische Rhetorikdiskussion der 1960er und 1970er Jahre steht unter diesem Stern. Diese moderne Rhetorikdiskussion werde ebenfalls determiniert durch die historische Entwicklung hin zu einer »restringierten Rhetorik« (Genette), beklagt Perelman. Sie konzentriere sich auf literarische Fragen, speziell die Figurentheorie. Obwohl auf diesem Gebiet in den 1960er Jahren einige bemerkenswerte Arbeiten erschienen sind, glaubt Perelman nicht, dass die »Erneuerung der Rhetorik von einer Rhetorik der Figuren« ihren Ausgang nehmen kann.

Perelman ist insofern Neoaristoteliker, als er bewusst an die im ersten Satz der aristotelischen Rhetorik formulierte epistemologische Verortung der Rhetorik anknüpft, gemäß der die Rhetorik die Schwesterdisziplin der Dialektik ist. Ihm geht es um »eine neue Überprüfung der Beziehungen zwischen Rhetorik und Dialektik«, d. h. der »Beziehungen der neuen Rhetorik mit der Theorie der Argumentation«. Bezugspunkte sind also die beiden ersten Bücher der aristotelischen Rhetorik, nicht das dritte, mit der Vertextung im engeren Sinne befasste Buch. Dahinter steht eine strikte funktionalrhetorische Vorstellung, nach der sich etwa eine »Rhetorik der Figuren« »außerhalb des argumentativen Kontextes nicht wirklich ins Auge fassen« lässt (8 f.).

Perelman wendet sich aber nicht nur gegen die literarische Verengung der Rhetorik, sondern auch gegen ihre epistemologische Ausgliederung aus dem neuzeitlichen philosophisch-naturwissenschaftlichen Denken. Der antike Streit, ob die Rhetorik etwas zur philosophischen Erkenntnis beitragen könne, schien spätestens seit René Descartes gegen die Rhetorik entschieden. Der im 16./17. Jahrhundert entstandene »Plan einer Philosophie, deren sämtliche Thesen entweder evident oder auf zwingende Weise bewiesen wären, hat zur Folge, daß alle Argumentation daraus entfernt und die Rhetorik als Mittel der Philosophie verworfen wird« (157). Nach Perelmans Ansicht konnte das aber nur unter bestimmten Prämissen gelingen. Dazu gehört, dass die menschliche Rationalität als von Gott abgesichert gilt, dass sie mit der Natur harmoniert und man sich mit einer nur provisorisch begründeten Moral zufrieden gibt. Als der Gewissheitsstatus dieser Prämissen in der jüngeren Moderne wankte und selbst die mathematischen Axiome nur noch die Evidenz von Hypothesen und Konventionen beanspruchen durften, bekam das Argumentieren einen neuen epistemologischen Rang. »Denn da es eine für alle zwingende Hypothese nicht gibt, bedarf die Hypothese zu ihrer Annahme guter und von anderen in der wissenschaftlichen Öffentlichkeit als zureichend anerkannter Argumente. Wissen beansprucht keinen unpersönlichen Status mehr, wenn jede wissenschaftliche Idee als menschlicher Gedanke erscheint, fehlbar, situationsbezogen und kontrovers. Jede neue Idee bedarf der Argumente, die durch die spezifische Methodologie der jeweiligen Disziplin gewonnen und nach ihren Kriterien bewertet werden.« (160 f.) Und »in allen anderen Bereichen, wie Religion oder Philosophie, Moral oder Recht ist Pluralismus [sowieso] die Norm. Diese Bereiche gewinnen ihre Rationalität nur aus dem argumentativen Apparat, aus den guten Gründen, die sich für oder wider jede gegebene These vorbringen lassen« (161).

»Der eigentliche Bereich von Argumentation, Dialektik und Rhetorik liegt dort, wo es um Werte geht.« (162) So führt die Wiederentdeckung der Rhetorik auch zur theoretischen Neubewertung der praktischen Vernunft. »Die Geringschätzung der Rhetorik, das Vergessen der Theorie der Argumentation haben zur Negierung der praktischen Vernunft geführt, die Probleme des Handelns wurden entweder auf Probleme des Wissens, also solche der Wahrheit oder Wahrscheinlichkeit zurückgeführt, oder aber als außerhalb der Vernunft liegend angesehen.« Perelmans Vorstellung nähert sich hier punktuell dem Konzept rationaler sozialer Kommunikation bei Jürgen Habermas an. »Wer dagegen an die Existenz vernünftiger Wahlhandlungen glaubt, die durch Beratungen und Diskussion der unterschiedlichen Lösungen vorbereitet werden, kommt, wenn er sich über die gebräuchlichen intellektuellen Methoden Klarheit verschaffen will, ohne eine Theorie der Argumentation, wie sie die neue Rhetorik bietet, nicht aus.« Um Missverständnisse auszuschließen, betont Perelman, dass die Argumentation überall eine Rolle spielt, »wo die praktische Vernunft am Werke ist, selbst dort, wo es um die Lösung theoretischer Probleme geht« (17).

Nachdem so der Platz der Rhetorik im Wissenssystem bestimmt und ihr wieder der gebührende Rang eingeräumt ist, kann eine genauere systematische Einordnung und Abgrenzung der rhetorischen Argumentation erfolgen. Ausgangspunkt ist die Unterscheidung von Logik, Dialektik und Rhetorik. Aristoteles hatte in seinem *Organon* nach dem unterschiedlichen Gewissheitsgrad der Prämissen zwei Arten von Schlüssen unterschieden: analytische und dialektische. Perelman fasst sie begrifflich im Gegensatz von »Beweis« (*démonstration*) und »Argumentation« (*argumentation*). Die analytischen Schlüsse des apodiktischen Beweises, die sich auf die zwingende Syllogistik stützen, beziehen sich auf »Wahrheit« als einer »von der Meinung der Menschen unabhängigen Eigenschaft der Sätze«, sind mithin »streng beweisend und unpersönlich«. Hieraus hat sich die moderne formale Logik entwickelt. Bei einem mathematischen Beweis etwa stehen die Axiome nicht zur Diskussion; es ist für die Mathematiker in Hinsicht auf die Beweisfrage unerheblich, ob sie vom Publikum akzeptiert werden oder nicht. Die dialektischen Schlüsse gründen sich hingegen nur auf allgemein als gültig akzeptierte Konsensprämissen. Sie bestehen letztlich »nicht aus gültigen und zwingenden Folgerungen, sondern sie stellen mehr oder minder überzeugende Argumente dar, die nie ausschließlich formal sind. Ein persuasives Argument überredet seinen Adressaten: im Gegensatz zum analytischen ist das dialektische Schließen nicht unpersönlich objektiv, da es sich nach seiner Wirkung auf einen Empfänger bestimmt. Hieraus folgt, daß analytische Schlüsse von dialektischen genau zu unterscheiden sind, da sich die einen auf die Wahrheit (*vérité*) und die anderen auf die Meinung (*opinion*) beziehen« (11 f.).

Besonders wichtig ist in diesem Zusammenhang der Hinweis auf die spezifischen textuellen Realisationsformen: »Jeder Bereich verlangt einen eigenen Typ des Redens.« (12) Beim Beweis muss sprachliche Mehrdeutigkeit vermieden werden. Formalisierte künstliche Sprachen, etwa mathematische, sind beim »Beweis« besonders günstig. »Dagegen erfolgt die Argumentation in einer natürlichen Sprache, aus der die Mehrdeutigkeit nicht von vornherein ausgeschlossen werden kann.« (18)

Für Aristoteles hatte die Dialektik ihre Funktion »in einer Kontroverse oder Diskussion mit einem einzigen Gesprächspartner«. Im Dialog mit ihm kommt es zu einem intensiven Gedankenaustausch und dichten Ablauf der Argumentation. Die Rhetorik bedient sich zwar derselben Schlussformen, doch ist sie durch eine andere Kommunikationssituation bestimmt. Sie betrifft »die Techniken eines Orateurs«, der sich »in der Öffentlichkeit an eine Menge wendet, die über kein spezialisiertes Wissen verfügt und schwierigeren Überlegungen nicht folgen kann« (14). In diesem Sinne hatte der Philosoph Zenon »die Dialektik, die Technik des Dialoges, mit einer geschlossenen Faust und die Rhetorik mit einer geöffneten Hand« verglichen (24). Perelman will jedoch mit seiner »Neuen Rhetorik« diese alte Aufspaltung überwinden. »Da ihr Gegenstand die Untersuchung der nicht streng beweisenden Rede, die Analyse jener Urteile ist, die sich nicht auf formal korrekte Schlüsse oder auf mehr oder minder schematisierte Kalküle stützen, deckt die als neue Rhetorik angelegte Theorie der Argumentation das Feld sämtlicher auf Überzeugung oder Überredung gerichteten Redeweisen ab, *an welche Zuhörerschaft sie sich auch richten und welchen Gegenstand sie auch behandeln mögen.*« Ausdrücklich ordnet Perelman die Argumentationsweisen aller Humaniora seiner neuen Rhetorik unter, besonders auch die philosophische Logik. »Die allgemeine Analyse der Argumentation läßt sich, wenn das als nützlich erscheint, durch je nach dem Typ des Auditoriums und der Art der Disziplin spezialisierte Methodologien vervollständigen. So ließen sich eine juristische Logik oder eine philosophische Logik als spezifische Anwendungen der neuen Rhetorik auf Recht und Philosophie entwickeln.« (15)

2. Rhetorik und Argumentation

Nun zum rhetorischen Kontext der Argumentation. Im Mittelpunkt stehen hier die beiden Interaktionsinstanzen, die wir im Sinne des allgemeinen Kommunikationsmodells Sender und Empfänger nennen können, sowie ihre rhetorische Interaktion (18–21): Der Sender ist für Perelman, wie es die Tradition der Rhetoriktheorie festlegt, ein einzelner Kommunikator, der *orateur.* Die Empfänger-Instanz wird traditionell als Gruppe aufgefasst, entsprechend ist es bei Perelman die Zuhörerschaft bzw. das *auditoire*, worunter auch die Leserschaft eines Buches verstanden werden kann. Die rhetorische Interaktion besteht in einer gerichteten Kommunikationshandlung, der *argumentation.* Sie setzt einen »Kontakt der Intellekte (*un contact des esprits*) zwischen dem Orateur und seinem Auditorium voraus: eine Rede muß gehört, ein Buch muß gelesen werden, um etwas zu bewirken«. Die argumentative Interaktion hat zum Ziel, »Übereinstimmung eines Auditoriums mit denjenigen Thesen« hervorzurufen oder zu verstärken, die ihm der Orateur zur »Zustimmung« unterbreitet hat. Gewöhnlich soll ein Wandel der Überzeugungen, Einstellungen oder Handlungen hervorgerufen werden. Dieser rhetorische Vorgang findet immer unter konkreten situativen Bedingungen statt, verläuft »niemals im luftleeren Raum«. Häufig ist er in Form gesellschaftlicher Rituale institutionalisiert. Perelman betont dies gegenüber realitätsbereinigten philosophischen Idealkonstruktionen von Kommunikationen.

Perelman greift das alte pragmatische Grundgesetz der Rhetorik, das Aptum-Postulat, auf, wenn er als oberste Maxime für den Orateur die Regel aufstellt: »Die Theorie der Argumentation kann dem Orateur für den jeweils gegebenen Fall nur den allgemein gehaltenen Ratschlag erteilen, sich auf sein Auditorium einzustellen.« Doch wer ist dieses Auditorium? Da von der Klärung dieser Frage viel für den Persuasionserfolg abhängt, geht Perelman genauer auf sie ein. Wenn man sich konkrete Fälle rhetorischer Kommunikation ansieht, dann gibt es ein breites Spektrum. Vor Gericht ist das Auditorium unter Umständen nur der Richter, im Parlament die Gruppe der Parlamentarier und in der Publizistik eine diffuse Menge von Lesern. Perelman setzt darum bei den Intentionen des Orateur an und definiert allgemein: »Das Auditorium läßt sich in einer für die Argumentationstheorie und ihre Entwicklung sinnvollen Weise definieren als die *Gesamtheit (l'ensemble) derer, auf die der Orateur durch seine Argumentation einwirken will.*« (23)

Für Perelmans Sicht dieser Zusammenhänge ist die immer wieder ins Spiel gebrachte Prärogative der Rationalität charakteristisch. Natürlich, »der Orateur wendet sich an den ganzen Menschen« (22), doch letztlich muss rhetorisches Argumentieren immer intelligibel sein. Der Orateur hat darauf stets zu achten, vor allem wenn es um philosophische Fragen geht. Dass es dabei im psychoanalytischen Sinne zu intellektuellen Selbsttäuschungen kommen kann, räumt Perelman ausdrücklich ein (24). Entscheidend ist auf jeden Fall, dass der Orateur bei den Einsichtsmöglichkeiten des Auditoriums ansetzt. »Wer nur redet, ohne sich um die Reaktionen des Zuhörenden zu kümmern, wird eher als ein vom inneren Dämon getriebener Visionär (*un illuminé*) und nicht als ein vernünftiger Mensch (*un homme raisonnable*) angesehen werden, der seine Ansichten mitteilen möchte.« (24) Vor einem Auditorium von Spezialisten muss man Rücksicht auf ganz bestimmte fachliche Thesen und Methoden nehmen, vor einem heterogenen Publikum muss man unter Umständen einen sehr generellen gemeinsamen Nenner finden.

Die Kategorie des Auditoriums stellt eine rezeptionstheoretische Größe dar, die der Orateur in sein Kalkül einzubeziehen hat. Perelman subsumiert unter Auditorium sogar den Grenzfall des Alter Ego im inneren Dialog der Autokommunikation. »Für manche, die in besonderem Maße Individualismus und Rationalismus in sich vereinigen, liefert die innere Auseinandersetzung mit sich selbst das Modell für ein aufrichtiges und ehrliches Urteilen, in dem nichts verborgen und niemand getäuscht werden soll und wo es nur über die eigenen Ungewißheiten zu obsiegen gilt.« (23) Wenn der Orateur aber nichts über sein Auditorium weiß oder wenn ihm etwa als Autor eines Buches jeder Mensch als Rezipient recht ist, dann muss er vom hypothetischen Konstrukt eines universellen Auditoriums (*auditoire universel*) ausgehen. Der Orateur muss in diesem Fall ganz auf die Intelligibilität als solche setzen und hoffen, es mit kompetenten und vernünftigen Mitgliedern des universellen Auditoriums zu tun zu haben. Insofern kann Perelman sagen, dass »die Rede an das universelle Auditorium auf Überzeugung abzielt« (26). Rhetoriktheoretisch ist das Auditorium eine Kategorie aus dem Bereich des kommunikativen Settings. Es »kann sehr unterschiedlich beschaffen sein und etwa im Fall einer inneren Auseinandersetzung, bei der es um die richtige Entscheidung in einer schwierigen Situation geht, nur aus der Person des Orateurs selbst bestehen und in einem anderen Fall die gesamte Menschheit umfassen, deren kompetente und vernünftige Mitglieder ich als das universelle Auditorium auffasse, und dazwischen liegt eine unendliche Vielfalt partikulärer Auditorien (*auditoires particuliers*)« (23).

3. Argumentation

Die bisherigen Überlegungen haben sich mit wesentlichen kommunikativen Bedingungen des Argumentationsvorgangs (*l'argumentation*) beschäftigt. Wie läuft nun dieses Argumentieren ab? Wichtig wird auch hier wieder die Differenz zwischen Beweis und Argumentation. Der Beweis besteht darin, dass aus der Wahrheit (*vérité*) der Prämissen die Wahrheit der Schlussfolgerungen hergeleitet wird. Die Argumentation besteht darin, dass eine den Prämissen eingeräumte Zustimmung (*adhésion*) des Auditoriums auf die Schlussfolgerungen übertragen werden kann. Das hat zur Folge, dass der Orateur beim Konsens ansetzen muss und beim Argumentieren nur von solchen Prämissen ausgehen darf, für die ausreichende Zustimmung besteht, etwa von allgemein akzeptierten Thesen oder Standpunkten. »Sollten sie nicht hinreichen, so wird der auf Überredung bedachte Orateur sie mit allen Mitteln zu verstärken suchen. Denn die Übertragung der Zustimmung wird erst möglich durch das Herstellen einer Übereinstimmung zwischen den Prämissen und den Thesen, für die man die Zustimmung erst noch erreichen möchte. Wenn die Schlußfolgerung den Überzeugungen des Hörers zu sehr entgegensteht, dann wird dieser eher eine der Prämissen bestreiten und so alle Bemühungen des Orateurs zunichte werden lassen.« (30) Argumentationstheoretisch ist also deutlich die Wahrheit einer These von der Zustimmung zu einer These zu trennen.

Den unterschiedlichen kognitiven Ansatzpunkten von Beweis und Argumentation entspricht die Verschiedenheit ihrer kommunikativen Umsetzung, ihrer je spezifischen

Diskursivierung. In der Welt des Beweises geht man vom Glauben an die Objektivität aus und versucht zu ignorieren, dass letztlich auch die »wahren« Prämissen zustimmungspflichtig sind, weil man immer einer bestimmten Auffassung darüber zustimmen muss, was als wahr zu gelten hat. Jedenfalls hat das Objektivitätsstreben zu immer größerer Distanz gegenüber Formen der Alltagskommunikation geführt und immer strengere Formalisierungen hervorgebracht. »Die modernen Auffassungen von Beweisführung haben mit dem Ziel größtmöglicher Stringenz den Beweis zunehmend auf ein System bezogen, dessen Elemente sämtlich explizit formuliert sind und das sich eben dadurch von dem allgemeinen Denken unterscheidet. Eben diese Formalisierung und Isolierung macht das System zunehmend mechanisierbar, und die erforderlichen Operationen können ohne weiteres Zutun menschlichen Denkens von einer Rechenmaschine oder einem Computer korrekt durchgeführt werden.« (41)

Doch die Argumentation kommt selbst in der Wissenschaft dann ins Spiel, wenn die konkreten Situationen irgendwelchen systematischen Annahmen entgegenstehen, wenn unvorhergesehene Situationen auftreten, die sich jedem vorgefertigten formalisierten Schema entziehen. »Nur durch die Argumentation wird es möglich, das System der Erfahrung anzupassen und den verwendeten Formeln eine höhere Flexibilität zu geben.« Hier tut sich nun der weite Raum nichtsystematisierter Welthaltigkeit auf. Die Argumentation lebt im Reich des »Gesamtzusammenhangs unserer Kenntnisse und Erwartungen«, »unserer Hoffnungen und Überzeugungen« (41). Und in kommunikativer Hinsicht entspricht dem das Reich aller verbalen und nonverbalen Möglichkeiten.

Wenn beim Beweis eine Neigung zur restringierten Ausdrucksform besteht, dann beim Argumentieren umgekehrt die Neigung zum unbegrenzten kommunikativen Spiel. Argumentieren ist ausdrucksseitig sehr viel mehr als nur die

Einhaltung einer strengen syllogistischen Form. Argumentieren bedeutet, geschickt aus allen zur Verfügung stehenden Möglichkeiten auszuwählen und eine angemessene kommunikative Darbietungsweise zu finden. »Jede Argumentation enthält eine vorgängige Auswahl, eine Selektion der Tatsachen und Werte, ihre besondere Darstellung in einer bestimmten Sprache und mit einem Nachdruck, der der beigemessenen Bedeutung entspricht. Wahl der Elemente, Wahl einer Beschreibungs- und Darstellungsart, Werturteil oder Gewichtung, all diese Elemente gelten umso begründeter als Entscheidung, je offensichtlicher eine andere Wahl, eine andere Darstellung oder ein anderes Werturteil ihnen entgegengestellt werden kann.« (42)

Alles, was für den Argumentationsvorgang an Mitteln ausgewählt wurde, gewinnt erst in seiner kommunikativen Darbietung Beachtung und damit argumentatives Gewicht. Den Zusammenhang der beiden hier entscheidenden Gesichtspunkte streicht Perelman begrifflich durch Rückgriff auf ein etymologisierendes Wortspiel heraus: Es geht um das Erzeugen von Gegenwärtigkeit (*présence*) bei der kommunikativen Vergegenwärtigung (*présentation*). »Die *présence* wirkt unmittelbar auf unser Empfinden. Und die *présentation* eines Gegenstandes wie der von Antonius geschwenkten Tunika des Julius Cäsar oder auch der Kinder des Opfers oder des Angeklagten kann die Zuhörer oder das Gericht wirklich bewegen.« Perelman führt zur Illustration der Wirkung von Präsenz eine chinesische Anekdote an: »Ein König erblickt einen Büffel, der zum Opfer geführt wird. Mitleid erfaßt ihn, und er befiehlt, statt dieses Tieres einen Hammel zu opfern. Er habe so entschieden, sagt er, weil er den Büffel vor Augen hatte, den Hammel aber nicht.« Natürlich ist das Präsenzprinzip in der Praxis ambivalent. Die »wirkliche Präsenz« kann nämlich »auch Ungelegenheiten mit sich bringen, denn nicht nur können die Hörer abgelenkt, sie können auch in einer anderen Weise bewegt werden, als es der Redende anstrebt. Der Rat mancher Meister der Rhetorik, körperhafte Konkretheit zur Emotion der Zuhörer zu nutzen, sollte daher nicht als Regel gelten. Darüber hinaus sind die präsenzerzeugenden Techniken der Darstellung dann besonders wesentlich, wenn in Raum und Zeit entfernte Wirklichkeiten vergegenwärtigt werden sollen« (43). Vor allem in der Figurenlehre hat die Rhetoriktheorie eine Fülle sprachlicher Mittel kodifiziert, die zu den präsenzerzeugenden Techniken zu rechnen sind.

Beim Argumentieren müssen sich die Ausgangssätze auf allseitigen Konsens gründen. Die Auditoriums-Variable wird zum entscheidenden Faktor. »Da sich die Argumentation auf Thesen richtet, denen unterschiedliche Auditorien mit jeweils unterschiedlicher Intensität zustimmen, kann der Status der in eine Argumentation eingehenden Elemente nicht wie in einem formalen System unveränderlich sein, da er ja von der effektiven oder angenommenen Übereinstimmung des Auditoriums abhängt.« (55) Diese prinzipielle Einstellung auf das Auditorium hat manchen Berufsgruppen, z. B. wendigen Advokaten oder Politikern, einen schlechten Ruf eingetragen, weil man ihnen unterstellt, gern die Tatsachen zu verdrehen. Perelman verteidigt sie, indem er auf die prinzipielle Interpretierbarkeit aller Weltverhältnisse, vor allem aber alles Sprachlichen hinweist. Der Traum des Mathematikers, durch Formalisierung alle Mehrdeutigkeit auszuschließen, muss bei den natürlichen Sprachen eine Illusion bleiben. Das Argumentieren kann und muss mit der gegebenen Sprachpolyvalenz spielen, und jeder Orateur tut es: »Das Spiel der Qualifikationen, der grammatischen Kategorien, der Modalitäten im Ausdruck des Gedankens, der Verbindungen zwischen den Sätzen erlaubt, die Elemente der Rede in eine Rangfolge zu bringen und den einen oder den anderen ihrer Aspekte zu betonen. Eine neutral erscheinende Beschreibung offenbart ihre Parteilichkeit, sobald ihr eine andere Beschreibung entgegengehalten werden kann, deren selektiver Charakter durch die Verwendung des

Epitheton, einer zur Herausstellung ausgewählten Eigenschaft, gekennzeichnet ist. Aristoteles hat bereits darauf verwiesen: so wird Orest einmal als ›Mörder seiner Mutter‹, zum anderen als ›Rächer seines Vaters‹ bezeichnet. Beide Epitheta treffen zu, geben jedoch nur jeweils einen Aspekt der Wirklichkeit wieder.« (53) So kommt es, dass sich der Orateur bei wechselndem Auditorium in der Lage sieht, unterschiedliche Thesen in Bezug auf ein und dieselbe Realität zu formulieren. »Nicht nur können Tatsachen und Wahrheiten immer wieder in Frage gestellt werden, selbst die Bestimmung des Gegebenen kann nur aus einer möglichen Diskussion über seine Interpretation und insbesondere über Bedeutung und Reichweite der verwendeten Begriffe hervorgehen.« (55) »Während sich also bei einem Beweis die Konklusion aus den Prämissen zwingend deduzieren läßt, implizieren die zur Stützung einer These herangezogenen Argumente diese nicht notwendig: sie sind ebenso wie die Argumente, die sich zugunsten der entgegengesetzten These vorbringen lassen, nur mehr oder minder wirksam. Der einen oder der anderen der konkurrierenden Thesen wird je nach der Einschätzung sowohl der pro oder contra präsentierten Argumente als auch des Wertes der Lösung zugestimmt, die sie für die diskutierten Probleme bieten.« (56)

Für den Argumentationsvorgang bedeutet das, möglichst keine kurze, formalisierte *présentation* zu wählen, sondern eine Redeweise, die den Eindruck erzeugt, dass sich verschiedene schwächere oder stärkere Argumente wechselseitig stützen. »Daher ist die Rede in ihrer Gesamtheit zu analysieren, besonders wenn man auf den Umfang der Argumentation oder die Abfolge der Argumente eingeht.« (56) In der bewussten Selektierung der formal-kognitiven Schlussfolgerungen liegt die Überzeugungskraft des Beweises. In der bewussten Vestimentierung liegt dagegen die Chance der Argumentation. Insofern kommt der Verbindung von Breite (*ampleur*) und Stärke (*force*) der Argumentation persuasives Gewicht zu. Führt eine Menge unterschiedlich gewichtiger Argumente in ihrer Zusammenstellung »zur gleichen Folgerung, so wird der jedem einzelnen Argument zugesprochene Wert unzweifelhaft erhöht, unabhängig davon, ob es sich um eine allgemeine oder besondere, eine endgültige oder vorläufige Folgerung handelt. Die unwidersprochene *Konvergenz* der Argumente wirkt stark persuasiv« (145).

Schon die antike Theorie nahm mit ihrer Dispositionslehre Rücksicht auf die Tatsache, dass es bei all dem oft auf die Anordnung der Argumente ankommt. Der formalen Beweisführung geht es nur darum, »den von der Hypothese den Axiomen zugeordneten Wahrheitswert mittels einer korrekten Schlußfolgerung auf die Theoreme zu übertragen« (148). Fragen der Anordnung gibt es dabei nicht, weil sie formal-syllogistisch reglementiert sind. Beim Argumentieren gibt es dagegen ein hohes Maß an syntagmatischer Arbitrarität. Die Frage der Disposition stellt sich hier deshalb grundsätzlich anders, weil das ganze, in der konkreten Situation gegebene kommunikative Setting eine Rolle für das Erreichen der Zustimmung spielt. Das Vorwissen, die Einstellung und die emotionale Lage des Auditoriums werden wesentlich für die Anordnung der Redeteile, einschließlich der Argumente, darüber entscheiden, an welcher Stelle ich eine These präsentiere. »Argumente gewinnen unterschiedliches Gewicht je nachdem, ob bestimmte Gegebenheiten oder deren Interpretation bekannt sind oder nicht. Je nach dem Maße, in dem es darum geht, ein Auditorium mit der Rede zu überreden, muß die Abfolge der Argumente diesem Ziel untergeordnet sein: jedes Argument hat in dem Augenblick zu kommen, in dem es die stärkste Wirkung ausübt. Doch was das eine Auditorium gewinnt, überzeugt noch nicht ein anderes, daher bedarf es immer neuer Anpassungen.« (150 f.)

4. Argument

Im Argumentationsvorgang spielt das Argument eine zentrale Rolle. Was ist ein Argument? Ein Argument ist für Perelman nicht ein einzelner Satz, wie er etwa als Prämisse ins Spiel kommen kann, sondern eine textuell-syntagmatisch situierte Konstruktion innerhalb des Argumentationsvorgangs. Diese Konstruktionen haben keine feste sprachliche Oberfläche, sondern passen sich dem Kontext an. Ein Argument kann etwa auch in Form einer Erzählung auftreten. Es gibt, tiefenstruktural betrachtet, zwei Grundtypen argumentativer Konstruktionen: 1. das Argument als Verbindung (*liaison*) und 2. das Argument als Gegenüberstellung oder Kontrast (*dissociation*). »Die Argumente stellen sich sowohl in Form einer Verbindung, durch die sich die den Prämissen eingeräumte Zustimmung auf die Schlußfolgerung übertragen läßt, als auch in Form eines Kontrasts dar, der auf eine Trennung der zuvor in Sprache oder geltender Tradition miteinander verbundenen einzelnen Elemente gerichtet ist. Die vom Orateur verwendeten Ausdrucksweisen bestimmen, ob es sich um eine Verbindung zwischen getrennten Elementen oder um eine schon gegebene Einheit handelt.« (56)

1. Beim Verbindungs-Typ lassen sich drei Arten unterscheiden: a) »Die quasi-logischen Argumente«, b) »die auf die Struktur des Wirklichen gegründeten Argumente« und c) »die diese Struktur begründenden Argumente«. Was quasi-logische Argumente sind, wird deutlich, wenn man sie gegenüber den formalen Beweisen abgrenzt. Die quasilogischen Argumente versuchen »den Gutgläubigen« durch den »logischen Anschein« zu beeindrucken, obwohl sie auf jede wohldefinierte Verbindlichkeit verzichten (60). Wenn man zum Beispiel Maß- oder Größenangaben argumentativ ins Spiel bringt, dann ist in der quasi-logischen Argumentation der Vergleichsausdruck selten eindeutig bestimmt. »Da die Verwendung dieses Arguments weniger sachlich infor-

mieren als beeindrucken will, ist die Angabe einer Größe in absoluten Zahlen mitunter weniger wirksam als die Angabe einer relativen Größe, wenn der Vergleichsbegriff hierfür gut gewählt ist. Soll die Größe eines Landes unterstrichen werden, so wäre es in Paris sinnvoller zu sagen, daß es Frankreich neunmal enthält, als anzuführen, es sei halb so groß wie Brasilien. Der Vergleichsausdruck kann auch eine Kontrastierung bedeuten. So dienen die lobenden Beschreibungen eines goldenen Zeitalters oder der guten alten Zeit vor allem dazu, die Epoche und das Land, in dem man lebt, herabzusetzen.« (83) Generell gilt: »Um eine Argumentation zu einer zwingenden Beweisführung umzuformen, wären die verwendeten Ausdrücke zu präzisieren, jede Mehrdeutigkeit auszuschließen und für die Folgerung jede Möglichkeit unterschiedlicher Interpretation zu unterbinden.« Der »Mangel an Strenge und Präzision des quasi-logischen Arguments könnte als ein Mangel an Logik erscheinen: dieser Vorwurf gilt jedoch nur dann, wenn der Status als Beweis beansprucht wird. Die vom Orateur für seine These angeführten Gründe sind von einer anderen Art: es geht nicht um eine korrekte oder inkorrekte Beweisführung, sondern um stärkere oder schwächere Argumente« (60). Selten überzeugen die quasi-logischen Argumente allein. Sie müssen zumeist durch Argumente ergänzt werden, die auf der Struktur des Wirklichen gründen. »Die auf die Struktur des Wirklichen gründenden Argumente gehen von den zwischen den Elementen des Wirklichen bestehenden Verbindungen aus.« (57) Dazu gehören unter anderem auch die pragmatischen Argumente, die von einer Verbindung zwischen Handlungen als Ursache und ihren Folgen ausgehen, auf die sich dann bestimmte Schlussfolgerungen gründen, z. B. die Bewertung einer Handlung nach ihren Folgen: »Für Bentham ist dies die einzige gültige Argumentation für die Annahme einer Norm: ›Was heißt, eine *richtige* Begründung für ein Gesetz vorzubringen? Die Vorteile oder Nachteile anzuführen, die dieses Gesetz hervorbringen wird. Was heißt, eine *falsche Begründung* zu geben? Für oder wider ein Gesetz irgend etwas anderes vorzubringen, als was seine Auswirkungen, seien sie gut oder schlecht, anbetrifft.‹« (88) Bleiben noch jene Argumente, »die die Struktur des Wirklichen« begründen. Sie »gehen von einem Einzelfall aus und bilden einen Präzedenzfall, ein Modell oder eine allgemeine Regel, wie in den Beweisführungen nach Modell und Beispiel«. In diese Kategorie fallen auch die Argumente durch Analogie, »die sowohl eine unbekannte Wirklichkeit strukturieren können als auch Stellungnahmen dazu möglich machen«, sowie die Metaphern, die man einsetzen kann, um das Denken zu orientieren (58).

2. Die zweite Gattung von Argumenten, der Kontrast-Typ, »wurde von den Theoretikern der alten Rhetorik überhaupt nicht behandelt«. Dieser Typus »ist dennoch für jede Überlegung fundamental, die zur Lösung einer durch das allgemeine Denken gestellten Schwierigkeit die Elemente des Wirklichen voneinander trennen muß, um das Gegebene so neu organisieren zu können«. – »Da diese *dissociations* in jedem eigentlich philosophischen Denken zentral sind, werden die durch diese Technik erzeugten Kopplungen als philosophische Paare bezeichnet, im Gegensatz zu den antithetischen Paaren wie das Gute und das Böse und den klassifikatorischen Paaren wie ›Tiere – Pflanzen‹ oder ›Norden – Süden‹.« Direkt oder indirekt gehen alle auf *dissociation* beruhenden Argumente auf »die Trennung des Wirklichen vom Schein« zurück. Damit »wird ein philosophisch Wirkliches dem Wirklichen des sensus communis gegenübergestellt« (58 f.). »Alles philosophische Denken läßt sich als eine Abfolge von Paaren« des Kontrast-Typs darstellen, »die ein System bilden«. »Allgemein verbreitet sind die herkömmlichen Paare: Mittel/Zweck, Folge/Ursache oder Prinzip, Handlung/Person, Zufall/Notwendigkeit, Anlaß/Ursache, relativ/absolut, subjektiv/objektiv, Vielheit/Einheit, normal/Norm, individuell/universell, besonders/allgemein, Theorie/Praxis, Sprache/Denken, Wort/Geist.« (133 f.) Durch *dis-*

sociation zu folgern ist – wie gesagt – »von Anfang an durch den Gegensatz von Anschein und Wirklichkeit bestimmt. Deren Entgegensetzung läßt sich auf jeden beliebigen Begriff übertragen, wenn Adjektive wie ›scheinbar‹, ›illusorisch‹ für den einen und ›wirklich‹ oder ›wahrhaftig‹ für den anderen gebraucht werden. Eine Formulierung wie ›scheinbarer Friede‹ oder ›eine echte Demokratie‹ deutet auf das Fehlen von ›wirklichem‹ Frieden und auf das Vorhandensein einer ›scheinbaren‹ Demokratie: das eine der Adjektive verweist auf das andere« (137 f.). Der Leser eines Textes nimmt dieses Kontrastieren selbst dann automatisch für sich vor, wenn die Paare nicht in beiden Teilen ausformuliert sind.

Bio-bibliographische Hinweise

1
Aristoteles

Aristoteles wird 384/383 v. Chr. in Stageira geboren. 367–347 erster Aufenthalt in Athen. Aristoteles studiert an Platons Akademie. Entstehung der ersten logischen Schriften (*Organon*) sowie erster Entwürfe zu *Physik*, *Metaphysik*, *Ethik* und *Rhetorik*. 347 stirbt Platon. Aristoteles geht auf Einladung Hermias' von Atarneus nach Assos in Kleinasien. 343/342 wird er auf Bitten Philipps II. von Makedonien Erzieher von dessen Sohn Alexander. 335/334 kehrt Aristoteles nach Athen zurück; er lehrt im Lykeion am Lykabettos, das nach der praktizierten Art des Lehrgespräch von seinen Schülern später »Peripatos«, das heißt ›Auf- und Abgehen‹, genannt wurde. Der Kern der *Rhetorik* – vor allem die Kapitel 5–15 des ersten und Teile des ursprünglich vielleicht separat überlieferten dritten Buches – war wohl schon vor 347 abgeschlossen. 322 stirbt Aristoteles.

Textausgaben und Übersetzungen

Ars rhetorica. Ed. Rudolf Kassel. Berlin / New York 1976.

On Rhetoric. A Theory of Civic Discourse. Newly translated with Introduction, Notes and Appendixes by George A. Kennedy. New York / Oxford 1991. [Engl. Übers.; Bibliographie.]

Rhetorik. Übers., mit einer Bibliogr., Erl. und einem Nachw. von Franz G. Sieveke. München [4]1993.

Rhetorik. Übers. und hrsg. von Gernot Krapinger. Stuttgart 1999.

Rhetorik. Übers. und komm. von Christof Rapp. In: Aristoteles: Werke in deutscher Übersetzung. Begr. von Ernst Grumach, hrsg. von Hellmut Flashar. [i. Vorb.]

Forschungsliteratur

Cope, Edward Meredith: The Rhetoric of Aristotle. With a Commentary by Edward Meredith Cope. Rev. and ed. by John Edwin Sandys. 3 Bde. Cambridge 1877.

Düring, Ingemar: Aristoteles: Darstellung und Interpretation seines Denkens. Heidelberg 1966.
Flashar, Hellmut: Aristoteles. In: Grundriß der Geschichte der Philosophie. Begr. von Friedrich Ueberweg. Die Philosophie der Antike. Bd. 3: Ältere Akademie. Aristoteles – Peripatos. Hrsg. von Hellmut Flashar. Völlig neubearb. Ausg. Basel/Stuttgart 1983. S. 175–457. [Bibliographie.]
Fortenbaugh, William W. / Mirhady, David C. (Hrsg.): Peripatetic Rhetoric after Aristotle. New Brunswick 1994.
Fuhrmann, Manfred: Die antike Rhetorik. Eine Einführung. München/Zürich 1984. ³1990. S. 31–38.
Furley, David J. / Nehamas, Alexander (Hrsg.): Aristotle's *Rhetoric.* Philosophical Essays. Princeton (N. J.) 1994.
Garver, Eugene: Aristotle's Rhetoric: An Art of Character. Chicago 1994.
Grimaldi, William M. A.: Aristotle's Rhetoric. A Commentary. [Bisher ersch.: Bd. 1: *Rhetoric I.* Bd. 2: *Rhetoric II.*] New York 1980–88.
Hellwig, Antje: Untersuchungen zur Theorie der Rhetorik bei Platon und Aristoteles. Göttingen 1973.
Höffe, Otfried: Aristoteles. München 1996. S. 58–65. [Bibliographie.]
Kennedy, George A.: A New History of Classical Rhetoric. Princeton (N. J.) 1994, S. 51–63.
Kullmann, Wolfgang: Aristoteles und die moderne Wissenschaft. Stuttgart 1998.
Rapp, Christof: Aristoteles über die Rationalität rhetorischer Argumente. In: Zeitschrift für philosophische Forschung 50 (1996) S. 197–222.
Rorty, Amélie Oksenberg (Hrsg.): Essays on Aristotle's *Rhetoric.* Berkeley / Los Angeles / London 1996.
Solmsen, Friedrich: Die Entwicklung der aristotelischen Logik und Rhetorik. Berlin 1929.
Sprute, Jürgen: Die Enthymemtheorie der aristotelischen Rhetorik. Göttingen 1982. (Abh. der Akad. der Wiss. in Göttingen. Phil.-Hist. Kl. 3,124.)
Wörner, Markus H.: Das Ethische in der Rhetorik des Aristoteles. Freiburg i. Br. / München 1990.

2
Rhetorik an Herennius

Die *Rhetorica ad Herennium* (entstanden zwischen 86 und 82 v. Chr.) ist – neben Ciceros *De inventione* – das älteste noch erhaltene Rhetorik-Lehrbuch in lateinischer Sprache. Über den Autor ist nichts bekannt; in Spätantike und Mittelalter wurde es für ein Werk Ciceros gehalten. Die *Rhetorica ad Herennium* wurde deshalb als »Rhetorica secunda« oder »Rhetorica nova« in der handschriftlichen Überlieferung oft Ciceros *De inventione* nachgestellt. In der frühen Neuzeit wurde die Urheberschaft Ciceros in Frage gestellt und als neuer Autor ein gewisser Cornificius ins Spiel gebracht. Obwohl die These auch im 20. Jahrhundert noch diskutiert wurde, gilt heute das Problem der Autorschaft allgemein als nicht lösbar. Man spricht deshalb vom *Auctor ad Herennium* als dem Verfasser der *Rhetorica ad Herennium.*

Textausgaben und Übersetzungen

Incerti auctoris de ratione dicendi ad C. Herennium libri IV. Iterum rec. Fridericus Marx. Editionem stereotypam correctiorem cum addendis curavit Winfried Trillitzsch. Leipzig 1964. (M. Tulli Ciceronis Scripta quae manserunt omnia. 1.)

Rhétorique à Herennius. Texte établi et traduit par Guy Achard. Paris 1989.

Rhetorica ad Herennium. Lat./dt. Hrsg. und übers. von Theodor Nüßlein. München/Zürich 1994. [Lat. Text nach Achard.]

Rhetorica ad Herennium. Lat. und dt. von Friedhelm L. Müller. Aachen 1994.

Forschungsliteratur

Barwick, Konrad: Die Gliederung der rhetorischen TEXNH und die Horazische *Epistula ad Pisones*. In: Hermes 57 (1922) S. 1–62.

Adamietz, Joachim: Ciceros de inventione und die Rhetorik ad Herennium. Diss. Marburg 1960.

Fuhrmann, Manfred: Das systematische Lehrbuch. Ein Beitrag zur Geschichte der Wissenschaften in der Antike. Göttingen 1960. S. 41–58, 156–162.

Hafner, Anton: Untersuchungen zur Überlieferungsgeschichte der Rhetorik ad Herennium. Frankfurt a. M. [u. a.] 1989.

Schmidt, Peter Lebrecht: Die Anfänge der institutionellen Rhetorik in Rom. Zur Vorgeschichte der augusteischen Rhetorenschulen. In: Monumentum Chiloniense. Festschr. Erich Burck. Hrsg. von Eckard Lefèvre. Amsterdam 1975. S. 183–216.

Zelzer, Klaus: Zur Überlieferung der Rhetorik ad Herennium. In: Wiener Studien. N. F. 16 (1982) S. 183–211.

3

Marcus Tullius Cicero

Geboren 106 v. Chr. in Arpinum als Kind aristokratischer Eltern, absolvierte Cicero den üblichen gehobenen Bildungsgang mit Rhetorikausbildung bei einem griechischen Redelehrer. Die auf dem Forum in öffentlicher Rede auftretenden Senatoren Crassus und Antonius werden seine vorbildgebenden Lehrer. In dieser Zeit (80/81 v. Chr.) entsteht auch das Jugendwerk *De inventione*. Seit 81 v. Chr. tritt Cicero als öffentlicher Redner auf (Verteidigungsreden *Pro Publio Quinctio* und *Pro Sex. Roscio Amerino*). Der Höhepunkt seiner politischen Ämterlaufbahn stellt die Übernahme des Konsulatsamtes im Jahre 63 v. Chr. dar. Politische Gegner bewirken 58 v. Chr. die Verbannung Ciceros, die ein Jahr später aufgehoben wird. Cicero tritt nun wieder als politischer Redner auf, empfindet jedoch diese Phase seines Lebens offensichtlich als existentiellen wie politischen Einbruch. Neben seinen großen philosophischen Werken verfasst Cicero in dieser Zeit auch seine Abhandlungen zur Rhetorik: *De oratore* (55 v. Chr.), das rhetorikhistorische Werk *Brutus* und der *Orator* (beide 46 v. Chr.) sowie einige kleinere Werke (*De optimo genere oratorum*, *Topica*, *Partitiones oratoriae*). Nach Cäsars Ermordung im Jahre 44 macht er sich durch seine 14 Philippischen Reden (*Philippicae Orationes*) den Triumvir Marcus Antonius zum Feind. Dieser lässt Cicero am 7. Dezember 43 v. Chr. ermorden.

Textausgaben und Übersetzung

M. Tullii Ciceronis Rhetorica. Recognovit brevique adnotatione critica instruxit Augustus Samuel Wilkins. Bd. 1: Libros de oratore tres continens. Oxford 1902.

De oratore. Ed. Kazimierz F. Kumaniecki. Leipzig 1969. (M. Tulli Ciceronis Scripta quae manserunt omnia. 3.)

De oratore / Über den Redner. Lat./dt. Übers. und hrsg. von Harald Merklin. Stuttgart 1976 [u. ö.].

Forschungsliteratur

Barwick, Karl: Das rednerische Bildungsideal Ciceros. Berlin 1963. (Abh. der Sächsischen Akad. der Wiss. zu Leipzig. Phil.-hist. Kl. 54,3.)

Clarke, Martin Lowther: Rhetoric at Rome. A Historical Survey. London 1953. [2]1962. S. 50–61. – Dt.: Die Rhetorik bei den Römern. Übers. von Klaus Dockhorn. Göttingen 1968.

Fuhrmann, Manfred: Die antike Rhetorik. Eine Einführung. München/Zürich 1984. [3]1990. S. 52–64.

– Cicero und die römische Republik. Eine Biographie. München/Zürich 1990. [3]1991.

Gawlick, Günter / Görler, Woldemar: Cicero. In: Grundriß der Geschichte der Philosophie. Begr. von Friedrich Ueberweg. Die Philosophie der Antike. Bd. 4,2: Die hellenistische Philosophie. Hrsg. von Hellmut Flashar. Völlig neubearb. Ausg. Basel 1994. S. 991–1168. [Bibliographie.]

Gelzer, Matthias / Kroll, Wilhelm / Philippson, Robert / Büchner, Karl: M. Tullius Cicero. In: Paulys Realencyklopädie der classischen Altertumswissenschaft. Hrsg. von Georg Wissowa [u. a.]. Bd. 7 A. Stuttgart 1939. Sp. 827–1274.

Göttert, Karl-Heinz: Geschichte der Stimme. München 1998.

Kennedy, George A.: The Art of Rhetoric in the Roman World 300 B. C. – A. D. 300. Princeton (N. J.) 1972. S. 205–230.

– A New History of Classical Rhetoric. Princeton (N. J.) 1994. S. 140–147.

Leeman, Anton D. [u. a.]: M. Tullius Cicero: De oratore libri III: Kommentar. 5 Bde. Bd. 1: Buch I,1–165. Heidelberg 1981. Bd. 2: Buch I,166–265, Buch II,1–98. Ebd. 1985. Bd. 3: Buch II,99–290. Ebd. 1989. Bd. 4: Buch II,291–367, Buch III,1–95. Ebd. 1996.

Merklin, Harald: System und Theorie in Ciceros *De oratore*. In: Würzburger Jahrbücher für die Altertumswissenschaft 13 (1987) S. 149–161.
Michel, Alain: Rhétorique et philosophie chez Cicéron. Paris 1961.
Schütrumpf, Eckart: Cicero *De oratore I* and Greek Philosophical Tradition. In: Rheinisches Museum für Philologie N. F. 133 (1990) S. 310–321.
Schulte, Hans Kurt: Orator. Untersuchungen über das Ciceronianische Bildungsideal. Frankfurt a. M. 1935.
Zielinski, Thaddäus: Cicero im Wandel der Jahrhunderte. Leipzig [3]1912. Reprogr. Nachdr. Darmstadt 1967.

4
Marcus Fabius Quintilianus

Marcus Fabius Quintilianus wurde um 35 n. Chr. in Calagurris im heutigen Spanien geboren. Er genoss in Rom eine Rhetorenausbildung und ging dann als Rhetoriker zurück nach Spanien. Im Jahre 68 kam er mit dem zum Kaiser ernannten spanischen Statthalter Galba wieder nach Rom, wo er als Anwalt und Rhetoriklehrer wirkte. Seine im Laufe der Zeit entstandenen Verteidigungsreden und eine rhetoriktheoretische Frühschrift sind verloren. Quintilian brachte es zu solchem Ansehen, dass ihm Kaiser Vespasian die erste staatlich besoldete Professur für Rhetorik an einer der neu eingerichteten öffentlichen Rhetorikschulen anvertraute. Zu seinen bedeutendsten Schülern zählte der jüngere Plinius. Nach zwanzig Jahren Lehrtätigkeit ging er nach dem Jahr 90 in den Ruhestand. Kaiser Domitian berief ihn jetzt zum Prinzenerzieher, und als Summe seiner Erfahrungen schrieb Quintilian zu dieser Zeit sein Hauptwerk *De institutione oratoria* (kurz: *Institutio oratioria*; *Über die Erziehung zum Orator*). Man setzt sein Todesdatum um 100 n. Chr. an.

Textausgaben und Übersetzung

M. Fabi Qvintiliani Institutionis oratoriae libri duodecim. Recognovit brevique adnotatione critica instruxit Michael Winterbottom. 2 Bde. Oxford 1970.
Ausbildung des Redners. Lat./dt. Hrsg. und übers. von Helmut Rahn. 2 Bde. Darmstadt [1]1972–75. [3]1995.

Forschungsliteratur

Adamietz, Joachim: Quintilians *Institutio oratoria*. In: Aufstieg und Niedergang der römischen Welt. Geschichte und Kultur Roms im Spiegel der neueren Forschung. Hrsg. von Hildegard Temporini und Wolfgang Haase. Bd. II,32,4. Berlin / New York 1986. S. 2226–71. [Forschungsbericht und Bibliographie.]

Bonnell, Eduard: Lexicon Quintilianeum. Leipzig 1834. Reprogr. Nachdr. Hildesheim 1962.

Cousin, Jean: Études sur Quintilien. 2 Bde. Paris 1935/36. Nachdr. [in einem Bd.]. Amsterdam 1967.

Kennedy, George A.: Quintilian. New York 1969.

– The Art of Rhetoric in the Roman World 300 B. C. – A. D. 300. Princeton (N. J.) 1972. S. 487–514.

– A New History of Classical Rhetoric. Princeton (N. J.) 1994. S. 177–186.

Seel, Otto: Quintilian oder die Kunst des Redens und Schweigens. Stuttgart 1977.

Varwig, Freyr Roland: Der rhetorische Naturbegriff bei Quintilian: Studien zu einem Argumentationstopos in der rhetorischen Bildung. Heidelberg 1976.

Zundel, Eckart: Lehrstil und rhetorischer Stil in Quintilians *Institutio oratoria*: Untersuchungen zur Form eines Lehrbuchs. Frankfurt a. M. 1981.

– Clavis Quintilianea: Quintilians *Institutio oratoria* (*Ausbildung des Redners*) aufgeschlüsselt nach rhetorischen Begriffen. Darmstadt 1989.

5
Notker Teutonicus

Notker III. (auch Notker Labeo, Notker Teutonicus) von St. Gallen wurde um 950 in der Nordostschweiz geboren; er starb als Benediktinermönch am 29. Juni 1022 im Kloster St. Gallen an der Pest. Leben und Person des Notker sind uns nur ansatzweise durch verschiedene Zeugnisse seines Schülers Ekkehard IV. greifbar. Dieser nennt an erster Stelle Notkers Übersetzungsarbeit ins Deutsche, die ihm schon zu Lebzeiten den Beinamen ›Teutonicus‹ eingebracht hat. Sonderegger (*Verfasserlexikon*, Sp. 1216) nennt vier Hauptkomponenten der Persönlichkeit des größten Gelehrten seiner Zeit: »(1) breiteste Gelehrsamkeit als Magister (Schulvorsteher) auf dem Gebiet der Artes wie der Theologie, (2) schulisch-pädagogisch erfüllte Nächstenliebe«, »(3) bewundernswürdige Kompetenz im (für St. Gallen erstmaligen) volkssprachlichen Schreiben und Übersetzen, (4) tief demütige, für die Mitmönche vorbildliche Religiosität.«

Textausgaben und Übersetzungen

Lateinische Rhetorik

Die Schriften Notkers und seiner Schule. Hrsg. von Paul Piper. Bd. 1: Schriften philosophischen Inhalts. Freiburg i. Br. / Tübingen 1882. [Zit. als: Rhet. lat.] S. 623–684. [Kritische Edition, nach wie vor beste zitierfähige Leseausgabe.]

Die kleineren Schriften. In: Die Werke Notkers des Deutschen. Beg. von Edward H. Sehrt und Taylor Starck. Neue Ausg. Bd. 7. Hrsg. von James C. King und Petrus W. Tax. Tübingen 1996. S. 105–186. [Kritische Ausgabe, die die Überlieferungslage präsentiert.]

Dieter, Otto Alvin Loeb: The Rhetoric of Notker Labeo. Diss. (masch.) State University of Iowa 1939. S. 219–360. [Untersuchung und engl. Übers. mit detailliertem Quellenkommentar.]

Althochdeutsche Rhetorik

Boethius: *De consolatione philosophiae*, Buch I/II. In: Die Werke Notkers des Deutschen. Beg. von Edward H. Sehrt. Neue Ausg. Bd. 1/2. Hrsg. von Petrus W. Tax. Tübingen 1986. [Zit. als: Rhet. ahd.] S. 54–61, Kap. 10–14. [Kritische Ausgabe.]

Köbler, Gerhard: Stadtrecht und Bürgereinung bei Notker von St. Gallen. Göttingen 1974. S. 76–89. [Ahd. Text mit nhd. Übers.]

Dieter, Otto Alvin Loeb: The Rhetoric of Notker Labeo. Diss. (masch.) State University of Iowa 1939. S. 89–113. [Untersuchung und engl. Übers. mit detailliertem Quellenkommentar.]

Forschungsliteratur

Hellgardt, Ernst: Notkers des Deutschen Brief an Bischof Hugo von Sitten. In: Befund und Deutung. Zum Verhältnis von Empirie und Interpretation in Sprach- und Literaturwissenschaft.

Festschr. Hans Fromm. Hrsg. von Klaus Grubmüller [u. a.]. Tübingen 1979. S. 169–192.
Knape, Joachim / Sieber, Armin: Rhetorik-Vokabular zur zweisprachigen Terminologie in älteren deutschen Rhetoriken. Wiesbaden 1998.
Ochsenbein, Peter / Schmuki, Karl: Die Notkere im Kloster St. Gallen: Träger von Wissenschaft und Kunst im Goldenen und Silbernen Zeitalter (9. bis 11. Jahrhundert). Führer durch die Ausstellung in der Stiftsbibliothek St. Gallen (26. November 1991 – 7. November 1992). St. Gallen 1992.
Sieber, Armin: Deutsche Rhetorikterminologie in Mittelalter und früher Neuzeit. Baden-Baden 1996.
Sonderegger, Stefan: Notker der Deutsche und Cicero. Aspekte einer mittelalterlichen Rezeption. In: Florilegium Sangallense. Festschr. Johannes Duft. Hrsg. von Otto P. Clavadetscher, Helmut Maurer und Stefan Sonderegger. St. Gallen / Sigmaringen 1980. S. 243–266.
– Rechtssprache in Notkers des Deutschen Rhetorik. In: Sprache und Recht. Beiträge zur Kulturgeschichte des Mittelalters. Festschr. Ruth Schmidt-Wiegand. Hrsg. von Karl Hauck [u. a.]. Bd. 2. Berlin / New York 1986. S. 870–895. [Mit weiterer Literatur.]
– Notker III. von St. Gallen. In: Die deutsche Literatur des Mittelalters. Verfasserlexikon. Begr. von Wolfgang Stammler, fortgef. von Karl Langosch. Hrsg. von Kurt Ruh [u. a.]. Bd. 6: Mar – Obe. 2., völlig neu bearb. Aufl. Berlin / New York 1987. Sp. 1212–36. [Bibliographie.]

6

Friedrich Riederer

Friedrich Riederer (oder Riedrer) wurde um 1450 in dem Dorf Mühlhausen bei Singen/Hohentwiel geboren. Er war Leibeigener der Herren von Friedingen, die ihm ab 1475 ein Studium an der Universität Freiburg i. Br. ermöglichten, das er aber (vermutlich aus ökonomischen Gründen) nicht abschließen konnte. In der Folgezeit gelang es ihm, als Schreiber der Stadt Freiburg beschäftigt zu werden, von 1492–1496 sogar in offizieller Stellung. Daneben war er zusammen mit Kilian Fischer (Piscator) der erste gelehrte Buchdrucker der Stadt. Er publizierte zwischen 1492 und 1499 neben Einblattdrucken neun lateinische und deutsche Werke, darunter seine eigene Rhetorik. »Andere Texte gehören in den gelehrten Bereich der Universität, deren humanistisch geprägtem Lehrkörper er persönlich verbunden war, darunter vor allem Jakob Locher Philomusus.« (Kleinschmidt, *Verfasserlexikon*, Sp. 70) Durch Heirat gelangte er schließlich zu gewissem Wohlstand und wurde zünftig. Letzte urkundliche Erwähnung 1508.

Textausgaben

Spiegel der waren Rhetoric vß M. Tulio C vnd andern getütscht. Freiburg, Riederer, 1493. (Hain 13914.) [Eine moderne Ausgabe von Joachim Knape ist in Vorb.]

Weitere Drucke:

Straßburg: Prüß, 1505, 1507 und 1509. – Straßburg: Knobloch, 1517. – Erw. Ausg. Augsburg: Steiner, 1535.

Forschungsliteratur

Joachimsohn, Paul: Frühhumanismus in Schwaben. In: Württembergische Vierteljahreshefte für Landesgeschichte. N. F. 5 (1896) S. 63–126, hier S. 107 f.

Kleinschmidt, Erich: Humanismus und urbane Zivilisation. Friedrich Riedrer (um 1450 – um 1510) und sein *Spiegel der waren Rhetoric.* In: Zeitschrift für deutsches Altertum und deutsche Literatur 112 (1983) S. 296–313.

– Riederer, Friedrich. In: Die deutsche Literatur des Mittelalters. Verfasserlexikon. Begr. von Wolfgang Stammler, fortgef. von Karl Langosch. Hrsg. von Kurt Ruh. Bd. 8: »Revaler Rechtsbuch« – Sittich, Erhard. 2., völlig neu bearb. Aufl. Berlin / New York 1992. Sp. 70–72. [Mit weiterer Literatur.]

Knape, Joachim / Sieber, Armin: Rhetorik-Vokabular zur zweisprachigen Terminologie in älteren deutschen Rhetoriken. Wiesbaden 1998.

Sieber, Armin: Deutsche Rhetorikterminologie in Mittelalter und früher Neuzeit. Baden-Baden 1996.

7
Petrus Ramus

Petrus Ramus (Pierre de la Ramée) wurde 1515 in Cuth (in der Picardie) als Sohn armer Bauern geboren. Schon im Alter von acht Jahren kam er zum Studium nach Paris. Dort trat er vier Jahre später in das Collège de Navarre ein, wo er sich die Gunst einflussreicher Männer erwarb. 1551 wurde Ramus ›königlicher Professor‹ für Philosophie und Beredsamkeit. Schon zu Lebzeiten war er einer der angesehensten Gelehrten Europas. Bis zu seiner Ermordung in der Bartholomäusnacht im August 1572 hatte er über fünfzig Werke in lateinischer und französischer Sprache veröffentlicht. Seine *Dialektik* (*Dialecticae institutiones*, Paris 1543) erreichte bis 1650 annähernd 250 Auflagen; seine in Zusammenarbeit mit Omer Talon (Audomarus Talaeus) verfasste *Rhetorik* (Paris 1548; rev. *Rhetorica, Petri Rami praelectionibus illustrata*, Paris 1567) war in Deutschland eine der meistgedruckten Rhetoriken der Barockzeit.

Textausgabe und Übersetzung

Arguments in Rhetoric against Quintilian. Translation and Text of Peter Ramus's *Rhetoricae Distinctiones in Quintilianum* (1549). By Carole Newlands. DeKalb (Ill.) 1986. [Lat./engl.]

Forschungsliteratur

Meerhoff, Kees: Rhétorique et poétique au XVIe siècle en France: du Bellay, Ramus et les autres. Leiden 1986.

– / Moisan, Jean-Claude (Hrsg.): Autour de Ramus. Texte, théorie, commentaire. Quebec 1997.

Ong, Walter J.: Ramus, Method, and the Decay of Dialogue. From the Art of Discourse to the Art of Reason. Cambridge (Mass.) 1958.

– Ramus and Talon Inventory. A Short-Title Inventory of the Published Works of Peter Ramus (1515–1572) and of Omer Talon (ca. 1510–1562). Cambridge (Mass.) 1958.

Risse, Wilhelm: Die Logik der Neuzeit. Bd. 1: 1500–1640. Stuttgart / Bad Cannstatt 1964.

Schmidt-Biggemann, Wilhelm: Topica universalis. Eine Modellgeschichte humanistischer und barocker Wissenschaft. Hamburg 1983.

8

Johann Christoph Gottsched

Johann Christoph Gottsched wurde am 2. Februar 1700 in Juditten bei Königsberg als Sohn des Dorfpfarrers Christoph Gottsched geboren. Ab 1714 studierte er Theologie, später Philosophie an der Universität Königsberg. 1723 schloss er das Studium mit dem Grad eines Magisters ab; 1724 Flucht nach Leipzig vor den preußischen Werbern. In Leipzig entfaltet Gottsched seine reiche literaturkritisch-publizistische Tätigkeit. Es erscheinen u. a.: 1725/26 die moralische Wochenschrift *Die vernünftigen Tadlerinnen*; 1728/29 die moralische Wochenschrift *Der Biedermann*; 1729/30 *Versuch einer Critischen Dichtkunst vor die Teutschen* (4 Auflagen bis 1751); 1736 *Ausführliche Redekunst* (5 Auflagen bis 1759); 1741–45 *Die deutsche Schaubühne* (6 Tle.); 1748 *Grundlegung einer Deutschen Sprachkunst* (6 Auflagen bis 1762). Seit 1730 war Gottsched außerordentlicher Professor für Poesie und Beredsamkeit in Leipzig, seit 1734 ordentlicher Professor für Logik und Metaphysik. Gottsched starb am 12. Dezember 1766.

Textausgaben

Ausführliche Redekunst. Leipzig 1736. Reprogr. Nachdr. Hildesheim / New York 1973.

Ausführliche Redekunst (^{5}1759). In: J. Ch. G.: Ausgewählte Werke. Hrsg. von Joachim Birke, seit 1975: von Philipp M. Mitchell. Bd. 7,1/2. Hrsg. von Rosemary Scholl. Berlin / New York 1975.

Forschungsliteratur

Beetz, Manfred: Rhetorische Logik. Prämissen der deutschen Lyrik im Übergang vom 17. zum 18. Jahrhundert. Tübingen 1980.

Grimm, Gunter E.: Literatur und Gelehrtentum in Deutschland: Untersuchungen zum Wandel ihres Verhältnisses vom Humanismus bis zur Frühaufklärung. Tübingen 1983.

Grimm, Gunter E.: Von der ›politischen‹ Oratorie zur ›philosophischen‹ Redekunst. Wandlungen der deutschen Rhetorik in der Frühaufklärung. In: Rhetorik 3 (1983) S. 65–96.
Klassen, Rainer: Logik und Rhetorik der frühen deutschen Aufklärung. Diss. München 1973.
Mitchell, Philipp M.: Johann Christoph Gottsched (1700–1766): Harbinger of German Classicism. Columbia (S. C.) 1995.
Petrus, Klaus: Convictio oder persuasio? Etappen einer Debatte in der ersten Hälfte des 18. Jahrhunderts (Rüdiger – Fabricius – Gottsched). In: Zeitschrift für deutsche Philologie 113 (1994) S. 481–495.
– Genese und Analyse: Logik, Rhetorik und Hermeneutik im 17. und 18. Jahrhundert. Berlin 1997.
Stauffer, Hermann: Erfindung und Kritik: Rhetorik im Zeichen der Frühaufklärung bei Gottsched und seinen Zeitgenossen. Frankfurt a. M. / Berlin 1997.

9

Chaïm Perelman

Chaïm Perelman wurde am 20. Mai 1912 in Warschau geboren. Schon 1925 wanderte er nach Belgien aus, wo er in Brüssel Jura, Philosophie und Sprachwissenschaft studierte. 1934 folgte die juristische Promotion; 1938, nach logischen Studien an der Universität Warschau, die Promotion in Philosophie. Perelman war von 1944 bis 1978 ordentlicher Professor für Logik und Metaphysik an der Freien Universität Brüssel. Er starb am 20. Januar 1984.

Textausgaben und Übersetzungen

L'Empire rhétorique. Rhétorique et argumentation. Paris 1977. – Dt.: Das Reich der Rhetorik. Rhetorik und Argumentation. Mit einem Vorwort von Ottmar Ballweg. München 1980. – Engl.: The Realm of Rhetoric. Notre Dame / London 1982.
Traité de l'Argumentation. La nouvelle rhétorique, en collaboration avec Lucie Olbrechts-Tyteca. 2 Bde. Paris 1958. [5]1988. – Engl.: The New Rhetoric. A Treatise on Argumentation. Transl. J. Wilkinson, P. Weaver. Notre Dame / London 1969. [Perelmans Hauptwerk.]

Forschungsliteratur

Alexy, Robert: Theorie der juristischen Argumentation. Die Theorie des rationalen Diskurses als Theorie der juristischen Begründung. Frankfurt a. M. 1978. S. 197–218.

Conley, Thomas M.: Rhetoric in the European Tradition. New York / London 1990. S. 296–299.

Crosswhite, James: The Rhetoric of Reason: Writing and the Attractions of Argument. Madison (Wisc.) 1996.

Dearin, Ray D. (Hrsg.): The New Rhetoric of Chaïm Perelman: Statement and Response. Lanham (Mass.) 1989.

Foss, Sonja K. / Foss, Karen A. / Trapp, Robert: Contemporary Perspectives on Rhetoric. Prospect Heights (Ill.) ^{2}1991. S. 119–141, 364–369. [Bibliographie.]

Gethmann, Carl Friedrich: Perelman, Chaïm. In: Enzyklopädie Philosophie und Wissenschaftstheorie. Unter ständiger Mitw. von Siegfried Blasche hrsg. von Jürgen Mittelstraß. Bd. 3. Stuttgart/Weimar 1995. S. 84 f. [Bibliographie.]

Maneli, Mieczyslaw: Perelman's New Rhetoric as Philosophy and Methodology for the Next Century. Dordrecht/Boston/London 1994.

Meyer, Michel: Perelman, Chaïm, 1912–1984. In: Dictionnaire des philosophes. Hrsg. von Denis Huisman. Bd. 2. Paris 1984. S. 2029–34.

– (Hrsg.): De la métaphysique à la rhétorique. Essais à la mémoire de Chaïm Perelman. Brüssel 1986.

Olbrechts-Tyteca, Lucie / Griffin-Collart, Evelyne: Bibliographie de Chaïm Perelman. In: Revue internationale de philosophie 127/128 (1979) S. 325–342. [Sonderheft *La nouvelle rhétorique. The New Rhetoric. Essais en hommage à Chaïm Perelman*. Enthält eine Bibliographie der Werke Perelmans bis 1979.]

Golden, James L. / Pilotta, Joseph J. (Hrsg.): Practical Reasoning in Human Affairs. Studies in Honor of Chaïm Perelman. Dordrecht 1986.

Siegert, Folker: Argumentation bei Paulus. Gezeigt an Röm 9–11. Tübingen 1985.

– Rhetorik und Philosophie in der *Neuen Rhetorik* Chaïm Perelmans (Zusammenfassung). In: Rhetorik und Philosophie. Hrsg. von Helmut Schanze und Josef Kopperschmidt. München 1989. S. 217–228.

Abbildungsnachweis

26 Kopf des Aristoteles. – Kunsthistorisches Museum, Wien.

62 Wichtigste Handschrift der *Rhetorica ad Herennium* Codex Herbipolitanus H (9. Jahrhundert). – Würzburg, Mp misc. f. 2 (Ausschnitt vom Anfang des Codex mit Kap. 1,6,9).

78 Der venezianische Orator. Titelminiatur zur *Rhetorica ad Herennium* aus einem Codex latinus (1. Hälfte 14. Jahrhundert). – Biblioteca Nazionale Marciana, Venedig, Cod. lat. XI,143 (= 4118).

92 Kopf des Cicero. – Uffizien, Florenz.

102 Drittälteste Handschrift von Ciceros *De oratore*. Codex Erlangensis E (10. Jahrhundert). – Erlangen, Ms. 380, fol. 80^{v} (Ausschnitt des Anfangs).

135 Antiker Orator. Statue des Aulus Metelus, genannt *l'arringatore*, aus der Nähe von Perugia (um 100 v. Chr.). – Museo Archeologica Nazionale, Florenz.

157 Wichtigste Handschrift von Quintilians *Institutio oratoria*. Codex Bernensis (9. Jahrhundert). – Bern, Cod. 351, fol. 1^{r} (Anfang mit Buch 1,2).

174 St. Galler Orator in der Pose des *arringatore* (vgl. Abb. S. 135) aus einem Rhetorikfragment (8. Jahrhundert). – Stiftsbibliothek St. Gallen, Cod. 912, p. 3.

178 Münchner Notker-Handschrift (11. Jahrhundert). – Clm 4621 (H), fol. 56^{r} (Auschnitt mit dem Anfang von Notkers lateinischer Rhetorik).

181 Notkers Boethius-Übersetzung mit der inserierten althochdeutschen Rhetorik. Handschrift der St. Galler Stiftsbibliothek (um 1025). – St. Gallen, Cod. 825, S. 54 (Ausschnitt mit dem Anfang von Notkers Rhetorik-Definition).

208 Frontispiz von Friedrich Riederers *Spiegel der waren Rhetoric*. Freiburg: Riederer, 1493. – Ex. Tübingen. Holzschnitt mit dem Zeichen des Matthes Maler signiert. In der Mitte steht die Frau Rhetorica mit der Sonne; einer der beiden Männer links könnte Friedrich Riederer sein.

219 Druckseite mit dem Anfang des *elocutio*-Kapitels aus Friedrich Riederers *Spiegel der waren Rhetoric*. Freiburg: Riederer, 1493. Bl. 43r. Ex. München.

228 Ikarus. Holzschnitt ohne Signatur aus Friedrich Riederers *Spiegel der waren Rhetoric*. Freiburg: Riederer, 1493. – Ex. Tübingen.

238 Petrus Ramus nach einem anonymen Porträt-Holzschnitt (16. Jahrhundert). – Bibliothèque Nationale de France, Paris. N2 – fol. Portraits, vol. 1490.

241 Titelblatt der Pariser Ausgabe des *Anti-Quintilian* von Petrus Ramus (1550). – Ex. Tübingen.

260 Johann Christoph Gottsched nach einem Stich von S. M. Berningroth. Leipzig 1757. – Herzog August Bibliothek, Wolfenbüttel.

264 Titelblatt der fünften Auflage von Gottscheds *Ausführlicher Redekunst*. Leipzig 1759.

297 Chaïm Perelman. – In: Practical Reasoning in Human Affairs. Studies in Honor of Chaïm Perelman. Ed. James L. Golden, Joseph J. Pilotta. Dordrecht 1986.

Register

Abweichung → Figurenlehre (als Abweichung)
actio/pronuntiatio (Aufführen/Aufführung; *hypókrisis*; Performanz; Vortrag/Vortragslehre) 18, 53, 66, 76–80, 112, 124, 145 f., 169–171, 193, 195 f., 218, 222, 239, 243, 249, 273, 293 f.
Änderungskategorien 159 → Figurenlehre (als Abweichung)
Affektenlehre → *páthos*, →*ẽthos*
Affektenpsychologie → *páthos*
Aischines 179
Albertanus Brixiensis 212, 217
Ambrosius 201
Anaximenes 12
Angemessenheit (*aptum*; *decorum*; *prépon*) 55, 85, 113, 117 f., 126, 165, 198, 226, 252, 258 f., 303
Aphthonius 283
aptum → Angemessenheit
Arbeitsgebiete der Rhetorik → Officia oratoris
aretẽ → *virtus*
aretés tẽs léxeōs → *virtutes dicendi*
Argument/Argumentation 30, 119, 150–153, 277–279, 295 f., 299 f., 302–314
Typen 311–314
→ Redeteile, → Topik/*tópos*
argumentatio → Redeteile
argutia → Scharfsinnigkeit
Ariston 142
Aristoteles 12, 18 f., 24, 75, 93, 119, 142, 154, 158, 176, 237, 242, 266, 268 f., 271, 298, 300 f., 309
ars → *natura-ars*-Problematik, → Rhetorik (als Disziplin)
ars dictandi 207–211, 213 f., 226–234 → Brief
ars memoriae → *memoria*
ars notaria (Notariatslehre) 235
ars poetriae 207, 218
ars praedicandi 207
artes liberales (Sieben freie Künste; Trivium) 180, 240, 243
artifex → Orator (als Fachmann)
artificium → Rhetorik (Schulrhetorik)
Auditorium → Zuhörerschaft
Aufbau (einer Rede) → *dispositio*
Aufführen/Aufführung → *actio/pronuntiatio*
Aufgaben des Orators → Officia oratoris
Aufsatz 291
Augustinus 183 f., 201
Ausdrucksfiguren → Figurenlehre (*figurae verborum*)

Autor an Herennius (*Auctor ad Herennium*) 18, 94, 158, 165 f., 169, 176, 196 f., 212, 217, 220–223

Barbarismus 137, 198
Barthes, Roland 44 f., 48
Barzizza, Gasparino 221
Begabung (*ingenium*) 108, 109, 153, 201, 203
→ *natura-ars*-Problematik
Beispiel (*exemplum*) 83
Beratungsrede → Redegattung, beratende
Beredsamkeit → *eloquentia*
Beweis (*pístis*; Überzeugungsweise) 33, 35, 40, 59, 60, 75
entechnisch/atechnisch 41
im Unterschied zur Argumentation 300, 305–310
Beweislehre 37–41
Boccaccio, Giovanni 229
Boethius 175
Brief/Brieflehre 211, 213, 226–234
Briefgattungslehre 232–234
→ *ars dictandi*, → Formular/Formularbuch, → Titelbuch
Buchdruck → Mündlichkeit/Schriftlichkeit

Cato 96, 143, 172, 179
causa → Fall
charaktēr (Stilart) → Dreistillehre
Charakter/Charakterlehre → *ēthos*
Chrie 276, 282–284
Cicero 12, 13, 16, 21, 70, 74, 81, 139, 142, 143, 158, 163, 165, 166, 169, 175–177, 179, 182, 192, 197, 201, 215, 217, 227, 233, 237, 240, 255, 258, 275, 286
clausula → Satzschluss, rhythmischer
color → Figurenlehre
compositio (Prosasyntax-Lehre; Satzfügungslehre; Wortfügungslehre) 56, 85, 163 f., 197, 199, 220 f., 252, 256 f., 290 f., 292
conciliare → *ēthos*
conclusio → Redeteile
confirmatio → Redeteile
confutatio → Redeteile
consilium → Überlegung
constitutio-Lehre → Streitsachenlehre
copia (Fülle) 128, 203

decorum → Angemessenheit
Demosthenes 179
Descartes, René 237, 298
Deviation → Änderungskategorien, → Figurenlehre (als Abweichung)
Dialektik 29 f., 50, 58–60, 195, 240, 243, 245, 296, 299–301
inventio als Dialektik 249
Dichter (*poeta*) 83, 95 f., 115
Dichtererklärung (*enarratio auctorum* bzw. *poetarum*) 136, 138
diēgēsis → Erzählung
dignitas → Figurenlehre

dispositio (Aufbau) 18, 53, 66, 76 f., 112, 118, 120, 145 f., 193–195, 218, 233, 243, 245 f., 247, 249, 281 f., 310
→ Redeteile
Disziplin → Rhetorik (als Disziplin)
divisio → Redeteile
doctrina → *praeceptum*,
→ Rhetorik (als Disziplin),
→ Rhetoriklehrbuch
Donat 198
Dreistillehre (*charaktḗr*; *genera dicendi*; *genera elocutionis*; Stil- oder Schreibarten) 19, 58, 84, 124, 158, 203 f., 252, 284–293

eikós → Wahrscheinliches/Wahrscheinlichkeit
Einbildungskraft (*imaginatio*; Phantasie) 273
Einprägen → *memoria*
elegantia → *virtutes dicendi*
elocutio (Formulierung/Formulierungskunst; *léxis*; Stilistik; Vertextung) 18, 52, 54–58, 66 f., 82–90, 109, 112, 124–128, 145 f., 156–164, 193, 196–201, 218–222, 239, 243, 249, 252–257, 287–293
eloquentia (Beredsamkeit) 156, 184, 269–271
Emotionspsychologie → *páthos*
enarratio auctorum bzw. *poetarum* → Dichtererklärung
éndoxon (Meinung) 31, 45
Enthymem (Syllogismus, rhetorischer) 31, 33, 37, 42, 50–52, 151 f., 250, 296
Typen 38, 50–52
→ *ratiocinatio*
Epicheirem/*epicheírēma* → *ratiocinatio*
Epideiktik → Vorzeigerede
Erörterung, wissenschaftliche (*genus didacticum*) 251
Erzählung (*diḗgēsis*; *narratio*) 59 f., 113, 193, 202 f., 251 f., 277
→ Redeteile
Ethik → *orator perfectus*
ḗthos (Charakter/Charakterlehre; Überzeugungsmittel) 34, 42, 45 f., 48 f., 119, 120 f., 153–156, 272
exemplum → Beispiel
exercitatio → Übung
Exordialtopik 59
exordium → Redeteile
exornatio → Figurenlehre
explanatio → *virtutes dicendi*
Eyb, Albrecht von 220

Fabricius, Johann Andreas 261, 277
Fall (*causa*) 185, 202
→ Gattungslehre, rhetorische
Fehler → *vitium*
Festrede → Vorzeigerede
figura → Figurenlehre
figura als Stilart → Dreistillehre
figura vocis → Stimme/Stimmgestaltung
Figurenlehre (*figura*; *schḗma*) 86–90, 113, 126–128, 158–163, 197–200, 221 f., 252–256, 291, 294, 308

als Abweichung (Deviation) 161–163
als Affekt-Ausdruck 291
als Habitus 160 f.
figurae sententiae (Inhaltsfiguren) 158 f., 199 f., 221, 255 f.
figurae verborum (Ausdrucks- oder Wortfiguren) 158 f., 199 f., 255
Figurenliste 87–89
Taxonomien 19 f., 128, 221 f.
→ *elocutio*, → Tropus, → *virtutes dicendi*
Findung (der Argumente) → *inventio*
Formular/Formularbuch 209 f., → *ars dictandi*, → Brief/Brieflehre
Formulierung/Formulierungskunst → *elocutio*
Fülle → *copia*
Fuhrmann, Manfred 63 f.

Galfridus de Vinosalvo 218
Gattungslehre, funktionalrhetorische (*genera causarum*) 19, 36 f., 76, 104, 112, 115 f., 145, 185 f., 232–234, 247, 250, 263, 274 f.
→ Erörterung, wissenschaftliche, → Redegattung, beratende, → Redegattung, gerichtliche, → Vorzeigerede
Gebärde (*gestus*) 79, 293 f.
→ Körperbewegung
Gedächtnis → *memoria*
Gegenstandsbereich der Rhetorik (*materia*) 184–192, 202
genera causarum → Gattungslehre, funktionalrhetorische
genera dicendi → Dreistillehre
genera elocutionis → Dreistillehre
Genette, Gérard 24, 298
génos dikanikón → Redegattung, gerichtliche
génos epideiktikón → Vorzeigerede
génos symbūleutikón → Redegattung, beratende
genus deliberativum → Redegattung, beratende
genus demonstrativum → Vorzeigerede
genus didacticum → Erörterung, wissenschaftliche
genus iudiciale → Redegattung, gerichtliche
Gerichtsrede → Redegattung, gerichtliche
Gessler, Heinrich 209 f.
gestus → Gebärde
Gorgias 27, 32, 54
Gottsched, Johann Christoph 207
Grammatik 136–138, 180, 243 f., 253
Gruppe μ 23

Habermas, Jürgen 300
Hallbauer, Friedrich Andreas 261
Handlungswissenschaft → Rhetorik (als Handlungswissenschaft)

Heidegger, Martin 42, 46 f.
Hermagoras 70
Hieronymus 65, 201
Historiographie 83, 104, 116 f., 202, 245
→ Kunstprosa
Horaz 227, 265
hypókrisis → *actio/pronuntiatio*

imaginatio → Einbildungskraft
imitatio (Nachahmung) 183, 220, 257 f.
Indiz (*sēmeīon*) 38
→ Entyhmem
ingenium → Begabung
Inhaltsfiguren → Figurenlehre (*figurae sententiae*)
intellectio (*nóēsis*) 217
Interpunktionslehre (*modus punctandi*) 221
inventio (Findung/Findungskunst) 18, 53, 66–76, 109, 112, 118–124, 145–153, 193–195, 201, 218, 233, 243, 247–252, 275–280
iocus → Witz
iudicatio → Redeteile (*iudicatio*)
iudicium → Urteil

Jens, Walter 296

Kanzlei → *ars dictandi*
Körperbewegung (*motus corporis*) 77, 79 f.
Kommunikator → Orator
Kompliment 275 f., 282
Konsens 305, 308
Künste, Sieben freie → *artes liberales*
Kunstprosa 54, 95, 104, 114–117, 124–132, 245
Typen → Gattungslehre, funktionalrhetorische → *compositio* → Historiographie

Lachen → Witz
Lachmann, Renate 8
Lamy, Bernard 291
Landino, Christophero 229
latinitas → *virtutes dicendi*
Lausberg, Heinrich 14
Lehrbuch → Rhetoriklehrbuch
Lehrsatz → *praeceptum*
léxis → *elocutio*
Literatur → Rhetorik
Lobrede → Vorzeigerede
Locher, Jakob 210
lógos (*probare*; Überzeugungsmittel; Text) 34, 42, 119
→ Rede
(Pseudo-)Longin 23
Lünig, Johann Christian 267

Martianus Capella 196 f.
materia → Gegenstandsbereich der Rhetorik
Meinung → *éndoxon*
Melanchthon, Philipp 18, 23, 251, 267
memoria (Einprägen; Gedächtnis; Mnemonik/*mnḗmē*) 18, 66, 80–82, 112, 145 f., 165–169, 193, 195, 211, 218, 223–225, 243, 245 f., 273
Metapher 56
Mienenspiel (*vultus*) 79
→ Körperbewegung
Mnemonik/*mnḗmē*→ *memoria*

modus punctandi → Interpunktionslehre
motus corporis → Körperbewegung
movere → *páthos*
Müller, Gottfried Polykarp 267 f.
Mündlichkeit/Schriftlichkeit 58, 226, 257, 285–287

Nachahmung → *imitatio*
narratio → Erzählung
natura-ars-Problematik 80, 108–110, 166, 182–184, 268
Neukirch, Benjamin 292
nóēsis → *intellectio*
Notariatslehre → *ars notaria*
Notker 23 f.

Officia oratoris (Arbeitsgebiete der Rhetorik; Aufgaben des Orators; Produktionsstadien der Rede) 18, 23, 66 f., 111–114, 193, 210, 218, 239, 265
oratio → Rede
Orator (Redner, Kommunikator) 15, 17, 19, 43 f., 66, 94–105, 114–117, 165, 171–173, 182–184, 192–194, 271–273, 301, 302–310, 312
als Fachmann (*orator artifex*) 100–105, 125, 142
orator perfectus (auch: *vir-bonus*-Problematik) 94–105, 134, 142 f., 171–173, 272
orator philosophus 97–100
ordo naturalis / *ordo artificialis* (Wortfolge) 164, 195
→ *compositio*
ornatus → *elocutio*, → Figurenlehre, → *virtutes dicendi*

partes orationis → Redeteile
páthos (Affektenlehre; Affektpsychologie; Überzeugungsmittel; Emotionspsychologie) 34 f., 42, 45–47, 119–121, 153–156
peithṓ→ Überzeugen
Perelman, Chaïm 13, 24
Performanz → *actio/pronuntiatio*
persuasio → Überzeugen
Phantasie → Einbildungskraft
pístis → Beweis
Platon 19, 27–29, 30, 32 f., 58, 91, 93, 111, 246
poeta → Dichter
Poetik 245
Politische Rede → Redegattung, beratende
praeceptum (Lehrsatz; Regel/*regula*) 81, 83, 106, 110, 183, 269
→ *natura-ars*-Problematik, → Rhetoriklehrbuch, → Theorie, rhetorische
Predigt/Prediger (religiöse Rhetorik) 193, 214
prépon → Angemessenheit
probare → *lógos*
probatio → Redeteile
Produktionsstadien der Rede → Officia oratoris
Progymnasmata 138
pronuntiatio → *actio/pronuntiatio*
prooemium → Redeteile (*exordium*)

propositio → Sachverhalt
Prosa → Kunstprosa
Prosarhythmik 128–132
Prosasyntax-Lehre → *compositio*
próthesis → Sachverhalt
Psychologie → *ḗthos*, → *páthos*
Publicius, Jacobus 210 f., 212 f., 217, 220–223, 225, 232 f.

quaestio → Redethema
Quintilian 12, 70, 81, 272

Ramus, Petrus 14, 261 f., 298
ratiocinatio (Epicheirem/*epicheírēma*) 74, 151
Rede (*lógos*; *oratio*; vorzutragender Text) 16, 115, 143, 189, 193, 201–204, 245 f.
→ Kunstprosa
Redegattung, beratende (*génos symbūleutikón*; *genus deliberativum*) 36, 40, 115, 146, 186, 233, 274
Redegattung, gerichtliche (*génos dikanikón*; *genus iudiciale*) 36, 40, 67, 115, 146, 149, 186, 233, 274
Redegattung, vorzeigende → Vorzeigerede
Redegattungen → Gattungslehre, funktionalrhetorische
Redeteile (*partes orationis*) 67–69, 112 f., 146, 193, 202, 247, 280–282
argumentatio (Begründung/Beweisführung) 59, 76, → Beweis beim Brief 233
conclusio (Schluss) 68, 194, 202, 280
confirmatio (Begründung) 59, 67, 113, 150, 193 f., 202
confutatio (Widerlegung) 68, 194
divisio/partitio (Darlegung der Themenaspekte) 67, 193, 202
exordium (Einleitung; *prooemium*) 59, 67, 113, 193, 202, 279
iudicatio 202
partitio → Redeteile (*divisio*)
peroratio (Schluss) 113
probatio (Begründung) 59
propositio (Feststellen des strittigen Punktes) 113
refutatio (Widerlegung) 113, 150
→ *dispositio*, → *narratio*
Redethema (*quaestio*) 111, 189–192
Redner → Orator
Regel/*regula* → *praeceptum*
Religiöse Rhetorik → Predigt
Rhetorik
Allgemeine Rhetorik 7, 18, 23
als Argumentationstheorie 295 f., 302–305
als Disziplin (*ars*; *téchnē*) 12–14, 17–19, 29–32, 140–144, 177–184
als Handlungswissenschaft 9, 13, 139, 141
als Wissenschaft (*scientia*) 140, 268
literarische Rhetorik 7 f., 18, 23
›neue Rhetorik‹ 295 f., 301

ramistische Reduktion 239
›restringierte Rhetorik‹ 24, 298
Schulrhetorik 111, 113 f., 124, 133 f., 180, 244, → Rhetoriklehrbuch
Spezialrhetorik 7, 23, 207
Systemrhetorik 210 f., 213, 261, → Officia oratoris
Textrhetorik 23
Rhetorik an Alexander → Anaximenes
Rhetorik an Herennius → *Autor an Herennius*
Rhetorikabhandlung → Rhetoriktraktat
Rhetoriklehrbuch (*doctrina*) 11, 20, 63–66, 83, 93, 133 f., 183
Rhetorikterminologie → Terminologie, rhetorische
Rhetoriktheorie → Theorie, rhetorische
Rhetoriktraktat/Rhetorikabhandlung 12, 20, 133 f.
Rhythmischer Satzschluss → Satzschluss, rhythmischer
Riederer, Friedrich 24, 237, 267, 289

Sachverhalt (*próthesis, propositio*) 59
Satzfügungslehre → *compositio*
Satzschluss, rhythmischer (*clausula*) 131, 164, 206
Scharfsinnigkeit (*argutia*) 272 f.
schēma → Figurenlehre
Schluss, rhetorischer → Enthymem, → *ratiocinatio*
Schreibarten → Dreistillehre
Schriftlichkeit → Mündlichkeit/Schriftlichkeit
Schulrhetorik → Rhetorik
scientia → Rhetorik (als Wissenschaft)
Sieben freie Künste → *artes liberales*
Solözismus 137
Sophistik/Sophisten 17 f., 27 f., 32, 103, 141
Sozialpsychologie → *ēthos*
Sprachgebrauchsprinzip → *virtutes dicendi (latinitas)*
Sprachtugend → *virtutes dicendi*
status-Lehre → Streitsachenlehre
Stilarten → Dreistillehre
Stilistik → *elocutio*
Stimme/Stimmgestaltung (*figura vocis*) 77–79, 293 f.
Streitsachenlehre (*constitutio*-Lehre; *status*-Lehre) 67, 70–74, 112, 149, 186–189
Syllogismus, rhetorischer → Enthymem, → Epicheirem/*epicheíréma*
System, rhetorisches 17–19

Tacitus 25, 265
Tadelrede → Vorzeigerede
Talon, Omer (Audomarus Talaeus) 239
téchnē → Rhetorik (als Disziplin)
Terminologie, rhetorische 14, 64 f., 176, 196
Text → *lógos*, → Rede

Theorie, rhetorische 9–22, 32–36, 64, 93, 95, 105–110, 138–144, 182–184, 192–201, 213–222, 274–282
Theoriebildung 106 f., 182–184, 215
Wissenschaftscharakter 107 f.
Titelbuch (Titulatur) 231 f. → *ars dictandi*, → Brief/Brieflehre
Titulatur → Titelbuch
Topik/*tópos* 39, 42, 49–52, 74–76, 112, 118–120, 150–153, 247–251, 271, 278, 296
locus communis 75, 120, 151, 247
locus proprius 75
Toulmin, Stephen 296
Traktat → Rhetoriktraktat
Trapezunt, Georg von 237
Trivium → *artes liberales*
Tropen 158–162, 197, 253 f., 288

Überlegung (*consilium*) 153
Überzeugen (*peithṓ*; *persuasio*) 15, 270 f., 302
Überreden vs. Überzeugen 270 f.
Überzeugungsmittel → *ḗthos*, → *lógos*,→ *páthos*
Überzeugungsweise → Beweis
Übung (*exercitatio*) 64, 81, 108
Urteil (*iudicium*) 137, 145, 153, 247, 288

Varro 201
Vergil 194, 199
veri similis / *verisimilitudo* → Wahrscheinliches/Wahrscheinlichkeit
Vertextung → *elocutio*
vir-bonus-Problematik → Orator (*orator perfectus*)
virtus (*aretḗ*) 35
virtutes dicendi (*aretḗ tḗs léxeōs*; Sprachtugend) 55, 113, 144, 160, 198, 292 f.
elegantia (kontrollierter Ausdruck) 85, 218–220, 253
latinitas (grammatische Korrektheit) 85, 113, 136 f., 252
explanatio (Deutlichkeit) 85, 113
ornatus → Angemessenheit, → *elocutio*, → Figurenlehre
perspicuitas 252 f.
vitium (Fehler) 55, 137, 160, 198, 292
→ Barbarismus, → Solözismus, → *virtutes dicendi*
Vortrag/Vortragslehre → *actio*/*pronuntiatio*
Vorzeigerede (*génos epideiktikón*; *genus demonstrativum*; Lob- und Tadelrede) 36 f., 40, 115 f., 146, 147–149, 186, 233, 274
→ Kunstprosa
vultus → Mienenspiel

Wahrscheinliches/Wahrscheinlichkeit (*eikós*; *veri similis* / *verisimilitudo*) 38, 39, 46, 69, 104

Weise, Christian 262, 267
Witz (*iocus*, Lachen) 122–124, 153
Witz als intellektuelles Vermögen (*ingenium*) → Begabung
Wohlredenheit 269 f.
Wolff, Christian 261, 268, 270, 272 f.
Wortfiguren → Figurenlehre (*figurae verborum*)
Wortfolge → *ordo naturalis* / *ordo artificialis*
Wortfügungslehre → *compositio*
Wyle, Niklas von 221

Zenon 301
Zuhörerschaft (Auditorium) 302–310
universelle 303–305

Zum Autor

Joachim Knape, Jahrgang 1950, studierte Germanistik, Politikwissenschaft, Philosophie und kath. Theologie in Göttingen, Regensburg und Bamberg. 1982 Promotion zum Dr. phil. in Göttingen. 1988 Habilitation im Fach Deutsche Philologie des Mittelalters und der Frühen Neuzeit in Bamberg. Seit 1991 Professor für Allgemeine Rhetorik an der Universität Tübingen.

Publikationen: De oboedientia et fide uxoris. Petrarcas humanistisch-moralisches Exempel *Griseldis* und seine frühe deutsche Rezeption. 1978. – ›Historie‹ in Mittelalter und früher Neuzeit. 1984. – (Mithrsg.) Zur Deutung von Geschichte in Antike und Mittelalter. 1985. – Die ältesten deutschen Übersetzungen von Petrarcas *Glücksbuch*. 1986. – (Hrsg.) Georg Messerschmidt: Brissonetus (1559). 1988. – (Mithrsg.) Poesis et Pictura. Studien zum Verhältnis von Text und Bild in Handschriften und alten Drucken. Festschr. Dieter Wuttke. 1989. – (Mithrsg.) Sebastian Brant-Bibliographie. 1990. – Dichtung, Recht und Freiheit. Studien zu Leben und Werk Sebastian Brants 1457–1521. 1992. – Philipp Melanchthons *Rhetorik*. 1993. – (Mithrsg.) Artibus. Kulturwissenschaft und deutsche Philologie des Mittelalters und der frühen Neuzeit. Festschr. Dieter Wuttke. 1994. – (Hrsg.) 500 Jahre Tübinger Rhetorik. 30 Jahre Rhetorisches Seminar. 1997. – Rhetorik-Vokabular zur zweisprachigen Terminologie in älteren deutschen Rhetoriken. 1998. – Was ist Rhetorik? 2000. – (Mithrsg.) Perspektiven der Buch- und Kommunikationskultur. 2000.

Reclams Lexikon der Antike

Das Nachschlagewerk zur Antike – 3300 Artikel
mit grundlegenden Informationen
über die Kultur Griechenlands und Roms:
über Literatur und Philosophie, Mythologie und
Wissenschaft, Kunst und Geschichte sowie
über viele Bereiche des Alltagslebens

»... man findet sich sofort zurecht, man läßt sich leiten,
man stöbert und liest sich fest. Und wo immer man
hängenbleibt, findet sich Wissenswertes.«

Sigrid Löffler, Die Woche

Herausgegeben von M. C. Howatson. 719 Seiten.
Mit 211 Abbildungen und 6 Karten.
Leinen mit Schutzumschlag
ISBN 3-15-010417-3

Reclams Lexikon der antiken Mythologie

Von Edward Tripp. Aus dem Englischen übersetzt von Rainer Rauthe. 560 Seiten. 72 Abb. 5 Karten. Format 15 × 21,5 cm. Gebunden
ISBN 3-15-010371-X

Ein Nachschlagewerk, das in 2200 Stichworten über den gesamten Bereich der griechischen und römischen Mythologie informiert. Es ist streng nach den antiken Quellen erarbeitet und behandelt Götter, Heroen und andere Gestalten des Mythos, stellt die geographischen Schauplätze der Ereignisse, aber auch Kultorte und Kulte vor und erklärt die Sternbilder sowie himmlische, irdische und unterirdische Erscheinungen – dies alles mit einem Höchstmaß an Vollständigkeit und Anschaulichkeit. Die Bebilderung vermittelt darüber hinaus einen Eindruck von der visuellen Kraft und Lebendigkeit antiker Mythen.

»Ein Lexikon dieser allgemeinverständlichen und in erster Linie orientierenden Art gehört zu den Gebrauchsbüchern, die für das immer wieder nötige Nachschlagen, aber auch für eine kontinuierliche Lektüre unerläßlich sind.«

Joachim Günther im *Tagesspiegel*, Berlin

»Angesiedelt in der Mitte zwischen Nachschlagewerk und Lesebuch, zugeschnitten auf die Interessen eines nichtspezialisierten Benutzers, mit zutreffenden Bildbeigaben versehen und durch Karten übersichtlich ergänzt, so präsentiert sich Tripps Lexikon als handlicher, brauchbarer Band.«

Die Zeit, Hamburg

Philipp Reclam jun. Stuttgart